21世纪经济与管理精编教材

管理科学与工程系列

工业工程
实用技术

Practical Technology of Industrial Engineering

陈可嘉 ◎编著

北京大学出版社
PEKING UNIVERSITY PRESS

图书在版编目(CIP)数据

工业工程实用技术/陈可嘉编著. —北京:北京大学出版社,2019.4

(21世纪经济与管理精编教材·管理科学与工程系列)

ISBN 978-7-301-30405-1

Ⅰ.①工… Ⅱ.①陈… Ⅲ.①工业工程—高等学校—教材 Ⅳ.①F402

中国版本图书馆 CIP 数据核字(2019)第 043782 号

书　　　　名	工业工程实用技术	
	GONGYE GONGCHENG SHIYONG JISHU	
著作责任者	陈可嘉　编著	
责 任 编 辑	赵学秀	
标 准 书 号	ISBN 978-7-301-30405-1	
出 版 发 行	北京大学出版社	
地　　　　址	北京市海淀区成府路 205 号　　100871	
网　　　　址	http://www.pup.cn	
电 子 信 箱	em@pup.cn　　　　QQ:552063295	
新 浪 微 博	@北京大学出版社　　@北京大学出版社经管图书	
电　　　　话	邮购部 010-62752015　发行部 010-62750672　编辑部 010-62752926	
印 　刷 　者	北京宏伟双华印刷有限公司	
经 　销 　者	新华书店	
	787 毫米×1092 毫米　16 开本　18.75 印张　433 千字	
	2019 年 4 月第 1 版　2019 年 4 月第 1 次印刷	
印　　　　数	0001—3000 册	
定　　　　价	49.00 元	

前　言

工业工程(Industrial Engineering,简称 IE),起源于 20 世纪初的美国,随后在 1908 年的美国宾州大学首次开设了工业工程课程,工业工程发展至今已达百年,工业工程的知识已经成为现代社会发展中必不可少的应用技术。与发达国家相比,工业工程在我国起步较晚,但随着近些年的快速发展,工业工程在我国社会建设中发挥着越来越重要的作用。

随着科学技术与信息技术的发展,现代企业越来越追求生产的自动化、信息化。然而盲目追求应用新技术而忽略传统方法研究的做法是舍本逐末,十分不理智的。随着社会发展,企业和个人应该将传统工业工程作业方法与现代技术发展相结合,探讨工业工程在未来生产中的应用。为了让更多的学者了解工业工程在实际生产管理中发挥的作用,本书重点介绍了工业工程实用技术在生产中的应用。通过本书的学习,读者应当获得以下素质与能力:一是了解工业工程的基本概念、内容以及该学科的特点,工业工程在制造业、服务业进步与发展中所起的作用;二是掌握工作研究所涉及的基本原理、方法以及其应用场景;三是明确工业工程课程的应用领域,能结合生产的实际问题养成基本的工业工程思维方式;四是能够将工业工程所学的知识应用到生活、生产实践中去,提高工作能力与效率。

1. 本书主要内容

本书全面介绍了工业工程实用技术,着重从工业工程的基本方法与技术体系展开,选取工业工程中经典的工作研究技术(包括方法研究、作业测定)、学习曲线、标准作业和现场管理等几项涉及企业生产实际问题的常用技术进行重点讨论,并结合实例巩固加深读者对工业工程相关技术应用的实操能力,全书共包括 5 个部分。

第一部分:绪论。这一部分主要是对工业工程的概念、内涵与特点的介绍,以及工业工程所涉及的一些实用技术的讲解。谈到实用技术重要性,其具有适应国家经济发展的需要、适应行业环境变化的需要、企业自身发展的需要。最后分析工业工程实用技术的发展趋势。

第二部分:工作研究技术。这一部分是工业工程实用技术中最多也最为重要的一部分,是工业工程专业学生必须掌握的实用技术。工作研究技术由方法研究和作业测定组成,其中方法研究包含程序分析、操作分析、动作分析;作业测定包含秒表时间研究、预定动作时间标准系统、工作抽样。

第三部分:学习曲线。学习曲线表示在大批量生产过程中,用来表示单台(件)产品工时消耗和连续累计产量之间关系的一种变化曲线。研究与测定学习曲线对提高生产率有很大的作用。

第四部分:标准作业。标准作业是将现行作业方法的每一个操作程序和每一个动作进行分解,对作业过程进行改善,从而形成一种优化的作业程序,并逐步达到安全、准确、高效、省力的作业效果。它的目的是将作业人员、作业顺序、工序设备的布置、物流过程等问题进行最适当的组合,以达到生产目标。它是管理生产现场的依据,也是改善生产现场的基础。

第五部分:现场管理。这一部分,是同类型书籍中所没有的,是作者结合企业实际需求和专业发展将现场管理纳入工业工程实用技术当中。现场管理包含目视管理、定置管理、5S管理。现场管理水平的高低直接影响到产品质量的好坏、生产消耗与效率的高低,以及企业在市场竞争中的适应能力与竞争能力。

2. 本书主要特点

(1)注重基础知识运用。不同于传统工业工程相关书籍将更多精力放在知识点介绍以及现代工业工程技术介绍,本书更加注重基础知识的介绍和运用。

(2)将知识点与实际案例结合。工业工程实用技术需要与实际生产结合起来,让读者能明确了解该部分知识点如何在企业中运用。本书针对每一个知识点都会有相关案例来介绍如何运用,对工业工程专业或相关专业学生有很大的帮助。

(3)将现场管理纳入工业工程实用技术。现场管理是工业工程学科中最为基础的知识,同时也是最易被忽视的一点。本书将现场管理分为三个部分介绍,即目视管理、定置管理、5S管理,并针对每个知识点进行实例介绍,本书要求个人和企业更加重视现场管理。

(4)本书在每个章节后设置了与章节实例内容相关的习题,有助于加深读者对实用技术方法的理解,巩固每个章节所涉及专业技术的理论知识,且有助于引导读者向更深层次应用的思考。

本书主要面向工业工程或相关专业学生,书中关于专业知识介绍和实际案例运用对相关专业学生在以后企业实际运用中有很大帮助。通过本书,希望工业工程实用技术在未来企业运作管理时能够发挥出更大功效。

目　录

第1部分　绪　　论

第2部分　工作研究技术

第3部分　学　习　曲　线

第4部分　标准作业

第5部分　现场管理

第 1 部分

绪　　论

第1章 绪 论

工业工程(industrial engineering,IE)是产生于20世纪的一门涉及工业治理和发展的综合性工程技术学科。它诞生于美国,在许多发达国家得到了广泛的传播和应用,并在这些国家的工业现代化过程中发挥了重要作用。工业工程一直是企业生产领域中发现问题、解决问题、全面提高企业生产率的有效技术,历经数十年的发展仍然具有旺盛的生命力,对工业发展发挥着不可忽视的重要作用,工业技术水平也在逐渐提高。

1.1 工业工程概述

1.1.1 工业工程的概念

工业工程学科自诞生以来,随着理论和实践的完善,不同国家和组织在不同阶段对工业工程给出多种定义,其中最具权威和应用最广的是1995年美国工业工程协会(American Institute of Industrial Engineers,AIIE)给出的定义:

工业工程是对人员、物料、设备、能源和信息所组成的集成系统进行设计、改善与实施的一门工程技术。它综合运用数学、物理学和社会科学的专门知识与技术,并结合工程分析和设计的原理与方法,对该系统所取得的成果进行确定、预测和评价。

1.1.2 工业工程的内涵及特点

工业工程作为一门独立的学科,有其自身的内涵和特点。

1.1.2.1 工业工程的内涵

关于工业工程的定义虽然有多种不同的描述,但各种定义都说明:

(1)工业工程的学科性质。工业工程是一门技术与管理相结合的交叉学科。

(2)工业工程的研究对象。工业工程的研究对象是由人员、物料、设备、能源、信息组成的各种生产经营的管理系统及服务系统。

(3)工业工程的研究方法。工业工程综合运用数学、物理学以及社会科学中的专门知识和工程学中的分析、规划、设计等理论,特别是系统工程的理论、方法和计算机系统技术。

(4)工业工程的任务。工业工程的任务是将人员、物料、设备、能源和信息等要素融合为一个集成系统,并不断提升这个系统的效率,使其实现有效运行。

(5)工业工程的目标。工业工程以提高系统运行效率、降低系统运行成本、保证系统输出质量为目标,最终获得多方面的综合效益。

(6)工业工程的功能。工业工程的功能是对生产系统进行规划、设计、评价和创新。

1.1.2.2　工业工程的特点

根据工业工程的定义和内涵,结合其发展过程,可以总结出工业工程的以下几个特点:

1. 工业工程的核心是降低成本、提高质量和生产率

工业工程的发展史表明,它的产生就是为了减少浪费、降低成本、提高效率。只有为社会创造并提供质量合格的产品和服务,才能得到有效的产出;不合格产品生产得越多,浪费越大,生产率反而会降低。所以,企业不仅要降低生产成本,还要提高产品质量,这是提高生产率的前提和基础。把降低成本、提高质量与生产率联系起来综合研究系统的最佳整体效益,是工业工程的本质和重要特点之一。

2. 工业工程是综合性的应用知识体系

工业工程的定义和内涵清楚地表明,工业工程是一个包括多种学科知识和技术的庞大体系。知识范围大是工业工程的一个明显特点,然而这只是其外在特征,其本质还在于综合运用包括自然科学、工程技术、管理科学、社会科学及人文科学等领域的各种知识和技术,全面研究、解决生产和经营中的各种问题。工业工程的综合性集中体现在技术和管理的结合上。工业工程从提高生产率的目标出发,不仅要研究和发展制造技术、工具和流程程序,还要改善各种管理与控制,使人与其他各种要素(技术、机器、信息等)有机协调,使企业生产中的技术部分发挥出最佳效用。

3. 注重人的因素是工业工程区别于其他工程学科的特点之一

在生产系统和各种组成要素中,人是最活跃和不确定性最大的因素。工业工程为实现其目标,在进行系统设计、实施控制和改善的过程中,都必须充分考虑到人和其他要素之间的关系和相互作用,以人为中心进行设计。

4. 工程的原理和设计方法是工业工程的基本思维方法

工业工程是实用的技术体系,在解决实际问题时,也像一般工程技术一样,需要进行分析、测定和实验。这也是工业工程与一般管理理论的区别。

5. 工业工程的重点是面向微观管理

为了达到减少浪费、降低成本的目的,工业工程重点面向微观管理,解决各环节管理问题,从制定作业标准和劳动定额、现场管理优化到各职能部门之间的协调和管理改善,都需要工业工程发挥作用。

6. 工业工程是不断进行系统优化的技术

工业工程所强调的优化是系统整体的优化,不单是某个生产要素(人、物料、设备等)或某个局部(工序、生产线、车间等)的优化,后者是以前者为前提的优化,并为前者服务,最终实现系统整体效用最佳(少投入、多产出)。

系统的运行是一个动态过程,具有各种随机因素。面对不断发展的社会及日趋激烈的市场竞争,生产系统的优化也不是一次性的,工业工程追求的也不是一时的优化,而是持续对系统进行革新、改造和提高,使之不断地在新的条件下实现优化,持续获得更高的综合效益。

1.2 工业工程实用技术

工业工程不仅是理论上不断发展和扩充的基础学科,同时也是实践性很强的应用学科。美国的《工业工程手册:技术与运营管理》(*Handbook of Industrial Engineering: Technology and Operations Management*)根据 Neville Harris 对英国 667 家公司应用工业工程的实际情况进行调查统计出 32 种常用的方法和技术,按普及程度排列如表 1-1 所示。

表 1-1 工业工程常用的 32 种方法和技术

1. 方法研究	17. 计算机编程
2. 作业测定(直接劳动)	18. 项目网络技术
3. 奖励	19. 计划网络技术
4. 工厂布置	20. 办公室工作测定
5. 表格设计	21. 动作研究的经济成果
6. 物料搬运	22. 目标管理
7. 信息系统开发	23. 价值分析
8. 成本与利润分析	24. 资源分配网络技术
9. 作业测定(间接劳动)	25. 工效学
10. 物料搬运设备运用	26. 成组技术(Group Technology,GT)
11. 组织研究	27. 事故与可操作性分析
12. 职务评估	28. 模拟技术
13. 办公设备选择	29. 影片摄制
14. 管理的发展	30. 线性规划
15. 系统分析	31. 排队论
16. 库存控制与分析	32. 投资风险分析

1.2.1 实用技术的重要性

1.2.1.1 适应国家经济发展的需要

在生产方式不断向前发展的形势下,制造型企业运用工业工程技术实施持续改进势在必行。首先,随着中国加入世界贸易组织,越来越多的跨国公司将对华投资视为公司整体发展战略中的重要一环,逐步提高在华投资企业的国际分工地位,把中国作为跨国公司重要的生产基地之一,并带来了先进的生产管理技术。其次,20 世纪 80 年代以来,随着改革开放的推进,中国工业体制发生了根本变化,新的管理思想及管理方法不断进入中国工业领域。因此,如何有效地把精益生产方式等先进管理技术应用到生产管理中,使之与中国国情和企业实际情况相结合,使企业在多变的生产环境下获得最佳生产效率,已经成为企业存活于激烈的市场竞争中的必要条件。最后,在很长的一段时间里,中国是全球的低成本制造中心。而现在,面对成本、汇率、出口退税、宏观调控、国际贸易壁垒五大困境,中国的制造型企业,尤其是那些之前靠低成本制造为生的企业,将面临越来越大的挑战。在目前制造业普遍存在的利润空间下降的情形下,如何运用工业工程技术帮助企业持续改善越发显得重要。

1.2.1.2 适应行业环境变化的需要

随着市场经济的不断推进,市场竞争已经成为所有企业谋求生存和发展的一个重要议题。21世纪更是一个充满竞争的时代,市场的高度国际化、客户需求的瞬息万变以及技术的急剧更新,都对企业的竞争力提出了比以往更高的要求。

为了提升企业的竞争力,势必要提升企业生产与运作管理的水平。企业的生产与运作管理,主要就是将人力、物料、设备、技术、信息、能源等生产要素(投入)变换为有形产品和无形服务(产出)的过程,追求的是"在需要的时候,以适宜的价格,向顾客提供具有适当质量的产品和服务"。生产与运作管理控制的要点集中在质量、成本、时间和柔性等几个方面。首先,按规定的产品品种质量完成生产任务;其次,按规定的计划成本完成生产任务;最后,按规定的交货期限完成生产任务。对于企业来说,无论何时何地,质量、成本和交货期是制造型企业所面临的三个非常重要的管理项目,它们不但是衡量企业生产管理成败关键的三要素,而且是企业核心竞争力的源泉。此外,现代企业面对瞬息万变的市场环境,既要求获得生存,更要求获得长期成长和发展。除质量、成本、交货期,安全和员工士气也将是企业在夹缝中得以生存的关键,企业的一切活动都要围绕它们而进行。

工业工程实用技术对提升企业竞争力有着显著的作用。现代企业管理要求企业在各个方面提高竞争力以满足用户的需要,为企业赢得更多的发展机会。国内制造业在此方面做了大量工作,但出于企业的经营观念、管理体制、生产组织、资金与设备等多方面原因,常常出现各种不理想的状况,进而影响企业的信誉,甚至导致企业失去部分市场份额。因此,工业工程实用技术的运用问题正引起越来越多的学者和业界专家的高度重视。

1.2.1.3 企业自身发展的需要

工业工程是管理与技术相结合的交叉学科。如果说管理是企业运营的灵魂,技术则是企业运营的基础前提。一家企业如果缺少相应的技术,无疑将无法开展任何技术活动。对于一家制造型企业,工业工程起着不容忽视的作用。工业工程最初是因制造型企业管理的需要而产生的,不断发展形成方法和技术的综合体系,极大地促进了制造型企业生产管理系统的优化。工业工程是多学科的综合体,历经数十年发展,已慢慢地渗透到众多行业领域。工业工程的思想是企业追求的目标,工业工程的技术是企业实现目标的方法和手段。对于制造企业,工业工程能提高生产效率;应用推广到其他行业之后,工业工程是提高效率的有效手段。简单地说,管理就是通过别人有效率、有结果地完成某事项,因此工业工程技术是管理的基石。企业的发展离不开管理,如果一家企业想要更好、更稳健地发展,就必然离不开这块管理的基石。

1.2.2 主要实用技术简介

工业工程是一门系统性和实践性很强的应用性学科。为了有效地解决企业发展和生产系统中存在的问题,首先应确立正确的工业工程方法论,明确工业工程在实践中应该遵从的基本思想与原则,着重掌握工业工程的基本方法与技术体系。因此,我们选取工业工程中经典的工作研究技术(包括方法研究、作业测定)、学习曲线、标准作业和现场管理等几项制造型企业日常生产活动中的常用技术进行重点讨论,具体内容如图 1-1 所示。

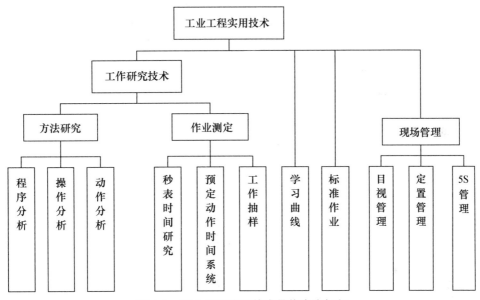

图 1-1 工业工程实用技术具体内容框架

1.2.2.1 工作研究技术

工业工程的核心是降低成本、提高质量和生产率,而工作研究是工业工程体系中最重要的基础技术。工作研究的显著特点是:在需要很少投资或不需投资的情况下,可以使企业的生产率显著提高,从而提高经济效益和增强竞争力。因此,世界各国都把工作研究作为提高生产率的首选技术。工作研究之所以会有这样的成就,是因为它包含方法研究和作业测定两大技术。

1. 方法研究

方法研究是一种系统研究技术,它的研究对象是系统,解决的是系统优化问题,旨在帮助寻求完成任何工作的最经济合理的方法,以减少人员、机器及无效的动作和物料的消耗,并使方法标准化。方法研究的主要内容有:

(1)程序分析。程序分析是对产品生产过程的程序状态进行记录、分析和改善的必要且有效的工业工程方法,它把工艺过程中的物流过程及人的工作流程以符号形式进行记录、设计,以此反映程序整体的状态,从而有效地掌握现有流程的问题点,并研究制定改善对策,以提高现有流程的效率。

(2)操作分析。操作分析通过对以人为主的程序进行详细研究,使操作者、操作对象、操作工具三者科学地组合、合理地布置和安排,达到程序结构合理、减少作业的工时消耗,从而提高产品的质量和产量。

(3)动作分析。动作分析主要分析人在进行各种操作时的身体动作,以消除多余的动作,减轻劳动强度,使操作更简便、更有效,从而制定出最佳的动作程序,最终达到提高作业效率和质量的目的。

2. 作业测定

作业测定是制定用经济合理的方法完成工作所需的时间标准,以达到减少人员、机器和设备的空闲时间的目的。方法标准和时间标准使人、机、物都能将能力全部贡献在有价值的工作上,并且为应用其他工业工程技术奠定基础。作业测定的主要内容有:

(1)秒表时间研究。秒表时间研究是为了确定完成相关作业(作业要素)所需的时间,以秒表(摄影机)为主要计时工具进行测量、分析和检查的一种作业测定技术。此方法除检查现行标准时间或制定某种作业的标准时间外,主要用于评定、改善某项现行作业。

(2)预定动作时间系统。预定动作时间系统利用预先为各种动作规定的时间标准来确定进行各种操作所需的时间,有助于事先改进工作方法,为合理选用工具、夹具和设备提供评价依据。

(3)工作抽样。工作抽样是指对作业者和机器设备的工作状态进行瞬时观测,调查各种作业活动事项的发生次数及发生率,进行工时研究,并用统计方法推断各观测项目的时间构成及变化情况,达到改善作业和设备管理以及制定标准时间的目的。

1.2.2.2 学习曲线

在大批量生产过程中,学习曲线用来表示单台(件)产品工时消耗和连续累计产量之间关系的一种变化曲线。研究与测定学习曲线对提高生产率具有很大的作用。目前,学习曲线在工业工程中的应用较为广泛,可用于制定标准时间、计算产品销售价格、预测产品的制造工时、考察系统的稳定性、考核工人的工作绩效等。除此之外,它还可应用到非制造型企业中,主要用来描述发生在每一项工作中的学习过程。

1.2.2.3 标准作业

标准作业是指在作业系统调查分析的基础上,将现行作业方法的每一个操作程序和每一个动作进行分解,以科学技术、规章制度和实践经验为依据,以安全、质量效益为目标,改善作业过程进行,从而形成一种优化的作业程序,并逐步达到安全、准确、高效、省力的作业效果。它的目的是将作业人员、作业顺序、工序设备的布置、物流过程等问题进行最适当的组合,以达到生产目标。它是管理生产现场的依据,也是改进生产现场的基础。

1.2.2.4 现场管理

生产现场是指工人直接从事生产活动、创造价值与使用价值的场所,投入的各种生产要素要在生产现场优化组合后才能转换为生产力。现场管理水平的高低直接影响产品质量的好坏、消耗与效益的高低,以及企业在市场竞争中的适应能力与竞争能力。现场管理的方法主要有:

(1)目视管理。目视管理是指利用形象直观、色彩适宜的各种视觉感知信息来组织现场生产活动,以提高劳动生产率的一种管理方式。通过目视管理,使各种管理状态、管理方法一目了然,让操作人员容易明白、易于遵守,自主性地理解、接受、执行各项要求。

(2)定置管理。定置管理是指对生产现场中的人、物、场所三者之间的关系进行科学的分析研究,使之达到最佳结合状态的一门科学管理方法。定置管理通过对生产现场的整理、整顿,把生产中不需要的物品从现场清除,把需要的物品放在规定位置上使其随手可得,促进生产现场管理的文明化、科学化,达到生产的高效、优质和安全。

(3)5S 管理。它是指在组织内部持续开展整理(Seiri)、整顿(Seiton)、清扫(Seiso)、清洁(Seiketsu)、素养(Shitsuke)五项活动。实施 5S 管理能够改善员工面貌,提高企业形象,保障企业生产安全,提高生产效率。

上述实用技术作为工业工程的重要技术手段,是现代企业提高生产率、优化生产系统的重要方法。

1.3　工业工程实用技术的发展趋势

工业工程的发展具有鲜明的时代特征,随着科学技术的发展,出现了现代工业工程。现代工业工程是在现代科学技术和生产力条件下研究生产系统如何提高生产率与竞争力的学科,是工业工程在新环境下的新发展。如今,现代科学技术和生产力发展迅猛,生产经营环境和条件发生了很大的变化,为了适应这些变化和要求,需要吸收越来越多的新学科和高新技术。在这样的科技发展趋势下,工业工程技术在现代工业工程基础上的发展呈现如下几个显著特征:

1. 研究对象和应用范围扩大到系统整体

传统工业工程主要研究生产过程,属于微观范畴;现代工业工程则扩展到包括研究开发、设计和销售服务在内的广义生产系统,并进而延伸到整个经营管理系统,已成为研究微观和宏观系统、追求系统整体优化和综合效益的工具。

2. 以计算机和管理信息系统(MIS)为支撑条件

为了适应瞬息万变的市场需求,现代工业工程以高速处理数据的计算机为手段,在生产系统设计中建立完善的信息网络,从而做到信息传递迅速、反馈及时。这是在现代生产环境和市场条件下,提高生产率必不可少的条件和手段。

3. 重点转向集成(或综合)制造

随着高新技术的迅速发展,出现了单元制造、计算机辅助设计与制造、柔性制造单元和系统、自动库存和取货系统,以及整个生产过程的计算机集成制造等。在研究这种新环境下资源的处理问题时,产生了制造资源计划(MRP)和准时制(JIT)等新的管理技术,将工业工程技术推到一个新的水平和高度。

4. 重点研究生产率和质量

提高生产率和质量一直是工业工程追求的目标。随着生产技术、组织和环境发生变化,现代工业工程采用现代制造技术,针对新的生产组织和环境,把提高生产率、保证质量放在突出位置,重点研究生产率理论、测定方法及相关的问题(如现代制造系统的质量与可靠性保证、在 MRP 和 JIT 生产环境中的生产率等),旨在更好地应用先进生产技术发展现代制造系统,不断提高生产率和质量。

5. 探索新理论，发展新方法

为了适应科技发展的要求，现代工业工程必须研究生产要素之间的新规律，为创造新的工业工程技术寻求理论依据。其中，最重要的是人和其他管理资源之间的关系，要解决在高效率设施条件下，人的适应性和生产率提高的问题。据预测，工业工程的下一个主要发展领域可能是生物学和生命科学的应用。

在生产技术方面，除上述集成制造外，现代工业工程研究的另一个重点是同步工程或并行工程。这是一种新的管理思想和方法，即以用户需求为目标，使生产从研究开发到设计、制造（生产）、销售等各阶段协调配合，各类研究人员介入前期活动，同时进行有关工作（如在设计阶段即做生产准备），缩短研制时间，提高效率，降低成本。

总之，由于工业工程的跨学科性和应用的广泛性，随着现代科学和技术的高度进展，社会生产日新月异，现代工业工程在多方面取得巨大发展，并且这种趋势将继续下去。

第 2 部分

工作研究技术

第2章 程序分析

2.1 程序分析的定义

程序分析是从宏观角度出发,对整个生产过程进行全面的观察记录和整体分析,是方法研究的主要内容之一。程序分析是对产品生产过程的程序状态进行记录、分析和改善的有效方法,以符号形式记录和设计工艺过程中的物流过程及人的工作流程以反映程序整体的状态,从而有效地掌握现有工艺过程的问题点,并研究制定改善对策以提高现有工艺过程效率。

程序分析采用专用的图表和符号对现行工艺过程进行详细的观察、记录,应用 5W1H技术(六大提问技术,即完成了什么(What)、何处做(Where)、何时做(When)、由谁做(Who)、如何做(How)和为什么要这样做(Why))和 ECRS 原则(四大原则,即取消(Eliminate)、合并(Combine)、重排(Rearrange)和简化(Simplify))进行分析,通过改进,最终提出合理的工艺过程和车间平面布置与物料搬运路线。

2.2 程序分析的目的

任何工作在开始之前,最为重要的是拥有明确的目的,这样才能在工作中明确方向,达到目标。因此,我们要明确程序分析的目的是产品生产过程中的浪费与不合理,从而提高效率。加工、搬运、检验、储存等任何程序并不因为其存在而合理,衡量的标准为是否创造价值。由此看来,除加工以外的任何过程都有产生浪费的可能。掌握包括工艺过程、检验过程、运输过程等在内的全部生产过程的实际状态,发现并消除过程浪费与不合理,是程序分析的主要目的和作用。

(1) 程序分析是程序管理、搬运管理、布局管理、作业编制等环节获取基础资料的必要手段。正确、合理的程序分析可以提高系统的整体效益。通过程序分析,操作者可以准确掌握工艺过程的整体运行状态,了解工艺流程的实施顺序,积极改进工艺过程中的不合理情况。

(2) 明确各个程序之间的相应关系、实施顺序;确定各程序的作业完成时间;发现总体程序中的不平衡状态和程序当中的设计问题,并加以改善;改善生产过程中不经济、不合理、不科学的作业方法、作业内容及现场布置,设计出科学、先进、合理的作业方法、作业程序和现场布置,达到提高生产效率的目标。

(3) 寻找工时消耗较多的程序,对其重排和简化,减少停滞及闲余程序,合并一些过于细分或重复的工作,最大可能地改进产生浪费的程序,以使系统效益最大化。发现工艺流程中存在的不经济、不合理、停滞和等待等现象,通过流程的改进,让操作者少走"弯路",并且使系统运转更加流畅。

（4）研究加工的顺序是否合理、流程是否畅通、设备配备是否恰当、搬运方法是否合理，设计出更加合理的流程和加工方案，减少机械的空闲和浪费、场地使用不合理的情况。

（5）取消作业中一些不必要的、可以消除的步骤，或者寻找更简便的方法来取代之前使用的复杂方法。这样不但可以减少生产当中的工时浪费，而且可以减少工人的体力消耗，提高工人的积极性。

2.3　程序分析的步骤

程序分析是通过调查分析现行工作流程，改进流程中的不经济、不均衡、不合理，提高工作效率的一种研究方法。程序分析大致可分为以下几个步骤：

四步分析法→预备调查→绘制程序分析表→测定并记录各程序中的必要项目→整理分析结果→制定改善方案→改善方案的实施和评价。

程序分析流程如图2-1所示。

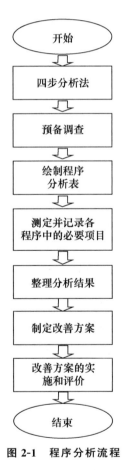

图 2-1　程序分析流程

2.3.1　步骤一：四步分析法

工作研究实施的基本程序中，一个十分重要的步骤是对现行的方法进行记录。一项改进能否成功,取决于记录的准确性,它是严格考查、分析与开发改进方法的基础。为了能清楚地表示任何工作的程序,美国机械工程师学会(American Society of Mechanical Engineers,ASME)对吉尔布雷斯所设计的 40 种符号加以综合,制定出 5 种符号,并于 1979 年被美国制定为国家标准(ANSLYl5.3M-1979),以便以标准格式精确地记录详细信息。程序分析的基本记录符号如下:

○——加工。它是工艺过程、方法或工作程序中的主要步骤,如搅拌、机器加工、打字等。加工是使产品接近完成的活动之一,因为无论是机器加工、化学处理或装配,总是把物料、零件或服务向着完成推进一步。

⇨——搬运、运输。它是工人、物料或设备从一处向另一处的移动。

□——检验。它是对物料的品质和数量或者某种操作执行情况的检验。

D——等待。它是运行中的等待,如前后两道程序间处于等待的工作或零件、等电梯、等待货箱的开启等。

▽——储存。它是物料在某种方式的授权下存入仓库或从仓库发放,或为了控制而保存货品。

在这五种基本符号的基础上,派生出符号◎:

◎——同时或同一工作场所由同一人执行加工与检验两项工作。

掌握了记录符号和记录技术(用符号作图进行记录的技术)后,下一步是应用四步分析法对记录的全部事实进行分析。四步分析法包括一个不忘、四大原则、五个方面和六大提问技术,具体如下:

1. 一个不忘:不忘动作经济原则

动作经济原则在程序分析时有极大的作用,应根据动作经济原则建立新的作业方法并不断加以改进。根据国内外经验,应用动作经济原则,可利用同样或更少的成本获得更多的产值。

2. 四大原则(ECRS 原则):取消、合并、重排、简化

对现行的方案或工作进行严格考核与分析是为了建立新方法。在建立新方法时,要灵活运用下列原则。

取消(Eliminate):在回答"完成了什么""是否必要"及"为什么"等问题时,没有满意的答复都属不必要的工作,应给予取消。取消是改进的最佳方式。取消不必要的程序、操作或动作是不需要投资的一种改进方式,是改进的最高原则。

合并(Combine):对于无法取消者,应判断能否合并,以达到省时、省力的目的。可合并一些程序或动作,或将由多人于不同地点从事的不同操作改为由一人或一台设备完成。

重排(Rearrange):经过取消、合并后,可再根据"何人、何处、何时"三种问题进行重排,去除重复,使工作能有最佳的顺序。

简化(Simplify):对于经过取消、合并、重排后的必要工作,就可以考虑能否采用最简单的方法及设备,以节省人力、时间及费用。

总而言之,分析时通过提问技术,首先考虑取消不必要的工作(程序、动作、操作);其次是将某些程序或动作合并,以减少处理的流程;再次是将工作台、机器以及储运的布置重新调整,以减少搬运的距离,有时还要变更加工或检验的顺序,以避免重复;最后是用最

简单的设备或工具代替复杂的设备或工具,或者用较简单、省力、省时的动作代替繁复的动作。

3. 五个方面:加工、搬运、检验、储存、等待

由于记录是从加工、搬运、检验、储存和等待五个方面进行的,因此分析也从这五个方面着手。

加工分析:这是最重要的分析,它涉及产品的设计。即使产品设计做某些微小变动,也很可能会改变整个制造过程。可通过加工分析省去某些程序、减少某些搬运或合并某些程序,使原本需要在多处进行的工作合并在一处完成等。

搬运分析:搬运问题需考虑搬运重量、距离及消耗时间。通过对运输方法和工具的改进,可减轻搬运人员的劳动强度和减少消耗的时间。通过调整厂区、车间或设备的布置与排列,可以缩短搬运的距离与时间。

检验分析:检验分析的目的是剔除不合格的产品。企业应根据产品的功能和精度要求,选择适宜的检验方法,并决定是否需要设计更好的工夹量具等。

储存分析:应着重对仓库管理、物资供应计划和作业进度等进行储存分析,以保证材料及零件的及时供应,避免不必要的物料积压。

等待分析:等待应被减少到最低限度。要分析引起等待的原因,如果等待由设备造成,则可从改进设备着手。

实际分析时,需要对以上五个方面采用提问技术逐一进行分析,然后利用取消、合并、重排、简化四大原则进行处理,以寻求最经济合理的方法。

4. 六大提问技术(5W1H 技术):对目的、方法、人物、时间、地点和原因进行提问

为了使分析能得到最多的意见而不存有任何遗漏,应按 5W1H 技术依次进行提问,如图 2-2 所示。5W1H 技术依次为完成了什么(What)、何处做(Where)、何时做(When)、由谁做(Who)、如何做(How)、为什么要这样做(Why)。由于它们的英文单词中都有一个 W,因此提问技术又称"6W"技术。当进行程序分析时,以上问题必须有系统地一一询问。这种有系统的提问技术是程序分析成功的基础,切不可有任何疏漏。如图 2-2 所示,左边和中间两列提问的目的在于了解现行的情况,以便对右边一列的问题提出建设性意见。

完成了什么	为什么要做这些,是否必要	有无其他更好的成果
何处做	为什么要在此处做	有无其他更合适的地方
何时做	为什么要此时做	有无其他更合适的时间
由谁做	为什么要此人做	有无其他更合适的人
如何做	为什么要这样做	有无其他更合适的方法

图 2-2 5W1H 技术

上述分析技巧,特别是 5W1H 技术、ECRS 原则或动作经济原则,可在任何有待发现问题的场所使用。

2.3.2 步骤二:预备调查

在实际生产中,一旦问题点得到明确,调查对象得到确定,在进行产品程序分析前,先

进行预备调查是十分必要的。在预备调查中,需要通过询问或查找有关资料,了解以下各项内容,以掌握岗位的实际情况:

(1) 产品的生产量(计划量、实际生产量);

(2) 产品内容、质量标准;

(3) 检验标准(中途检验、上市前的检验方法、合格率);

(4) 设备配置(布局);

(5) 程序流程(分支、合流情况);

(6) 原材料(种类、单耗)。

2.3.3　步骤三:绘制程序分析表

程序是为了进行某项活动或过程所规定的途径,作业则是为了完成生产等方面的既定任务而进行的活动。我们进行程序分析时,常常是对具体的作业进行研究。根据作业的实际内容和目的,对应加工、搬运、检验、储存几种程序。在实际工作中对某程序进行分析、绘制程序分析表时,必须注意以下原则:程序分析表上记述的内容必须是直接观察所得;程序分析表应提供尽可能全面的信息。其内容包括:

(1) 表题应有产品或物料名称,附上制表时间;

(2) 所记录的作业名称及其序号;

(3) 进行作业的机械名称;

(4) 记录距离、时间和人员等,以便对新旧方法进行比较。

我们以"别针生产"为例,绘制程序分析表,具体内容如表 2-1 所示。

表 2-1　别针生产的程序分析

表题			别针生产(改善前)				日期		年　月　日		
序号	作业名称	流程	机器名称	距离(米)	时间(分)	人员(人)	程序符号				
							○	⇨	□	D	▽
1	别针的定尺、切割	○	切割机		60	1					
2	搬运	⇨	吊车	20	5	2					
3	测量长短、检验倒角	□	游标卡尺		10	2					
4	等待	D	袋		70	2					
5	搬运	⇨	吊车	10	3	2					
6	外径研磨	○	研磨机		15	1					
7	搬运	⇨	吊车	20	5	2					
8	外径测定	□	游标卡尺		5	2					
9	搬运	⇨	吊车	20	5	2					
10	嵌入手术刀磨具检验	□			10	2					

（续表）

序号	作业名称	流程	机器名称	距离（米）	时间（分）	人员（人）	○	⇨	□	D	▽
							程序符号				
11	搬运	⇨	吊车	15	4	2					
12	等待	D			60	1					
13	储存	▽	仓库								
合计	13 个程序			85	252	21	2 次 75 分	5 次 22 分	3 次 25 分	2 次 130 分	1 次

表题：别针生产（改善前）　日期：年 月 日

2.3.4　步骤四：测定并记录各程序中的必要项目

程序分析表一旦绘制完成，应该将各程序的必要项目加以测定并填入表中，测定时必须亲自到现场进行。

此时，作为记录项目，把 5W1H 或 4M（Man，作业人员；Machine，设备；Material，原材料；Method，作业方法）放在分析表的表头，对必要项目进行核查是非常重要的；在机器名称栏中填入设备、工具、场所等必要的事项。在人员栏中填入相应程序所需人数，但如有必要，请填入作业人员的姓名（或用 A、B、C 等代替姓名加以区别），这样有利于以后的解释说明。在时间栏中，每一个程序都要填入所需时间。另外，搬运栏中的时间和距离都是非常重要的，都要填入。

具体示例如表 2-2 别针生产产品程序记录表所示。

表 2-2　别针生产产品程序记录

程序	作业名称（为什么）	作业人员（谁）	机器、设备（用什么）	场所（何地）	时间（需要多少时间）	方法（怎样做）
加工	具体的加工内容	职种、人数、人员姓名等	机器、设备、工具名称、数量	具体的加工场所	加工时间、生产量（单位时间产量等）	具体的加工顺序
搬运	具体的搬运内容	同上	搬运设备（吊车、平板车、吊具等）	从哪里搬至哪里（搬运距离）	搬运时间	每次搬运的个数、装卸的方法等
检验	具体的检验内容	同上	检验设备、检验工具等	检验场所	检验时间	检验方法、是否合格的判定方法、不合格品的处理方法
等待	明确等待状态	同上	等待场所、等待设备等	等待场所	等待时间	—
储存	—	同上	储存场所、储存设备等	储存场所	储存时间	储存的方法

2.3.5　步骤五：整理分析结果

按照表 2-2 对别针生产流程进行整理后得表 2-3。

表 2-3 别针生产流程整理

	程序数	时间（分）	距离（米）	人员（人）
加工（○）	2	75	—	2
搬运（⇨）	5	22	85	10
检验（□）	3	25	—	6
等待（D）	2	130	—	3
储存（▽）	1	—	—	—
合计	13	252	85	21

在表 2-3 中，只有加工程序能使产品增值，而搬运、检验、等待和储存是不能使产品增值的，因此要尽可能取消这些不能增值的程序。另外，在加工方面，要尽量研究能否更快速、更简易地进行加工。

2.3.6 步骤六：制定改善方案

根据表 2-3 找出问题点，提出改善方案。与此同时，将改善方案作为质量管理小组活动的一个课题，充分听取有关人员的意见和建议，充分发挥集体智慧，提出改善的目标（见表 2-4）。

表 2-4 改善的目标

程序	着眼点
整体	1. 从整体的时间、搬运距离、人数以及各程序所需时间、搬运距离、人数进行考虑，找出改善的重点所在（必要时也可以绘制资源配置图找出重点）； 2. 是否有可以取消的程序； 3. 是否有可以同时进行的程序； 4. 是否可以通过更换程序顺序来减少程序量、时间量、搬运距离、作业人员
加工（○）	1. 是否有耗费时间过长的程序，特别要对那些正在用大量时间进行加工的程序进行核查，针对耗时过长的程序，进一步采取其他分析手法（动作分析、时间分析等）努力谋求改善； 2. 是否可以提高设备的工作能力； 3. 是否可以和其他程序同时进行加工； 4. 更换程序顺序是否可以达到改善的目的； 5. 目前的生产批量是否适当
搬运（⇨）	1. 是否可以减少搬运次数； 2. 必要的搬运能否和加工同时进行（采用传送带或手推车等）； 3. 是否可以缩短搬运距离； 4. 改变作业场所是否可以取消搬运； 5. 是否可以通过加工和检验组合作业来取消搬运； 6. 是否可以通过增加搬运批量来减少搬运次数； 7. 搬运前后的装卸是否耗费了大量时间； 8. 搬运设备是否存在改善的余地； 9. 打包、夹具是否存在改善的余地

（续表）

程序	着眼点
检验（□）	1. 是否可以减少检验的次数； 2. 是否存在可以省略的检验； 3. 必要的检验能否和加工同时进行，即通过加工与检验同时作业，使程序数、总时间减少并同时省却搬运； 4. "质"的检验和"量"的检验是否在不同的程序进行，能否同时作业； 5. 检验的方法是否适当，能否缩短时间
等待（D）	1. 尽量缩短等待的次数； 2. 通过组合加工和检验场所，是否可以取消等待，特别是当等待是由前后程序所需时间的不平衡引起时，尽量平衡前后程序时间，消除等待； 3. 是否可以缩短等待时间
储存（▽）	—

在对生产程序进行分析的基础上，以表 2-4 中的改善目标为基准进行研究，并制定改善方案。改善方案往往并非只有一个，而有二三个。在进行比较研究的同时，听取上级与有关人员的意见和建议是非常重要的。

改善的结果可能包括：通过改善布局，减少了等待和搬运的次数；测定外径和嵌入检验同时作业，达到了减少程序数、所需时间、搬运距离的目的。以上的改善结果综合在产品程序分析表（改善方案）（见表 2-5）中。

表 2-5　别针生产的程序分析（改善方案）

表题			别针生产（改善后）				日期		年　月　日		
序号	作业名称	流程	机器名称	距离（米）	时间（分）	人员（人）	\bigcirc	\Rightarrow	□	D	▽
1	别针的定尺、切割	\bigcirc	切割机		60	1					
2	搬运	\Rightarrow	吊车	20	5	2					
3	测量长短、检验倒角	□	游标卡尺		10	2					
4	搬运	\Rightarrow	吊车	10	3	2					
5	外径研磨	\bigcirc	研磨机		15	1					
6	搬运	\Rightarrow	吊车	20	5	2					
7	外径测定嵌入手术刀磨具检验	□	游标卡尺		10	2					
8	搬运	\Rightarrow	吊车	15	4	2					
9	储存	▽	仓库								
合计		9 个程序		65	112	14	2 次 75 分	4 次 17 分	2 次 25 分	0 次	1 次

如果可以的话，还要试着对结果进行测定。然而，移动设备需要花费大量资金和时

间,不能轻易进行尝试,但我们可以推测一旦实施改善方案,时间、距离、人员将如何改变,然后再绘制产品程序分析表(改善方案)和改善方案整理表(见表 2-6)。再比较改善前和改善方案的情况,绘制定如改善前和改善方案的比较表(见表 2-7)。

表 2-6　别针生产流程改善方案整理

程序	程序数	时间(分)	距离(米)	人员(人)
加工(○)	2	75	—	2
搬运(⇨)	4	17	65	8
检验(□)	2	25	—	4
等待(D)	—	—	—	—
储存(▽)	1	0	—	0
合计	9	117	65	14

表 2-7　别针生产流程改善前和改善方案的比较

程序	程序数			时间(分)			距离(米)			人员(人)		
	改善前	改善方案	效果	改善前	改善方案	效果	改善前	改善方案	效果	改善前	改善方案	效果
加工(○)	2	2	0	75	75	0	—	—	—	2	2	0
搬运(⇨)	5	4	1	22	17	5	85	65	20	10	8	2
检验(□)	3	2	1	25	25	0	—	—	—	6	4	2
等待(D)	2	0	2	130	0	130	—	—	—	3	0	3
储存(▽)	1	1	0	—	—	—	—	—	—	—	—	—
合计	13	9	4	252	117	135	85	65	20	21	14	7

2.3.7　步骤七:改善方案的实施和评价

一旦改善方案得到认可,就应试着实施并进行实际测算。此时,由于作业人员对新作业方式还不习惯,因此如果未经充分的训练使作业人员对新作业方式熟练之后就进行测算评价,那么结论就很可能是错误的。另外,在实施改善方案时,要积极更正不妥之处。

只要确认改善方案达到了预期目的,我们就应使改善方案标准化,杜绝再返回原来的作业方式的情况发生,但不能认为当前的改善方案便是最好的。随着技术的进步和产品的变化,我们应持有重新评价当前改善方案的理念,牢记"改善是永恒的、无止境的"。

2.4　程序分析实例

2.4.1　实例一:机械加工程序的改善

2.4.1.1　背景

工厂 A 生产的零部件只有质量能使用户满意,而交货期和价格每次都让用户感到不满,并给公司和用户之间的信赖关系带来不利影响。因此,为了研究在生产程序中是否存在不经济、不均衡和不合理的现象,工厂 A 将进行产品程序分析并加以改善。

工厂 A 的程序概要为:从精密锻造开始,进行成品(加工费最高为 30 元/米)的批量生产作业。用车床制作夹具的标准面,用钻床挖 T/H 标准孔,再利用这些孔,用铣刀削卡、口袋和加工外圆边。以上作业程序的概要如表 2-8 所示。

表 2-8　作业名称

序号	作业名称	序号	作业名称
1	刨削底盘	11	加工口袋的外圆边
2	搬运	12	核对尺寸
3	钻 T/H 标准孔	13	搬运手推车
4	搬运手推车	14	加工底盘
5	用铣刀削卡和外圆边	15	搬运手推车
6	测定(自己确认)	16	等待
7	搬运手推车	17	搬运待工
8	修正 T/H 标准孔	18	检验尺寸
9	主要核对	19	储存
10	搬运手推车		

2.4.1.2　实施

产品程序分析步骤如下:

1. 实施预备调查

经预备调查得知从切削底盘到储存共有 19 个程序。

2. 绘制产品程序分析表

产品程序分析如表 2-9 所示。

表 2-9　产品程序分析(改善前)

表题		回转驱动机械加工部件					日期		年　月　日		
序号	作业名称	流程	机器名称	距离(米)	时间(分)	人员(人)	程序符号				
							○	⇨	□	D	▽
1	刨削底盘	○	车床	2	0	1					
2	搬运	⇨	手推车	15	1	1					
3	钻 T/H 标准孔	○	游标卡尺		20	1					
4	搬运手推车	⇨	吊车	10	1	1					
5	用铣刀削卡和外圆边	○	N/C 铣刀		180	1					
6	测定(自己确认)	□	游标卡尺		5	1					

（续表）

序号	作业名称	流程	机器名称	距离（米）	时间（分）	人员（人）	程序符号 ○	⇨	□	D	▽
	表题		回转驱动机械加工部件				日期		年　月　日		
7	搬运手推车	⇨	吊车	10	1	1					
8	修正 T/H 标准孔	○	钻床		15	1					
9	主要核对	□	16A		1	1					
10	搬运手推车	⇨	吊车	10	10	2					
11	加工口袋的外圆边	○	N/C 铣刀		150	1					
12	核对尺寸	□	微型游标卡尺			5	1				
13	搬运手推车	⇨	吊车	5	1	1					
14	加工底盘	○	钻床		30	1					
15	搬运手推车	⇨		30	2	1					
16	等待	D			30						
17	搬运待工	⇨		20	0.5	1					
18	检验尺寸	□			15	1					
19	储存	▽	检验完毕放在架上								
合计		19 个程序		102	467.5	18	6 次 395 分	7 次 16.5 分	4 次 26 分	1 次 30 分	1 次

3. 测定并记录各程序的必要项目

调查和测定各程序中使用的机器名称、搬运距离、所需时间、所需人员，并记录在表 2-9 中。另外，制作的平面流程线如图 2-3 如示。

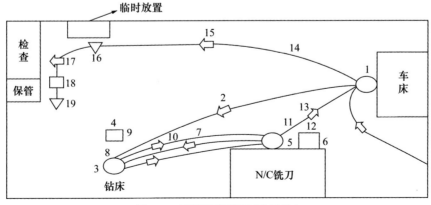

图 2-3　平面流程线图（改善前）

4. 整理分析结果

整理的分析结果如表 2-10 所示。

表 2-10　分析结果的整理

程序	程序数	时间（分）	距离（米）	人员（人）
加工（○）	6	440	—	6
搬运（⇨）	7	7.5	82	8
检验（□）	4	26	—	4
等待（D）	1	30	—	—
储存（▽）	1	—	—	—
合计	19	503.5	82	18

5. 制定改善方案

从表 2-10 及图 2-3 可以清楚地看出钻床和 N/C 铣刀的往返作业很多，所以我们把作业改善的重点放在这两个作业上。

在这里，我们提出将钻床作业统一和 N/C 铣刀作业统一的方案，并加以研究讨论，得到了在技术上是可行的结论。在此基础上，我们绘制了产品程序分析表（见表 2-11），改善了平面流程图（见图 2-4），并将改善前后的平面流程图进行对比（见图 2-5），汇总到表 2-12 对改善方案加以对比。

表 2-11　产品程序分析（改善方案）

表题		回转驱动机械加工部件					日期	年　月　日			
序号	作业名称	流程	机器名称	距离（米）	时间（分）	人员（人）	程序记号				
							○	⇨	□	D	▽
1	刨削底盘	○	车床		45	1					
2	搬运	⇨	手推车	15	1	1					
3	挖 TH 标准孔	○	钻床		20	1					
4	主要核对	□	16A		1	1					
5	搬运	⇨	手推车	10	1	1					
6	加工口袋的外圆边	○	N/C 铣刀		300	1					
7	核对尺寸	□	微型游标卡尺		5	5	1				
8	搬运	⇨	手推车	5	1	1					
9	加工底盘	○	车床		30	1					
10	搬运	⇨	手推车	30	2	1					
11	等待	D			30						
12	搬运	⇨	待工	2	0.5	1					
13	检验尺寸	□	微型游标卡尺		15	1					
14	储存	▽	检验完毕放在架上			1					
合计		19 个程序		62	451.5	13	4 次 395 分	5 次 5.5 分	3 次 21 分	1 次 30 分	1 次

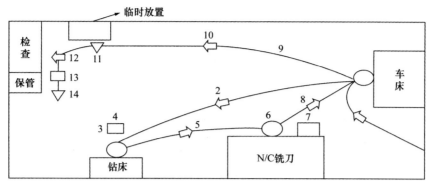

图 2-4　平面流程(改善方案)

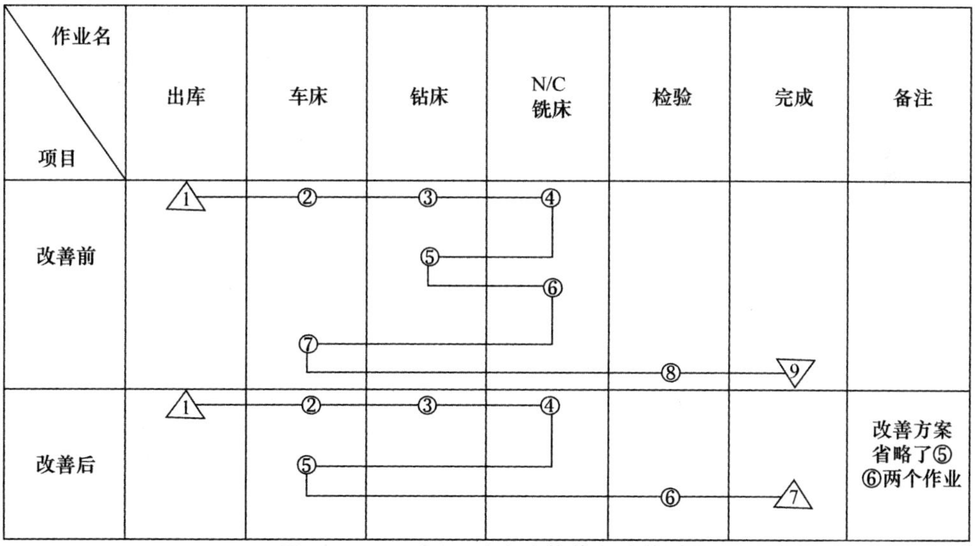

作业名 项目	出库	车床	钻床	N/C 铣床	检验	完成	备注
改善前	①———	②———	③———	④ ⑤——— ⑥ ⑦———	⑧———	⑨	
改善后	①———	②——— ⑤———	③———	④	⑥———	⑦	改善方案 省略了⑤ ⑥两个作业

图 2-5　平面流程(对比改善前和改善后)

表 2-12　改善前和改善方案的比较

程序		改善前	改善方案	节减
加工	程序数	6	4	2
	时间(分)	440	395	45
	距离(米)	—	—	—
	人员(人)	6	4	2
搬运	程序数	7	5	2
	时间(分)	7.5	5.5	2
	跟离(米)	82	62	20
	人员(人)	7	5	2
检验	程序数	4	3	1
	时间(分)	26	21	5
	距离(米)	—	—	—
	人员(人)	4	3	1
等待	程序数	1	1	0
	时间(分)	30	30	0
	距离(米)	—	—	—
	人员(人)	—	—	—

（续表）

程序		改善前	改善方案	节减
储存	程序数	1	1	0
	时间(分)	—	—	—
	距离(米)	—	—	—
	人员(人)	—	—	—
合计	程序数	19	14	5
	时间(分)	503.5	451.5	52
	距离(米)	82	62	20
	人员(人)	17	12	5

2.4.1.3　结果

根据改善方案实施，并检验实际情况有何变化，得到的结果是交货期大大缩短。因此，工厂 A 采用了该改善方案。将该结果绘制成最佳资源分布图以对改善方案的前后进行比较（见图 2-6），得知在程序数量、作业时间、所需人员各方面都达到了预期的节减目的。

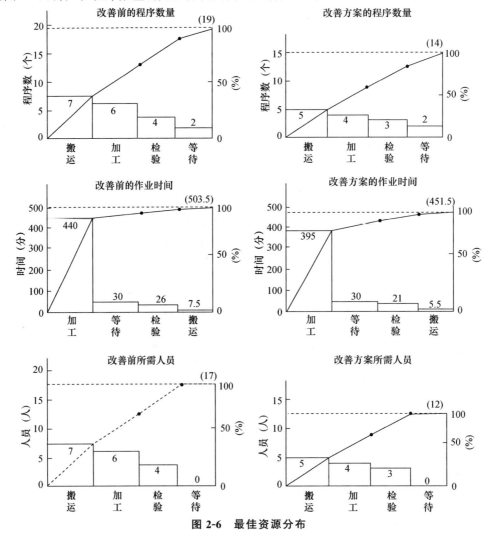

图 2-6　最佳资源分布

2.4.2　实例二：排除组装产品程序中的不经济、不均衡和不合理现象

2.4.2.1　背景

某公司是组装汽车内部用来连接电气零部件或电动机械的电线并将其制作成组合件（汽车用组合电线）的汽车零部件生产商。公司要找出产品组装作业中存在的不经济、不均衡和不合理现象并加以排除，以达到缩短生产周期和改善作业流程的目的。

该公司生产程序的概要如图 2-7 所示，这次的分析对象是 D 至程序 H。

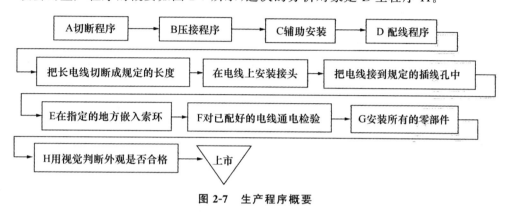

图 2-7　生产程序概要

2.4.2.2　实施

产品程序分析步骤如下：

1. 预备调查

预备调查对程序流程进行了跟踪调查，并得知流程过于拥挤，而且程序中等待现象过多。要改善流程就必须减少等待。为此，我们通过产品程序分析来进行调查。

2. 绘制产品程序分析表

将程序流程记到产品程序分析表（见表 2-13）中，这里，组件程序从搬运到储存共有 21 个程序。

表 2-13　产品程序分析

表题			回转驱动机械加工部件				日期	年　月　日			
序号	作业名称	流程	机器名称	距离（米）	时间（分）	人员（人）	程序符号				
							○	⇨	□	D	▽
1	搬运组件	⇨	手推车	5	0.16	1					
2	把电线装入夹具内	○	夹具		15	2					
3	把电线插入机架	○	夹具		3	2					
4	用胶带缠好	○	夹具		20	2					

（续表）

表题			回转驱动机械加工部件				日期		年 月 日		
序号	作业名称	流程	机器名称	距离（米）	时间（分）	人员（人）	程序符号				
							○	⇨	□	D	▽
5	从夹具上取出放到手推车内	⇨	手推车		0.3	2					
6	等待	D	手推车		2	1					
7	移动到嵌入索环台	⇨	手推车	2	0.16						
8	等待	D	手推车		2	1					
9	嵌入索环	○	开关机		0.9	1					
10	等待	D	手推车	3	1	1					
11	移向 N0.1 检验台	⇨	手推车	2	0.16	1					
12	进行 N0.1 检验	□	检验台		5	2					
13	等待	D	手推车		5	1					
14	移向加工台	⇨	手推车	2	0.16	1					
15	对加工产品进行组装	○			3	2					
16	等待	D	手推车		10	1					
17	移向 N0.2 检验台	⇨	手推车	3	0.16	1					
18	进行 N0.2 检验	□			5	2					
19	等待	D	手推车		60						
20	搬运	⇨	手推车	5		1					
21	储存	▽	手推车								
合计	21 个程序			22	133	25	5 次 41.9 分	7 次 1.1 分	2 次 10 分	6 次 80 分	1 次

3. 测定并记录各程序的必要项目

调查测定各程序所使用的机器设备、夹具、搬运距离、所需时间、所需人员，并记录在产品程序分析表内（见表 2-13），绘制平面流程图（改善前）（见图 2-8）。

4. 整理分析结果

整理的分析结果如表 2-14 所示。

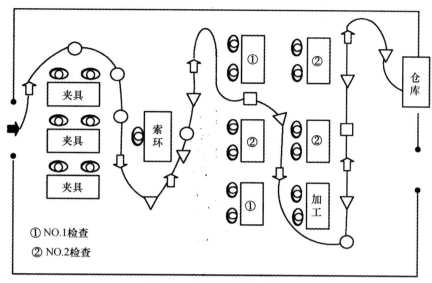

① NO.1检查
② NO.2检查

图 2-8　平面流程（改善前）

表 2-14　分析结果的整理

程序	程序数	时间（分）	距离（米）	人员（人）
加工（○）	5	41.9	—	9
搬运（⇨）	7	1.1	22	7
检验（□）	2	10	—	4
等待（D）	6	80	—	5
储存（▽）	1	—	—	—
合计	21	133	22	25

由表 2-14 可以看出，等待的次数和时间过长。

5. 制定改善方案

根据产品程序分析和平面流程线，大家讨论了改善方案，集思广益，最终制定了以下改善方案：

（1）考虑到电线连接程序最花时间，而线卡嵌入程序之后的作业所花的时间很短，且时间分配已经取得基本平衡，因此决定取消作业流程中的等待。通过这种做法，使原来程序 5—8 的作业用一个搬运程序完成，并取消了程序 10—16 的等待。

（2）改变检验工作台的方向和加工成品台的位置，使作业流程得到改善。

通过以上改善，可绘制平面流程图（改善后）（见图 2-9）和产品程序分析表（改善方案）（见表 2-15），改善方案与改善前的比较如表 2-16 所示。结果表明，这种调整使程序流程得到改善，生产周期也得到缩短。

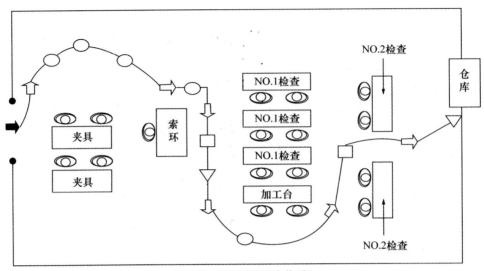

图 2-9　平面流程（改善后）

表 2-15　产品程序分析（改善方案）

表题			电线卷的组装（改善方案）				日期		年　月　日		
序号	作业名称	流程	机器名称	距离（米）	时间（分）	人员（人）	程序符号				
							○	⇨	□	D	▽
1	搬运组件	⇨	手推车	5	0.16	1					
2	将电线装入夹具内	○	夹具		15	2					
3	把电线插入机架	○	夹具		3	2					
4	用胶带缠好	○	夹具		20	2					
5	移向到嵌入索环台	⇨	手推车	1	0.4	2					
6	嵌入索环	○	开关机		0.9	1					
7	移向 NO.1 检验台	⇨	手推车	1	0.08	2					
8	NO.1 进行检验	□	检验台		5	2					
9	等待	D	手推车		5	1					
10	移向加工台	⇨	手推车	2	0.16	1					
11	对加工产品进行组装	○			3	2					
12	移向 NO.2 检验台	⇨	手推车	2	0.08	1					
13	NO.2 进行检验	□			5	2					

（续表）

表题		电线卷的组装（改善方案）				日期		年 月 日		
序号	作业名称	流程	机器名称	距离（米）	时间（分）	人员（人）	程序符号			
							○	⇨	□ D	▽
14	搬运	⇨	手推车	5	·	1				
15	储存	▽	仓库							
合计		15 个					5 次	6 次	2 次 1 次	1 次
		程序		16	57.78	22	41.9 分	0.88 分	10 分 5 分	

表 2-16　改善前和改善方案的比较

程序		改善前	改善方案	节减
加工	程序数	5	5	0
	时间（分）	41.9	41.9	0
	距离（米）	—	—	—
	人员（人）	9	9	0
搬运	程序数	7	6	1
	时间（分）	1.1	0.88	1.02
	距离（米）	19	16	3
	人员（人）	8	8	0
检验	程序数	2	2	0
	时间（分）	10	10	0
	距离（米）	—	—	—
	人员（人）	4	4	0
等待	程序数	6	1	5
	时间（分）	82	5	77
	距离（米）	—	—	—
	人员（人）	6	1	5
储存	程序数	1	1	0
	时间（分）	—	—	—
	距离（米）	—	—	—
	人员（人）	—	—	—
合计	程序数	21	15	6
	时间（分）	135	52.78	77.22
	距离（米）	19	16	3
	人员（人）	27	22	5

2.4.2.3　结果

改善需要在上级和作业人员的协助下完成。实施结果表明,实施过程非常顺利,取得的效果也和改善方案所预期的非常接近,时间达标率为 54%（达标率＝实际效果/改善预期效果×100%）,改善效果如图 2-10 所示。

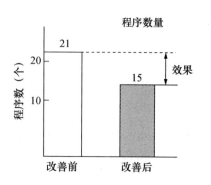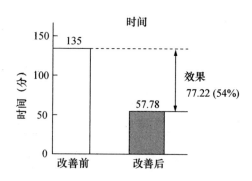

图 2-10　改善效果

这次对布局进行改善是没有花费太多的时间和经费的局部改善,未来还可以采取措施,对布局进行机械化、自动化的改善。

2.4.3　实例三:环压脚打孔作业的取消

2.4.3.1　背景

在工厂 C 的加工过程中,环压脚在进行压弯加工之前有开孔作业,因为有 2 个孔,所以开孔作业要进行 2 次。针对这一问题,采用一次能够同时对 2 个孔进行加工的夹具,能使加工又快又准。

环压脚的月产量为 50 台(每台有 12 只脚),工厂生产环压脚的程序路径如图 2-11所示。

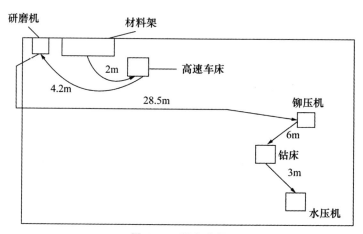

图 2-11　程序路径

2.4.3.2　实施

产品程序分析步骤如下:

1. 预备调查

通过预备调查,我们了解了工厂的生产量、素材和产品的形状,以及程序流程,得知从搬运到产品的等待共由 16 个程序组成。

将程序流程记载在产品程序分析表中(见表 2-17)。

2. 测定并记录各程序的必要项目

表 2-17 产品程序分析(改善前)

表题			环压脚打孔作业的取消				日期		年	月	日	
序号	作业名称	流程	机器名称	距离(米)	时间(分)	人员(人)	程序符号					
							○	⇨	□	D	▽	
1	材料	▽										
2	搬运	⇨		2	5							
3	切断	○	高速车床		1 000							
4	检验	□	尺		50							
5	搬运	⇨		4.2	10							
6	除去杂物	○	研磨机		2 000	1						
7	搬运	⇨		28.5	60							
8	画线	○	画线针		100							
9	开孔	○	压床		1 000							
10	搬运	⇨		6	10							
11	打眼	○	钻床		2 000							
12	搬运	⇨			10							
13	准备(安装专用夹具)	○			2 000							
14	弯曲	○	水压机		1 000							
15	检验	□	尺		150							
16	等待	D										
合计		16 个程序		40.7	9 395	1	7 次 9 100 分	5 次 95 分	2 次 200 分	1 次	1 次	

3. 整理分析结果

整理的分析结果如表 2-18 所示。

表 2-18 分析结果的整理

程序	程序数	时间(分)	距离(米)	人员(人)
加工(○)	7	9 100	—	1
搬运(⇨)	5	95	43.7	(1)
检验(□)	2	200	—	(1)
等待(D)	1	—	—	—
储存(▽)	1	—	—	—
合计	16	9 395	43.7	1

4. 制定改善方案

分析结果表明,加工占总时间的 96.9%、搬运占 1%、检验占 2.1%,加工的用时最多。

通过分析,改善的目标被放在是否可以将"画线""开孔""打眼"三个作业结合起来这一问题上,并采用钻模板作业改善的工具。

在这里,我们用表 2-19 表示将以上 3 个作业结合后的产品程序分析表(改善方案)。

表 2-19 产品程序分析(改善方案)

表题			环压脚打孔作业的取消				日期		年 月 日		
序号	作业名称	流程	机器名称	距离(米)	时间(分)	人员(人)	程序符号				
							○	⇨	□	D	▽
1	材料	▽									
2	搬运	⇨		2	5						
3	切断	○	高速车床		1 000						
4	检验	□	尺		50						
5	搬运	⇨		4.2	10						
6	除去杂物	○	研磨机		2 000	1					
7	搬运	⇨		28.5	60						
8	打眼	○	钻床		100						
9	搬运	⇨		6	10						
10	准备(安装专用夹具)				2 000						
11	弯曲	○	水压机		10						
12	检验	□	尺								
13	等待	D									
合计	13 个程序			40.7	5 245	1	5 次	4 次	2 次	1 次	1 次
							5 110 分	85 分	50 分		

2.4.3.3 结果

我们对改善前和改善方案进行比较(见表 2-20)。由表 2-20 可以得知,节减加工时间的 12.1% 和搬运时间的 10.5% 成为可能。

表 2-20 改善前和改善方案的比较

	加工			搬运			检验			合计		
	现状	改善方案	节减(%)	现状	改善方案	节减(%)	现状	改善方案	节减(%)	现状	改善方案	节减(%)
程序数(个)	7	5	28.6	5	4	20	2	2	0	14	11	21.4
时间(DM)	9 100	8 000	12.1	95	85	10.5	200	200	0	9 395	8 285	11.8
距离(米)	—	—	—	43.7	37.7	43.7	—	—	—	6	4	2

注:DM=1/100 分。

1. 加工方面

向负责人提议使用钻模板,这样可以节省加工程序时间的 12.1%。

2. 检验方面

图纸目前是用标尺进行测量,如果用测量夹进行测量就会节减时间。

3. 全面考虑

目前所生产的环压脚有多种机型,对于不同的机型,孔的尺寸也存在差异。如果将所有机型的孔统一尺寸,那么加工时只要一张钻模板即可,这一点应向设计部门提议。

4. 有关搬运路线

如图 2-11 所示,研磨机与铆压机之间的距离太长,综合环压脚以外产品的加工情况进行考虑,并对整个生产场地的布局重新加以研究是有必要的。

2.4.4　实例四:积层作业的作业人员程序分析

2.4.4.1　背景

积层作业是某公司整个作业的中心作业,且该作业中包含的作业数很多,成本大。为了对积层作业中的某些具备改善空间的部分进行改善,以降低企业成本,需要对积层作业进行作业人员程序分析,制定改善方案。改善结果使得程序数减少了 11 个,移动距离减少 40 米,单个作业周期缩短了 1 分 20 秒。

2.4.4.2　实施

产品程序分析步骤如下:

1. 预备调查

该作业程序是在贴有波浪形电热导线束的中间膜安装电极和接口,并将其插入 2 块防雾玻璃之间进行压接的程序,如图 2-12 所示。

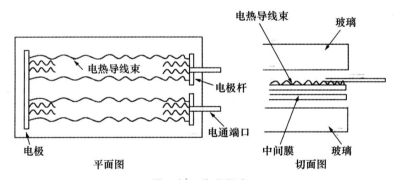

图 2-12　作业程序

2. 绘制程序分析表

按照作业人员分析的步骤调查和分析了现状,将结果绘制成作业人员程序分析表(见表 2-21)。如表 2-21 所示,其加工程序有 19 个,移动程序有 18 个,检验程序有 1 个。其中,移动程序太多,是单纯地将玻璃和橡胶带拿来的作业程序,主要以移动为主;而加工程序和检验程序已经得到简化。

表 2-21　作业人员程序分析(改善前)

表题			积层作业（HW）				日期　　年　月　日				
序号	作业名称	流程	机器名称	距离（米）	时间（分）	○	⇨	□	D	▽
						程序符号				
1	积层的准备作业	○	积层台							
2		⇨		3.8	7					
3	把玻璃拿过来	○	玻璃搁放处							
4		⇨		3.8	7					
5	放下玻璃并除去灰尘	○	积层台							
6		⇨		4.6	9					
7	将中间膜切成适当尺寸	○	中间膜搁放处							
8		⇨		4.6	9					
9	将中间膜放在玻璃上面	○	积层台							
10		⇨		11	19					
11	按玻璃的形状切中间膜	○	中间膜切断							
12		⇨		3.1	7					
13	将中间膜放好	○	多余中间膜搁放处							
14		⇨		3.1	7					
15	将中间膜上的灰尘除去	○	积层台							
16		⇨		3.1	7					
17	将电热线内的中间膜取出	○	电热线搁放处							
18		⇨		3.1	7					
19	将取出的中间膜放到璃中间膜的上面	○	积层台							
20		⇨		5.2	12					
21	确认图纸	○	图纸搁放处							
22		□		5.2	12					
23	电线端口的加工	○	电热线加工							
24		⇨		3.8	7					

（续表）

序号	作业名称	流程	机器名称	距离(米)	时间(分)	程序符号 ○	⇨	□	D	▽
25	除去玻璃上的灰尘并拿着	○	玻璃搁放处							
26		⇨		3.8	7					
27	组合二个玻璃	○	积层台							
28	将多余的中间膜切去放下玻璃并除去灰尘	○								
29		⇨		3.8	7					
30	取胶带	○	橡胶带搁放处							
31		⇨		4.6	9					
32	切些胶带缠绕	○	积层台							
33		⇨		4.6	9					
34	放到手推车上	○	临时产品放置处							
35		⇨		3.6	8					
36	作业时间/中间膜/尺寸/程序数卡	○	记账台							
37		⇨		6.3	15					
38	做下次准备	○	积层台							
合计		38个程序		81.1	165	19次	18次	1次	0次	0次

3. 整理分析结果

从表 2-21 和图 2-13 我们可以得知,作业人员的流程非常拥挤,而且移动距离长达 81.1 米之多。因此有必要减少移动次数和缩短移动时间。

4. 制定改善方案

通过现状分析,我们可以清晰地看出存在移动次数过多和移动距离过长的问题。我们应拿出解决问题的对策,以便可以减少作业程序、移动次数和缩短移动距离,从而缩减 1 个作业周期的作业时间,提高生产效率。基于此想法,通过调查研究,决定进行以下改善:

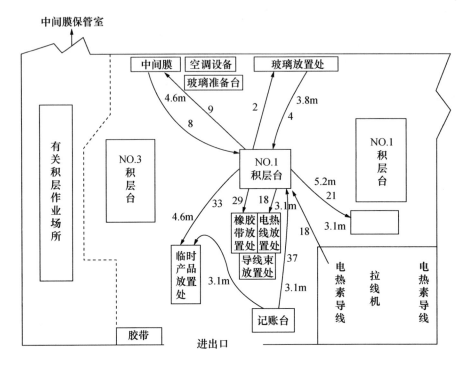

图 2-13 平面流程(改善前)

(1) 改善现在正在使用的手推车,并将橡胶带放在作业人员身边,缩短移动距离(见图 2-14)。

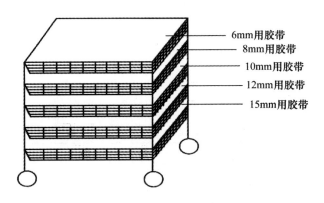

图 2-14 手推车的改善

(2) 新设中间膜搁放处,在使用前将中间膜切好。

(3) 将以上的改善方案用作业人员程序分析表和流程图表示(见表 2-22 和图 2-15)。

表 2-22　作业人员程序分析(改善方案)

序号	作业名称	流程	机器名称	距离(米)	时间(分)	○	⇨	□	▽
	表题		积层作业(HW)				日期	年　月　日	
						程序符号			
1	积层的准备作业	○	积层台						
2		⇨		3.8	7				
3	把玻璃拿过来	○	玻璃搁放处						
4	将图纸贴上	⇨		3.8	7				
5	将玻璃灰尘除去	○	积层台						
6		⇨		2.4	5				
7	拿中间膜	○	中间膜搁放处						
8		⇨		2.4	5				
9	将中间膜放在玻璃上面	○	积层台						
10		⇨		3.1	7				
11	按玻璃的形状切中间膜	○	电热线搁放处						
12		⇨		3.1	7				
13	将中间膜放好	○	积层台						
14	确认电热法线的位置、根数等	□	图纸搁放处						
15	加上电热端口	○	电热线加工						
16		⇨		3.8	7				
17	将中间膜上的灰尘除去	○	玻璃搁放处						
18		⇨		3.8	7				
19	组合二个玻璃	○	积层台						
20	切去多余中间膜	○							
21	用胶带缠绕	○							
22		⇨		5	10				
23	放到手推车上	○	临时产品放置处						
24		⇨		3.6	8				

（续表）

序号	作业名称	流程	机器名称	距离（米）	时间（分）	程序符号 ○	⇨	□	▽
	表题		积层作业（HW）				日期	年 月 日	
25	作业时间/中间膜/尺寸/程序数卡	○	记账台						
26		⇨		6.3	15				
27	做下次准备	○	积层台						
合计		27个程序		41.1	85	15次	11次	1次	

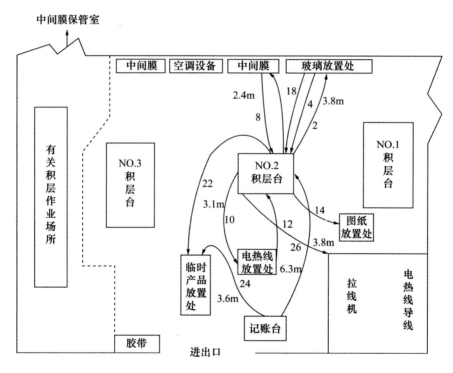

图 2-15　平面流程（改善方案）

2.4.4.3　结果

1. 改善方案的评价

比较作业人员程序分析结果（见表 2-23）可以看出，通过改善方案，移动距离缩短了 40 米，单个作业周期缩短了 1 分 20 秒。

表 2-23　作业人员程序分析结果的比较

	改善前	改善后	效果
程序数量	38.0	27.0	11.0
时间(分)	165.0	85.0	80.0
距离(米)	81.1	41.1	40.0

2. 布局的改善实施

进一步对以上的程序分析结果进行研究后,工厂决定按图 2-16 进行重新布局,在作业过程中减少了不必要的移动,作业流程变得更加顺畅。

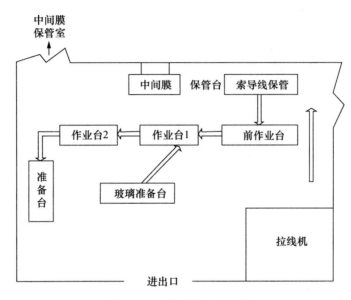

图 2-16　改善后的工厂布局

2.5　程序分析的应用新动向

约束理论(Theory of Constraint,TOC)是关于如何改进和最好地实施这些改进的一套管理理念与管理原则,可以帮助企业识别出在实现目标的过程中存在哪些制约因素,并进一步指出如何实施必要的改进以一一消除这些约束,从而更有效地实现企业目标。作为一种管理思想和管理工具的融合,约束理论可以结合程序分析进行一定程度的应用。在管理学方面,约束理论侧重于工序的能力和现场管理,把工作的主要内容放在瓶颈工序的优化上,旨在最大限度地发挥瓶颈工序的能力,减少因瓶颈工序停工而造成的系统浪费,从而提高系统的产出率。其主要优势有:

(1)瓶颈工序也叫关键工作中心,主要是针对生产流程来定义的,通常把一个流程中生产节拍最慢的环节叫作"瓶颈"。更广义地讲,瓶颈是指整个流程中制约产出的各种因素,而瓶颈工序顾名思义就是制约整条生产线产出量的那一部分工作步骤或工艺过程。明确系统中瓶颈的存在并采用特定的方法区分系统中的瓶颈资源和非瓶颈资源。瓶颈工序是系统产出的节拍所在,瓶颈工序会造成整个系统的浪费,因此约束理论以瓶颈工序作为生产管理的重心。在生产调度系统中,通常先排产的工序的优先级会高于后排产的工序,所以整个系统在排程决策时,会先对瓶颈工序进行排产并使之生产效率最大化,才能提高整个生产系统的效率。

(2) 约束理论以瓶颈工序作为生产的控制点,通过瓶颈资源的生产编排,系统就能自动设置好提前期,并且提前期能够随实际生产情况的变化而变化。

(3) 由于系统生产的波动和对资源的依赖,很难达到生产计划和物料的平衡,约束理论在考虑最大产销率的基础上,最先考虑满足物流的平衡,使非瓶颈工序的生产与瓶颈工序的生产同步,以求系统的整个生产周期最短,使在制品库存最少。

(4) 约束理论与其他系统优化理论不同之处在于:它并不是对所有工序进行整改,而是把整个企业视为一个整体系统,在掌握整个生产流程后,把企业的主要资源集中用在系统瓶颈工序的改进上,以此谋求整个企业效益的最大化。

约束理论的基本原则如下:

(1) 重在平衡物流,而不是平衡能力;

(2) 非瓶颈资源的利用率是由系统中其他的瓶颈资源所决定的;

(3) 瓶颈资源损失的时间就是整个系统损失的时间;

(4) 使一项资源带来效益与让该项资源一直运行不同;

(5) 为了让瓶颈资源发挥最大的能力进而提高系统的产出率,在总装配线和瓶颈工序前应该设置瓶颈缓冲;

(6) 对非瓶颈资源提高效率并不能提高生产率;

(7) 系统产量和在制品库存量是由瓶颈资源决定的;

(8) 提前期只是编排进度的结果,工件计划进度的优先级应该在同时考虑系统所有的约束条件后决定。

企业想要更好地进行程序分析,就必须快速找出程序当中的瓶颈环节,一旦对瓶颈环节进行有效的控制,实现非约束环节与约束工序同步,整个系统的程序也就相应得到优化。约束理论正是通过识别与控制瓶颈资源,再设置缓冲保护瓶颈资源,达到提高系统产出、降低库存和成本的目的。

此外,对于某些企业,其生产工艺需要经常变更,意味着一个生产车间可能同时生产几种产品,所以在生产作业中合理、快速、灵活的调度和控制起着非常重要的作用。约束理论在制订计划时已考虑作业现场的实际情况,由瓶颈资源带动生产节奏,实现物流平衡和物料搭配的成套性;并且,实际生产中的瓶颈并不是一成不变的,当瓶颈资源发生改变时,系统应重新寻找新的瓶颈,再依据新的瓶颈进行调整,从而实现控制方向调整计划,达到计划与控制的完美结合。

因此,在进行程序分析时,可以根据约束理论动态地找出生产过程中的瓶颈,并基于这一瓶颈资源,在程序作业动作层做出改善,实现作业程序的优化,并为企业在生产中实时、快速地调度提供支持,降低在制品库存、降低产品生产成本、提高产品质量,以实现企业的高速运转、提升企业竞争能力的目的。在传统的程序分析基础上,增加瓶颈识别环节,可以实时根据当前作业动态信息将瓶颈分析报告反馈给企业,实现信息共享。

？习题

1. 实例一运用了哪些产品程序分析方法? 请指出并介绍该方法。

2. 实例二中已经很大程度地改善了生产程序中的不经济、不均衡和不合理状况。如果要进一步减少这种不经济、不均衡和不合理的现象,你有什么办法?

3. 实例三中将打孔加工从"一次打一个孔,一共打两次"改为"一次打两个孔",这样的改变对整个流程可以起到多大的改善作用?

4. 实例四主要从哪些方面着手改善流程程序数和搬运距离?

第3章　操作分析

3.1　操作分析的定义

通过对以人为主体的生产程序的详细研究,使操作者、操作对象、操作工具三者科学地组合、合理地布置,达到程序结构合理,减少作业的工时消耗,以提高产品的质量和产量为目的而做的分析,称为操作分析。

根据不同的研究对象,操作分析可分为人机操作分析、联合操作分析、双手操作分析。

3.2　操作分析的目的

操作分析是研究一道程序、一个工作地点的工人使用机器或不使用机器的各个作业(操作)活动。它与上一章阐述的程序分析的区别在于:程序分析是研究整个生产的运行过程,分析到程序为止;操作分析则是研究一道程序的运行过程,分析到操作为止。

操作分析的目的:

(1) 将操作总次数减至最少;

(2) 确保安全操作,使作业简便易行;

(3) 发挥双手作用,平衡双手负荷量;

(4) 合理利用肌肉群,防止某些肌肉群使用频率过高而致劳损;

(5) 选择适合人使用的控制器和显示器;

(6) 采取经济的切削量;

(7) 让设备完成更多的工作;

(8) 排列最佳操作程序;

(9) 缩短物料的运输距离和减少移动次数;

(10) 改进设备、工具、材料的规格和工艺;

(11) 实现人机同步作业;

(12) 选择高效操作方法;

(13) 消除不合理的空闲时间;

(14) 减轻劳动强度等。

操作分析的结果是使操作结构进一步合理化。

3.2.1　人机操作分析的目的

在现代生产中,机器设备几乎都是全自动或半自动的,工人的主要工作已变为"监督"

机器。在人与机器共同工作的过程中,无论是人还是机器,总有许多空闲时间,这些空闲时间如果能被加以利用,就可以提高生产率。

人机操作分析的目的是在人与机器共同工作的过程中,调查、了解在操作周期(加工完一个零件的整个过程为一个操作周期)内机器操作与工人操作的相互关系,以充分分配机器与工人的能力,平衡操作。进行人机操作分析要用人机操作图,它可将生产过程中工人操作的手动时间和机器操作的机动时间清楚地表达出来。

(1) 发现影响人机作业效率的原因。在人机作业时,若人与机器不协调,人机操作图能一目了然地反映问题所在。

(2) 判断操作者能够同时操作机器的台数,即确定 1 名操作者可以同时操作几台机器,以充分发挥其能力。

(3) 判断操作者和机器中哪一方对提高工效更有利。

(4) 进行安全性研究。如果因过分提高机器的运转速度和设备的利用率而使操作者的安全受到危害,应如何保证操作者的安全。

(5) 设备改造、实现自动化及改善作业区的布置。从提高人机作业效率的观点出发,有效进行设备改造,提高设备的运转速度,重点是实现自动化及合理改善作业区的布置。

3.2.2　联合操作分析的目的

当需要了解某一工作程序内各对象的各种不同动作之间的相互关系时,最好的方法就是绘制联合操作图进行分析。联合操作分析可达到以下目的:

(1) 发掘空闲时间。利用联合操作分析,可将那些不明显的空闲时间分析出来。

(2) 使工作平衡。利用联合操作分析,可使共同工作中的每位工人的工作趋于平衡,以花费更少的人工成本。

(3) 减少周期时间。利用联合操作分析,可减少周期时间,提高整个工作的效率及效益。

(4) 获得最大的机器利用率。如果机器设备价格低,就应注意提高工人的利用率,但很多情况是机器设备价格昂贵,因此应有效地利用机器设备,提高设备利用率。

(5) 合理地分配人员与机器。利用联合操作图充分研究人与机器的动作,对其进行合理的调配,以达到有效地运用人力与机器的目的。

(6) 确定合适的方法。完成任何一项工作都可以有许多方法,其中一定有一种比较好的方法。利用联合操作图标明人与机器的相互关系,找出对时间造成浪费的步骤并予以优化,最后以周期时间的长短作为衡量方法好坏的依据,可选出最为合适的方法。

3.2.3　双手操作分析的目的

动作研究的目的在于分析工作者的动作,而在操作中又主要是依靠人的双手来工作的,故以双手为对象,将其动作分别进行详细的记录,可绘制成双手程序图,其主要目的是:

(1) 研究双手的动作及其平衡,不但使每一只手的动作经济有效,而且可以说明双手的配合。

（2）发现无效动作。

（3）发现工具、物料、设备的位置不合适的情况。

（4）改善工作布置。

（5）制定标准动作与次序。

3.3　操作分析的步骤

操作分析常用的手段有联合操作图、人机操作图等,它们着重研究操作者在工作场所的工作状况,分析操作工人和机器在同一时间内的协调动作,旨在进一步发挥人和机器的作用、减少时间的浪费、缩短操作周期、提高工作效率和安全性(见图 3-1)。

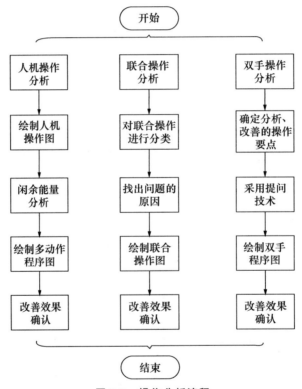

图 3-1　操作分析流程

操作分析的方法有:(1) 提炼法,如取消、合并、简化、重排等;(2)分析法,即将作业分解为程序和动作,进行工效探索;(3)与动作经济原则相比较的对比法和试验法。

3.3.1　人机操作分析

3.3.1.1　步骤一:绘制人机操作图

人机操作图有多种画法,一般来说,主要由以下部分构成:(1)以适当的线段长短代表时间,如1厘米对应10分钟等。(2)在图上用适当的间隔将人与机器分开。左边为工人操作的动作单元及表示时间的垂线(见图 3-2),在该垂线上按代表不同时间的长度,由上向下记录工人每一个动作单元所需的时间。当工人操作时用实线(或实框等其他方式)表示,空闲时用虚线(或虚框等其他方式)表示;机器亦然。(3) 在人与机器的操作时间均已记录之后,在图 3-2 的下端统计工人与机器的操作时间和空闲时间,供分析时参考。

作业名称:在零件上铣沟槽　　编号:　　　　图号:　　　　日期:　　　　
开始动作:装夹零件待铣　　动作结束:卸下加工件　　研究者:　　　　

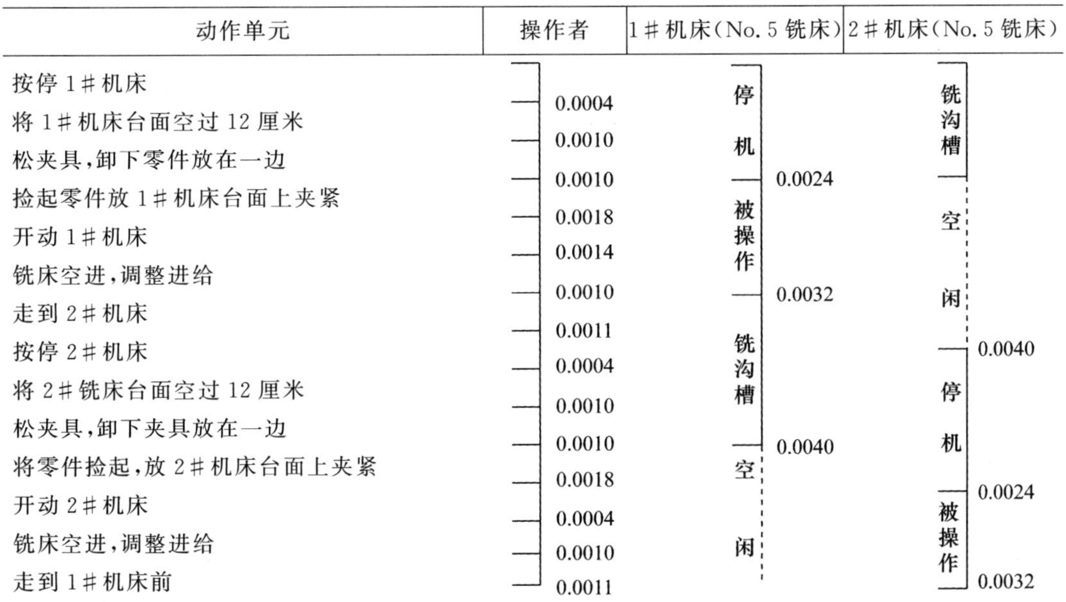

动作单元	操作者	1#机床(No.5铣床)	2#机床(No.5铣床)
按停 1#机床	0.0004	停机	铣沟槽
将 1#机床台面空过 12 厘米	0.0010		
松夹具,卸下零件放在一边	0.0010	被操作 0.0024	空闲
捡起零件放 1#机床台面上夹紧	0.0018		
开动 1#机床	0.0014		
铣床空进,调整进给	0.0010	铣沟槽 0.0032	
走到 2#机床	0.0011		
按停 2#机床	0.0004		0.0040
将 2#铣床台面空过 12 厘米	0.0010		停机
松夹具,卸下夹具放在一边	0.0010	空闲 0.0040	
将零件捡起,放 2#机床台面上夹紧	0.0018		被操作 0.0024
开动 2#机床	0.0004		
铣床空进,调整进给	0.0010	空闲	
走到 1#机床前	0.0011		0.0032

统计			
操作者	每周空闲时间:0.0000 小时;操作时间:0.0134 小时;每周工时数:0.01340 小时		
1#机床	每周空闲时间:0.0038 小时;操作时间:0.0096 小时;每周工时数:0.00134 小时		
2#机床	每周空闲时间:0.0038 小时;操作时间:0.0096 小时;每周工时数:0.00134 小时		

图 3-2　在零件上铣沟槽的人机操作

表 3-1 为某工人看管一台机床的情况。从表 3-1 可以很方便地看出电动钻床在铸钢件上钻一个直径为 1.27 厘米的孔时,操作者和机器所用的时间:铸件在机器上钻孔时,人的工作时间占加工周期的 33%,机器则占 67%。

表 3-1　在铸钢件上钻孔的人机操作分析

比较项目	人的工作时间	机器的工作时间
工作内容	(1) 拿起铸件,放上钻模,夹紧,放低钻头,准备进刀,时间为 0.5 分钟; (2) 抬起钻头,取出铸件并放在一边,清除钻模的铁屑,时间为 0.75 分钟	(1) 空闲; (2) 在铸件上钻直径为 1.27 厘米的孔,时间为 2.5 分钟
空闲时间	2.50 分钟	1.25 分钟
工作时间	1.25 分钟	2.50 分钟
整个周期	3.75 分钟	3.75 分钟
利用率	1.25/3.75=33%	2.50/3.75=67%

3.3.1.2 步骤二：闲余能量分析

人机操作分析的目的在于了解工人或机器的空闲时间并设法利用，以提高工效。闲余能量的分析从以下三个方面进行：

（1）机器的闲余能量。在机器加工过程中，装、卸工件的工作是为了保证机器加工得以实现的辅助操作，对工件本身的变化不起直接作用，因此应尽量减少这部分工作所占的时间。因机器加工能力不平衡而发生的机器空闲时间，可通过平衡生产线能力来解决。影响机器加工时间的因素，可从零件的加工精度以及机器的负载能量两方面考虑。

（2）工人的闲余能量。工人的闲余能量分析主要考虑在机器自动加工时人工的空闲。

（3）工人与机器数的确定。通常以一年或一个月的工作量为依据计算工人数的需要量，计算公式为：

$$工人数 = \frac{月（年）总工作量}{平均每个工人月（年）有效工时} \tag{3-1}$$

在人机共同工作时，决定一个工人看管多少台机器，计算公式为：

$$N = \frac{t + M}{t} \tag{3-2}$$

其中，N 表示一个工人可操作的机器数；t 表示一个工人操作一台机器所需的动作时间（包括从一台机器走到另一台机器的时间）；M 表示机器自动完成该项工作的时间。当 N 不是整数的情况下，多增加一台机器，机器就有空闲；减少一台机器，则会发生工人空闲的情况，这时应考虑工人或机器空闲对成本的影响。确定机器数时可用下式先求出一个工人操作机器的最少数：

$$N_1 = \frac{L + M}{L + W} \tag{3-3}$$

其中，N_1 表示一个工人操作机器的最少数；L 表示装、卸工件时间；M 表示机器机动时间；W 表示工人由一台机器走到另一台机器所需时间。（$L+W$）为工人操作机器所需时间，而（$L+M$）为一台机器的作业周期，从而得出工人操作最少机器数为 N_1。

3.3.1.3 步骤三：绘制多动作程序图

记录人与物及机器设备的动作，以显示其相互关系的图称为多动作程序图。此种图以合理的工作时间为基础，解决如何在人机之间合理地调配工作时间的问题。它有以下用途：（1）发掘空闲时间；（2）使工作平衡；（3）减少周程时间；（4）获得最大的机器利用率；（5）合适地分配人员与机器；（6）确定最合适的方法。

应用多动作程序图必须注意以下几点：

（1）必须先利用人机操作图建立标准方法及标准时间后，才可以再利用多动作程序图改善工作人员间的配合。

（2）多动作程序图研究的着眼点在于工作的总时间以及与其他工作时间的关系。

（3）采用多动作程序图的目的在于合理地分配已建立的方法的时间，而不是对每一工作内容进行改善。

3.3.2　联合操作分析

在生产中,有两个或两个以上操作人员同时对一台设备或一项工作进行操作,称为联合操作作业。联合操作分析常采用联合操作图,该图使用普通的时间单位,记录一个以上的工作者及机器设备的动作,并显示其相互关系。

3.3.2.1　步骤一:对联合操作进行分类

工厂里的作业并不是一个作业人员进行一种作业的单纯行为,它往往是通过人与人、人与机器、机器与机器的相互组合进行作业。

按照组合形式的不同,联合操作分析可以分为作业人员—机器分析和共同作业分析。

1. 作业人员—机器分析

调查作业人员作业时间与机器运转时间之间关系的方法称为作业人员—机器分析法。在机器加工作业里,在一个作业人员负责几台机器的情况下,作业人员在服务一台机器时,某一台机器可能产生"玩"(即机器空闲)的现象,或者所有的机器都在运转时,作业人员可能产生"待工"(即作业人员空闲)的现象。在这种情况下,分析作业人员和机器的运转状态,调查作业人员和机器的"玩"与"待工"现象是如何产生的并减少这些不良现象,力图达到以下效果:(1)提高生产量(用现有的机器台数);(2)使机器台数更加合理(使每一个作业人员的负荷达到均衡,适当增加机器台数,减少作业人员数量等);(3)减少机器数量,确保规定的生产量。

2. 共同作业分析法

共同作业分析法是指当几个作业人员共同进行一项工作作业时,分析作业人员时间上的关系以及排除作业人员之间在作业过程中存在的不经济、不均衡、不合理等现象的一种分析方法。

共同作业分析法采用共同作业分析图,进行共同作业分析,对以下各项进行调查:各作业人员的待工情况;各作业人员的作业率;共同作业中最费时的作业是哪个。并期待达到以下效果:消除作业中产生的待工现象,改善作业分配,使各作业人员的负荷均衡;谋求配置人员的合理化;改善最费时的作业,缩短作业总时间量。

3.3.2.2　步骤二:绘制联合操作图

所谓联合操作分析法,是指通过分析人与机器、人与人之间的组合作业时间流程,找出作业中的人或机器存在的"玩"或"待工"等现象,从而改善工作编制的手法。该分析方法采用的分析符号如表 3-2 所示。

表 3-2　联合操作分析符号

作业者		机器	
单独	该作业人员与机器或其他作业人员没有关联	自动	与作业人员毫无关系的自动机器作业

（续表）

作业者		机器	
联合或手工	该作业人员与机器或其他作业人员一同进行作业，并在时间上受其中某一个的制约	手工	作业人员的作业顺序不同，如安装、拆卸以及手工作业等因素制约机器的作业
待工	由于机器或其他作业人员正在进行作业，会迫使自己的作业发生待工现象	玩	由于作业人员正在进行作业而使机器停止作业或空转

联合操作图的画法同人机操作图基本相同。图的顶部应有工作名称、研究人姓名、时间线所代表的单位、现行方法、改良方法等。时间通常为四短线夹一长线。每条线代表的时间值完全根据所研究的工作时间而定。将每位工作人员或机器设备名称填入各栏的顶端，然后根据时间线，按照各动作所需时间分别填入各纵栏内，并用不同形式（如空白、涂黑、斜线、点行）表示"工作"或"等待"等。

在填入资料时，应先填写第一个研究对象的动作，填写完毕后再填写第二个对象的动作，以此类推。

根据联合操作的两个类别，联合操作图也对应地分为作业人员—机器分析图和共同作业分析图。

3.3.3 双手操作分析

同程序分析一样，双手操作分析法采用提问技术及建立新方法的四大重点（取消、合并、重排、简化）来工作。双手操作分析是对由一名操作者所承担的作业内容进行记录和分析的技术。通过双手操作分析可以考察操作者的操作方法和步骤是否合理，左右手的分工是否恰当，是否存在多余和不合理的动作需要改进，工作地物料的摆放、工作地布置是否合理，等等，经研究和改进，以达到降低劳动强度、提高作业效率的目的。

3.3.3.1 步骤一：确定分析、改善的操作要点

确定分析、改善的操作要点包括：

（1）尽量减少操作中的动作；

（2）寻找并将各个动作排列成最佳顺序；

（3）合并动作；

（4）简化各动作；

（5）平衡双手的动作；

（6）避免用手持物；

（7）工作设备应适合工作者的身材。

3.3.3.2　步骤二:采用提问技术

1. 问题一:有无操作因下列变更而予以取消?

（1）变更动作的顺序;

（2）变更工具及设备;

（3）变更工作场所的布置;

（4）合并工具;

（5）改变所用材料;

（6）改变产品设计;

（7）使夹具动作更迅速。

2. 问题二:有无因下列变更而可以减免的"等待"?

（1）动作的变更;

（2）身体各动作的平衡;

（3）同时以双手相对动作做完制品。

3. 问题三:有无动作因下列变更可以简化?

（1）用较好的工具;

（2）变更杠杆结构;

（3）变更物件放置的地点;

（4）采用较佳的盛具;

（5）应用惯性力量;

（6）工作台高度的适当调整。

4. 问题四:运送是否可以因下列变更而简化?

（1）变更布置;

（2）变更方向;

（3）动作路线。

3.3.3.3　步骤三:绘制双手程序图

1. 双手程序图的画法

图 3-3 是一张检查轴的长度并将其装入套筒的现行方法。

（1）图的左上部。填写常规项目,包括作业名称、作业人员、作业起点、作业终点（结束）、日期等。

（2）图的右上部。填写工作地布置平面简图,并标明各种零件、工具、设备的位置。

（3）图的中间部分。分别在左右两边填写左手、右手动作的代表符号及动作说明。

（4）图的右下方。对左手、右手的动作数量进行统计。

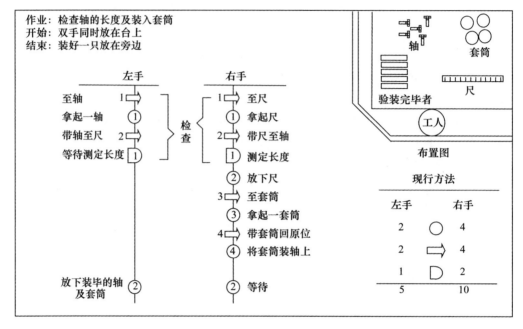

图 3-3　检查轴的长度并将其装入套筒的现行方法

2. 绘制双手程序图的注意事项

（1）开始记录前，要认真研究整个作业周期。

（2）每个作业周期开始时，应以拿起新的工件的动作作为记录的起点。

（3）一次记录一只手的动作，从左手或右手开始均可，一般应从动作最多的一只手开始，并将全部操作顺次记录。

（4）左手、右手同时进行的动作要记录在同一水平线上，顺次发生的动作要依顺序从上到下记录在不同水平线上。要多次核对左手、右手动作的关系，使记录准确无误。

3.4　操作分析的实例

3.4.1　实例一：两台机器下的效率改善

3.4.1.1　背景

作业人员甲负责 A、B 两台机器，但甲非常忙，导致机器产生"玩"的现象。通过调查分析提出改进方案，减少了机器"玩"的现象，进而提高机器运转率。

3.4.1.2　实施

1. 对联合操作进行分类

实例一属于联合操作的作业人员机器分析，需要调查作业人员作业时间与机器运转时间之间的关系。

　　首先,要进行预备调查。调查对象是工作岗位,通过打听、查阅有关资料等调查生产状况、设备状况、工厂布局、程序流程等实际情况。其中,对作业人员和机器的实情及作业内容的调查必须现场进行。另外,还要对作业人员的技术水平、熟练程度、各机器的特征与性能等进行调查。

　　其次,进一步使改善目标具体化。例如,进一步提高生产率或增加每个作业人员的机器台数,使作业更加省力或减少机器数量等,这些都要和上级或有关人员商量并确定下来。这时,决定一个具体的目标是非常重要的。在这个事例中,减少机器"玩"的现象,提高机器的运转率是具体的目标。

　　最后,我们需要对一个周期的作业进行分析。我们把作业人员和机器各自分成不同的周期作业内容,并绘制作业流程线图。该实例作业流程如图 3-4 所示。

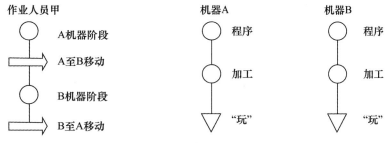

图 3-4　作业流程

　　着眼于作业人员与机器同时作业,找出应该使两者保持时间一致的地方。我们对图 3-4 进行水平替换,使同时作业的程序在同一个水平线上,便得到图 3-5。

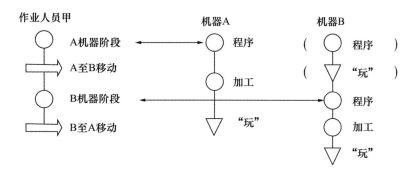

图 3-5　水平替换后的作业流程

　　2. 绘制作业人员—机器分析图

　　各个步骤采用联合操作分析符号表示,其中所需时间用长方形表示,并使之在时间上保持一致,这个图便是作业人员—机器分析图。该实例的作业人员—机器分析如图 3-6 所示。

　　对图 3-6 进行分析,将分析结果进行整理,如表 3-3 所示。

时间	作业人员		机器				时间（分）
	甲	时间（分）	A	时间（分）	B	时间（分）	
1	A的程序	3	程序	3	加工	2.4	1
2							2
3					"玩"	0.7	3
	移向B	0.1	加工	2			
4	B的程序	5			程序	5	4
5							5
6			"玩"	3.2			6
7							7
8	移向A	0.1			—	0.1	8

图 3-6　作业人员—机器分析（改善前）

表 3-3　分析结果的整理

	作业人员		机器 A		机器 B	
	时间（分）	占比（%）	时间（分）	占比（%）	时间（分）	占比（%）
单独自动	0.2	2	2	24	2.5	30
手工作业	8	98	3	37	5	61
"待工""玩"	0	0	3.2	39	0.7	9
合计	8.2	100	8.2	100	8.2	100

参考表 3-4 进行研究讨论，制定改善方案。

表 3-4　改善的目标

分析结果	目标
1. 作业人员发生"待工"情况	（1）缩短自动运转的时间，使之高速化，改进机器 （2）改善手工作业时间，研究是否可以将其放到自动运转中进行
2. 机器发生"玩"的情况	（1）缩短作业人员单独作业时间 （2）改善手工作业，使手工作业自动化等
3. 作业人员和机器同时发生"待工"或"玩"的情况	（1）变换作业顺序 （2）对 1、2 项的目标进行考虑
4. 作业人员和机器均不常发生"待工"或"玩"的情况	改善作业人员和机器的各个作业

在这一实例中,我们从表 3-3 我们可以清楚地发现,作业人员甲处于满负荷工作状态,没有休息时间;而机器 A、B 都出现了"玩"的现象,特别是机器 A"玩"的时间很多。另外,从表 3-3 还可以看出,手工作业比较多,特别是机器 B 中的手工作业过多。我们把改善的重点放在机器 A、B 中的手工操作时间差上,讨论这个时间差是怎样引发的,并通过改善部分夹具,使机器 B 的手工操作时间和机器 A 保持一致,便可以达到改善的目的。

改善前后的差异如表 3-5 所示,并基于上述改善方案绘制作业人员—机器分析图,如图 3-7 所示。

表 3-5　改善前后的比较

时间(分)		作业人员甲		机器 A		机器 B	
		现状	改善方案	现状	改善方案	现状	改善方案
单独、自动	时间(分)	0.2	0.2	2	2	2.5	2.5
	占比(%)	2	3	24	33	30	41
手工	时间(分)	8	6	3	3	5	3
	占比(%)	98	97	37	48	61	48
"待工""玩"	时间(分)	0	0	3.2	1.2	0.7	0.7
	占比(%)	0	0	39	19	9	11
合计	时间(分)	8.2	6.2	8.2	6.2	8.2	6.2
	占比(%)	100	100	100	100	100	100

时间	作业人员		机器				时间(分)
	甲	时间(分)	A	时间(分)	B	时间(分)	
1	A 的程序	3	程序	3	加工	2.4	1
2							2
3		0.1	加工	2	"玩"	0.7	3
4	B 的程序	3			程序	3	4
5			"玩"	1.2			5
6		0.1				0.1	6
							7
							8

图 3-7　作业人员—机器分析(改善方案)

3.4.1.3　结果

其结果是,总作业时间(一个作业周期的时间)从原来的 8.2 分钟缩短为 6.2 分钟,机器 A、B"玩"的时间占比分别变为 19％、11％；运转率方面，机器 A 由 24％变为 33％，机器 B 由 30％变为 41％；生产率为 8.2÷6.2×100％≈132％，提高了 32％。

在这一实例中，尽管一个作业周期缩短了 2 分钟，且生产率也有约 30％的提高，但是应该看到作业机器还存在"玩"的现象，机器的操作时间过多，因此应进一步进行改善。

3.4.2 实例二：基于共同作业法的装车作业改善

3.4.2.1 背景

这是一个装车作业的例子。在这一作业中，有挂包人员 A、B 2 人，车上的卸包人员 C 1 人，吊车司机 D 1 人，4 人共同作业。但作业的现状是 4 个人员各自待工较多，需要通过对现状的调查来改善作业，并使作业变得更加便利。

3.4.2.2 实施

1. 对联合操作进行分类

本实例属于联合操作的共同作业分析，需要对作业人员时间上的关系进行分析，排除作业人员之间在作业过程中存在的不经济、不均衡、不合理等现象。

首先要进行预备调查，调查对象是工作岗位，通过打听、查阅有关资料和现场调查等手段，了解生产状况、设备状况、工厂布局、程序流程、作业流程等实际情况。其中，对于作业人员和作业流程必须进行详尽的调查。调查的目的是提高作业效率，同时使作业变得更加简化，这一点一定要和你的上级及有关人员进行协商后共同确定。

接着对一个周期的作业进行分析，将作业人员分别按一个作业周期的作业内容（参照作业人员程序分析）绘制作业流程图（见图 3-8）。

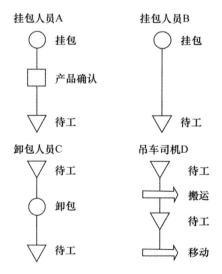

图 3-8　作业流程

把目标放在同时作业上，找出应该使时间保持一致的地方，再水平更换图 3-8，得到横向同时作业流程图（见图 3-9）。为了更好地表明各自的时间关系，最好将吊车司机 D 放到挂包人员 B 和卸包人员 C 之间。

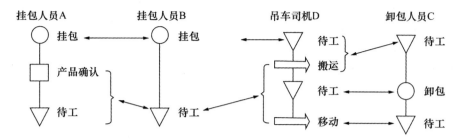

图 3-9 水平替换后的作业流程

2. 绘制共同作业分析图

用联合操作分析记号表示各步骤,并用柱形的长度表示所需的时间,使之在时间上保持一致,这就是共同作业分析图。

该实例绘制的共同作业分析图如图 3-10 所示。

时间	挂包人员				卸包人员		吊车司机		时间 (分)
	A	时间 (分)	B	时间 (分)	C	时间 (分)	D	时间 (分)	
1 2	挂包	2.5	挂包	2.5	待工	3	待工	2.5	1 2
3	产品 确认	1.5	待工	2.5			移动	0.5	3
					卸包	1.5	待工	1.5	
4 5	待工	1			等工	0.5	移动	0.5	4 5

图 3-10 共同作业分析图(改善前)

对图 3-10 的数据进行整理分析,得到表 3-6。

表 3-6 分析结果的整理

	挂包者 A		挂包者 B		卸包者 C		吊车司机 D		合计	
	时间 (分)	占比 (%)	时间 (分)	占比 (%)	时间 (分)	占比 (%)	时间 (分)	占比 (%)	时间 (分)	占比 (%)
单独	1.5	30	0	0	1.5	30	1	20	4	20
联合	2.5	50	2.5	50	0	0	0	0	5	25
待工	1	20	2.5	50	3.5	70	4	80	11	55
合计	5	100	5	100	5	100	5	100	20	100

在该实例中,根据表 3-6 中的数据我们可以清楚地看出 4 个作业人员的"待工"合计

占了 55%,那么讨论的方向便是可否将某个作业人员的作业省去。参考表 3-7 所列出的改善目标,对表 3-6 中的数据进行讨论,制定改善方案。

表 3-7　改善目标

分析结果	目标
1. 合计待工很多的情况	(1) 是否可以通过改变作业分配等方法减员 (2) 是否可以通过改变作业顺序或进行平行作业等缩短总作业时间
2. 待工集中在某一部分人的情况	(1) 是否可以通过将待工太多的作业分配给其他人 (2) 对作业负荷太大的作业优先进行改善
3. 待工存在不多的情况	(1) 通过作业人员程序分析和动作分析等手段讨论各作业的改善

在一个装车作业周期中,卸包人员的作业有 70% 的时间处于"待工"状态,吊车司机有 80% 的时间处于"待工"状态。而且,我们从图 3-10 中发现,当吊车在作业时,作业人员 B、C 都处于"待工"状态。我们决定采用遥控操作吊车,并且将遥控操作作业由挂包人员 B 担任,因为卸包员 C 在卡车上,无法进行操作,但我们可以讨论在将来将 C 的作业由卡车司机承担。

基于以上改善方案,绘制共同作业分析图,如图 3-11 所示。改善前后的比较如表 3-8 所示。从这些图表中我们得知,用遥控来操作吊车可以节省一个劳力。但是,如表 3-8 所示,改善后方案的"待工"状态合计仍有 6.0 分钟,比一个作业人员平均拥有的时间还要长,所以还需要进一步讨论研究。

时间	挂包人员				卸包人员		时间（分）
	A	时间（分）	B	时间（分）	C	时间（分）	
1	挂包	2.5	挂包	2.5	待工	3	1
2							2
3	产品 确认	1.5	搬运	0.2	卸包	1.5	3
			待工	1.5			
4	待工	1					4
5			移动	0.5	待工	0.5	5

图 3-11　共同作业分析(改善方案)

表 3-8 改善前后的比较

		挂包 A		挂包 B		卸包 C		吊车司机 D		合计	
		时间(分)	占比(%)	时间(分)	占比(%)	时间(分)	占比(%)	时间(分)	占比(%)	时间(分)	占比(%)
单独	现状	1.5	30	0	0	1.5	30	1	20	4	20
	改善方案	1.5	30	1	20	1.5	30	—	—	4	27
联合	现状	2.5	50	2.5	50	0	0	0	0	5	25
	改善方案	2.5	50	2.5	50	0	0	—	—	5	33
待工	现状	1	20	2.5	50	3.5	70	4	80	11	55
	改善方案	1	20	1.5	30	3.5	70	—	—	6	40
合计	现状	5	100	5	100	5	100	5	100	20	100
	改善方案	5	100	5	100	5	100	—	—	15	100

3.4.2.3 结果

在本实例中,把挂包和吊车操作由 1 人兼任使作业人员减少了 1 人,但这就要求有 1 个既会挂包又会操作吊车的作业人员。另外,尽管从技术层面看,采用无线遥控操作也需要对熟练程度和安全性方面加以充分考虑,这是十分重要的。

3.4.3 实例三:外购品事务流程改善

3.4.3.1 背景

外购品的接受事务涉及仓库管理员、采购员、验货员、会计员,这一事务作业主要议题是时间花费过多和中途转记事务的合理化,需要对此进行调查。

3.4.3.2 实施

1. 预备调查

正如前面讲述的程序改善步骤一样,在问题点得到明确、调查对象得到确定之后,在进行事务作业分析之前,要先进行预备调查。在预备调查中,通过打听和查证资料,了解岗位的各项内容:账本的种类、内容、频度、张数;相关部门和人员;账本、信息的流程及其搬运方法、时间;账本的制作方法、制作时间;作业与货物之间的关系。

我们还需要了解流程现状:

(1) 外购工厂对货物制作入库单、收货单,并交给仓库管理员;

(2) 仓库管理员核对数目后接受产品,并在收货单上签字,然后再把收货单给外购工厂,把入货单给采购员,最后把产品给验货员;

(3) 采购员根据入货单开出验货单一式三份,由仓库管理员交给验货员;

(4) 验货员收到验货单之后,对货物进行检查,然后将验货单的二份和货物一起给仓库管理员,另一份给会计员;

(5) 仓库管理员接纳货物,并按照验货单在材料收支簿上记账,且将验货单的一份自

己保管,另一份给采购员保管;

(6)会计员根据验货单在赊账簿上记账。

2.绘制事务作业分析图

遵照预备调查的账本流程,绘制事务作业分析图。此时,要明确负责人员、账本名称、作业、货物流程之间关系,以及账本与账本(追加记录、转记、核对)之间的关系。

按照预备调查,绘制外购品的事务作业分析图如图 3-12 所示。

图 3-12 只是以负责人加以区别的,如有必要,可以再以处理时间加以区别(如第一天、第二天……),如表 3-9 所示。

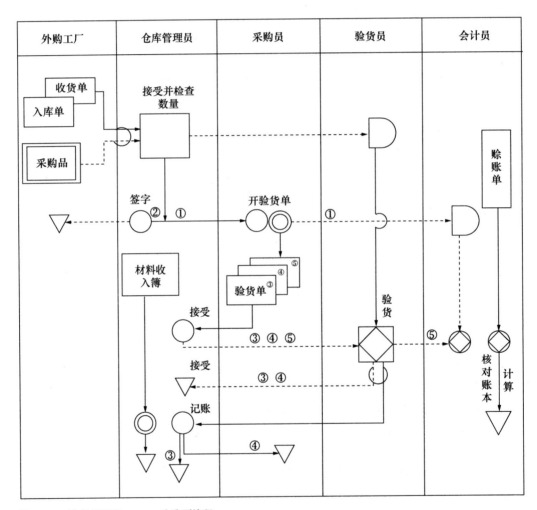

注:----→为产品流程; ——→为账票流程。

图 3-12 事务作业分析(改善前)

表 3-9　改善后事务作业分析

时间 ＼ 负责部门	外购工厂	仓库管理员	……
第一天			
第二天			
第三天			
……			

3. 制定改善方案

对图 3-8 中的作业进行整理,然后对以下事项进行讨论,并制定改善方案:

(1) 各账本是否真正有必要,且份数、内容是否存在问题;

(2) 制作账本是否费时、费工,转记作业、核对作业是否过多;

(3) 流程是否顺畅、是否有滞留现象;

(4) 传送方法上是否有改善的余地;

(5) 时机把握是否和现场作业十分吻合。

此时听取相关人员的意见是十分重要的,建议组织各种集体活动、兴趣小组活动等。在这一实例中,涉及以下两个问题点:

(1) 采购员转记开具验货单是多余的,转记时可能导致记录的错误;

(2) 验货员只有拿到验货单之后才能验货,从而产生验货待工现象。

对以上问题进行讨论的结果,将验货单编入入货单内,但由于入货单因外购工厂不同而可能有差异,为了避免遗漏记录事项,应该采用公司指定规格的入货单。这样就可以取消采购员开具验货单,验货待工的时间也可以缩短,而且在会计员方面也不会出现未验货的入货单,核对作业时也就变得简化。得到改善的内容再用事务作业分析图表示(见图 3-13)。

4. 实施和评价改善方案

由于事务作业涉及的相关人通常很多,因此当改善方案提出来之后,要向有关部门说明清楚,要得到他们的协助。为了让全体人员都了解改善方案的宗旨,并真正使改善方案落到实处,若有必要则可以举办说明会等。

另外,由于工作每天都不停止地进行着,我们要对改善方案的实施进行充分研究,研究最佳实施时间,研究实施时正在传递的东西如何处理,研究方案实施的步骤,等等。

一旦实施改善方案,我们就要对它进行评价——是否按计划实施了,是否达到了预期的效果。例如,账本数量是否按计划减少了;处理的时间、天数、事务量是否得到了减少等。另外,必须核实是否有些部门因改善方案而产生了一些麻烦;通过改善方案的实施,要留意可能发生新的不足之处,这对评价实施结果是非常重要的。

3.4.3.3　结果

在改善事务作业的情况下,从试行到标准化往往不是一帆风顺的。因此,我们先要进行充分的研究,在实施时使之标准化,并制作方案实施指南,对相关人员进行教育。当今

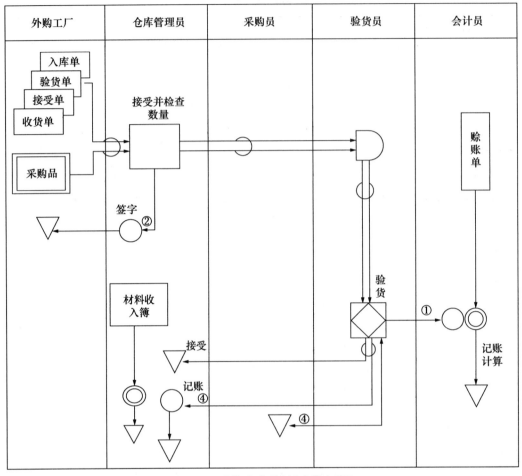

图 3-13　事务作业分析（改善方案）

以自动化办公为代表的事务作业进步非常迅速,我们也要时常重新认识自己的事务作业,核实是否有新的改善余地。务必牢记"改善是永恒的,无止境的"。

3.4.4　实例四:运用工业管理减少手工作业的程序数量

3.4.4.1　背景

这是 P 公司电热调节器零部件科第 3 装配小组组装电热调节器作业的改善实例。该小组的领导利用在公司内接受工业管理教育的机会,让全体成员学习了工业管理方法,并致力于岗位的改善。

该小组制定了将手工作业程序(插入零件、镀锡)的工数降低 10％的目标,并灵活运用程序分析和操作分析,大大超过预定的目标。

3.4.4.2　实施

1. 预备调查

该工厂生产与陶瓷一样的且具有电气特性的陶瓷半导体,该厂车间组装防止因电波、磁力等而影响电视显像管图像效果的电热调节器。

2. 确定分析、改善的操作要点

首先,采用作业流程图(见图 3-14)进行分析,发现了以下一些问题:(1) 移动的距离非常长(整个程序合计为 408 米);(2) 程序分布非常分散;(3) 零件和镀锡程序中的移动次数过多;(4) 分析另外绘制的程序最佳资源分配图(见图 3-15)得知零件插入、镀锡程序的比率达 45%。

在以上的问题中,(1)、(2)两点涉及其他生产部门,故我们决定对零件插入、镀锡程序的问题进行改善。这个程序关系到产品的质量,特别是关系到电器性能,目前这一程序以手工作业为主。

3. 绘制程序分析表

对已决定的改善课题,依据工业管理活动的步骤制订了活动计划,由 3 个人负责这一程序,并且每个人负责各自的任务(见表 3-10)。

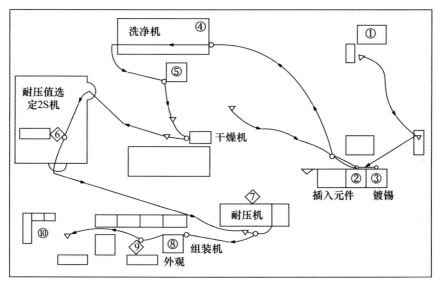

注:移动距离为408米。

图 3-14　作业流程线图

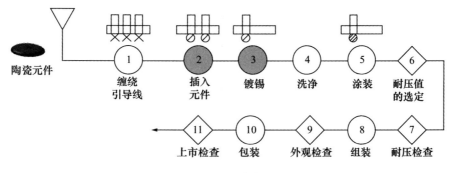

图 3-15　程序概要

表 3-10　活动计划和任务分担

	1(月)　2　3　4　5　6　7	成员分担
现状分析	流程线图、程序分析	甲
	最佳资源分配图、基本动作分析	乙
问题点的把握	把握、汇总	丙、甲
方案的研究实施	确立方案、试验、实施	全员
效果的确认	预防	全员

对每个人的作业程序进行分析，并制作程序分析表（见表 3-11）。

表 3-11　程序分析（改善前）

表题		元件插入到镀锡				日期			年　月　日	
作业名称	机器名称	距离	时间	人员	数量	程序符号				
		米	分	人	个	○	⇨	□	D	▽
1　将虫漆从绕线机拿到柜台处	虫漆	20			15 000					
2　放在柜台处										
3　把引导线拿到作业台	引导线	24			9 000					
4　放在作业台										
13　把平板拿到作业台	元件	10			9 000					
14　放到作业台上										
15　取出台纸	手推车									
16　等待	锡									
17　镀锡	镀锡护锡腕		29							
18　放回平板架										
19　放到手推车上		90			300					
20　装 3D 平板架				3						
21　搬运至洗净机	手推车	20			9 000					
合计		408	100	5		2 次	11 次	8 次	1 次	0 次

4. 绘制基本动作分析表

接着利用基本动作分析表把作业分成单位作业，对问题点进行更深层的探索（见表 3-12）并且得出以下结论：

（1）为了防止零件错位，用手指按住引导线；

（2）左手空闲太多；

（3）重复动作太多；

（4）动作变换太多。

5. 制定改善方案

对以上问题,大家集思广益,最终确定了如下改善方案:

(1)减少零件、镀锡程序中的搬运次数。

(2)将已插好零件的物品搬运到手推车上,镀锡作业人员再将其搬走进行作业,这样就减少了搬运次数(见图 3-16)。

表 3-12 基本动作分析

作业序号	左手动作	右手动作	改善的目标
1	把手伸向引导线(台纸)	把手伸向引导线(台纸)	
2	抓住引导线(台纸)	抓住引导线(台纸)	
3	移动引导线(台纸)	移动引导线(台纸)	
4	按住引导线(台纸)	保持引导线(台纸)	
5	保持	把手伸向元件	
6	保持	抓住元件	
7	保持	抓住元件	引导线的放置方法;
8	保持	把元件插入引导线内	按压引导线的动作
9	调整角度	调整角度	是否可提前进行;
10	移动引导线	移动引导线	是否可以两手同时
11	放下引导线	放下引导线	进行插入动作,一次
12	镀锡	把手伸向插好的半导体	可以插多少个元件;
13	拿半导体	拿插好元件的引导线	是否可以抓回;
14	移动半导体	移动插好元件的引导线	是否一次可以大量
15	放下半导体	放下插好元件的引导线	镀锡;
16	把手伸向锡	把手伸向镀锡护腕	是否可以取消移动;
17	拿锡	拿镀锡护腕	是否可以取消调整
18	移动锡	移动镀锡护腕	角度
19	镀锡	戴镀锡护腕	
20	拿镀好锡的半导体	保持	
21	移动	保持	
22	放下镀好锡的半导体	保持	
23	拿着锡伸向右手	抓住锡	

统计	左手	右手	
第一类	47	84	
第二类	40	14	
第三类	40	14	

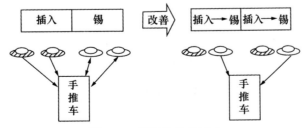

图 3-16 搬运次数的减少

（3）省略用手指按住引导线的步骤。

（4）将插好零件的物品并列纵放在夹具上进行镀锡时，由于可能出现零件错位，需要用手指按住，但如果改成横放就不会出现错位现象，这样就可以省略用手指按住引导线的动作。

（5）通过这些改善，基本上达到目标，但是与其他类似产品的生产车间相比，程序数量还是很多，因此再次采用现状分析，对镀锡程序加以改进。

（6）采用浸染方式以减少镀锡程序。这一产品如果按类似产品一样用镀锡的话，会使焊剂烧了，也不好去污，且由于预热温度不稳定，可能有破坏零件的危险，因此可以设法改成浸染。

（7）在其他工作人员的协同下，为了使预热温度均等，改用预热夹具的方法。

（8）通过改善预热和镀锡的条件，使得一次可以镀 300 个零件。

（9）用比重测量仪每天测量焊剂的浓度，使之不会烧毁。

3.4.4.3 结果

通过以上的反复改善，最终得到以下效果：

（1）零件插入、镀锡作业中的搬运次数得到减少（以 9000 个计算），搬运次数由 11 次（改善前）减少为 8 次（改善后），工序数（指数）由 100（改善前）减少为 84（改善后）。

（2）省略了按压引导线。

（3）镀锡方法得到改善（浸染方式）。

其结果如图 3-17 所示，结果大大超过原定目标，且每个月可节约 69 万元。

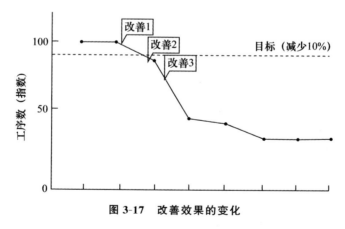

图 3-17　改善效果的变化

为了预防产生错误，可以采取以下措施：

（1）在工作人员的协助下，编写制作说明书；

（2）绘制操作示意图；

（3）利用核对单实施对预热温度、焊剂浓度的管理。

3.4.5　实例五：N 公司产品发货作业的改善

3.4.5.1　背景

作为运用事务作业分析法的实例，N 公司对产品发货的事务作业进行了改善。N 公司大量生产某一产品的零部件,产品按订单销售,但近些年由于市场竞争的日益激烈,要求缩短从收到订单到交货的时间。

在这种情况下,产品管理小组 A 和仓库管理小组 B 组成一个联合小组,共同致力于产品发货作业的改善。

改善产品发货作业是产品管理小组和仓库管理小组提出来的,但这次的改善课题由于跨岗位问题较多,经仓库管理小组 B 的领导甲提议和产品管理小组组成联合小组,对产品发货作业加以改善。在研究过程中,得到了销售管理人员的大力协助。此次的目的是谋求产品发货迅速化,使发货业务特别是事务手续得到改善。

3.4.5.2　实施

1. 预备调查

小组各成员进行分配,各自调查从收到订单到交货的事务手续的现状,特别是以下事项:

(1) 账本的名称、内容、频度、张数、目的;

(2) 相关人员的作业内容、所需时间;

(3) 账本的流程、搬运方法、所需时间;

(4) 账本的制作方法(转记、复印、核对)和制作时间;

(5) 作业与货物的关系。

2. 绘制事务作业分析图

根据预备调查,绘制了如图 3-18 所示的产品发货事务作业分析图(现状)。

3. 整理分析结果

从老客户处得到订单后,销售部用一天的时间收集整理订单,第 2 天开设 2 单,其中 1 张传送给产品管理员,同时根据其内容在接单台账上作记录。产品管理员得到接单后,对照产品收支簿确认产品库存情况,第 2 天制订发货计划,将计划记入记事本后再到仓库,并在黑板上写好发货指令。仓库管理员看到黑板上的指令后,按指令进行配货,并在当天将配好的货物内容写入配货日记簿。按平时的实际操作速度,从收到订单到配好货需要 4 天。

另外,产品管理员回到办公室,核对办公桌上的接单后,将发货产品内容转记到发货日记台账,并制作发货说明单邮寄到产品发送地(发送地可能和接单地不一致)。再把填好的发货日记台账给销售管理员,并在接单台账上记录日期和数量,同时将发货单邮寄给客户。发货说明单和发货单送出一般是接单的第 6 天;且产品送出还要在此 2 天之后。基于对现状的调查,在研究各问题点后,联合小组提出以下各项意见:

(1) 接单到发货时间花得太多;

(2) 发货后,发货说明单和发货单的邮寄时间太长;

(3) 账本数量太多(10 种),转记过多(6 次),岗位上的笔记太多,应该灵活应用账本进行记录;

(4) 发货指令写在黑板上十分不可取,这可能是引发错误的根源;

(5) 发货说明单和发货单分别制作不合理。

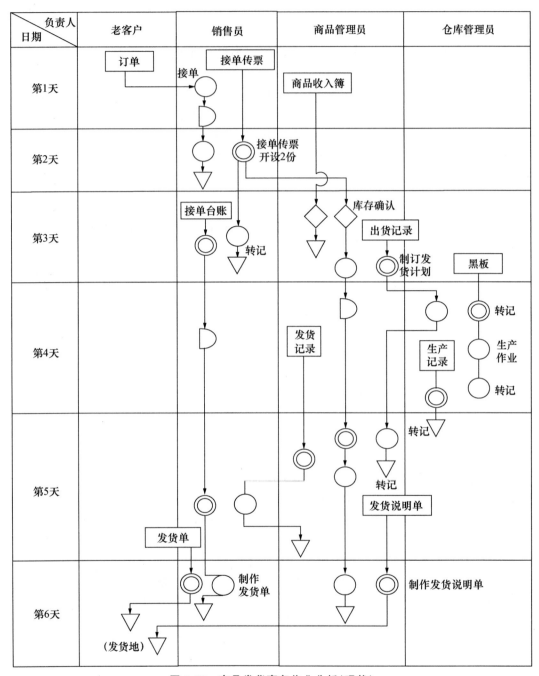

图 3-18 产品发货事务作业分析(现状)

4. 制定改善方案

为了制定改善方案,联合小组对现状调查中指出的问题点进行了讨论,并和相关人员商讨达成以下结果:

(1) 在台账关系中,取消接单台账的转记,接单传票使用文件形式,再将文件形式转变为台账;配货日记账和发货日记账都用发货指示书和接单传票代替。

（2）取消在仓库中使用黑板，由产品管理员制作发货指令书来执行，这样确保发货指令的正确无误。指令书为一式两份，一份留给仓库管理员，这样可以代替配货日记账；另一份经产品管理员交销售管理员，这样可以准确把握发货的实际情况。

（3）发货说明单和发货单内容基本一样，由销售管理员一起复制。

（4）在进行以上改进的基础上，要进一步考虑时机，接单的第 2 天可以制作发货指示书，第 3 天可以发货，第 4 天可以邮寄发货说明单和发货单。

将以上改善方案用事务作业分析表表示，形成如图 3-19 所示的产品发货事务作业分析图（改善方案）。

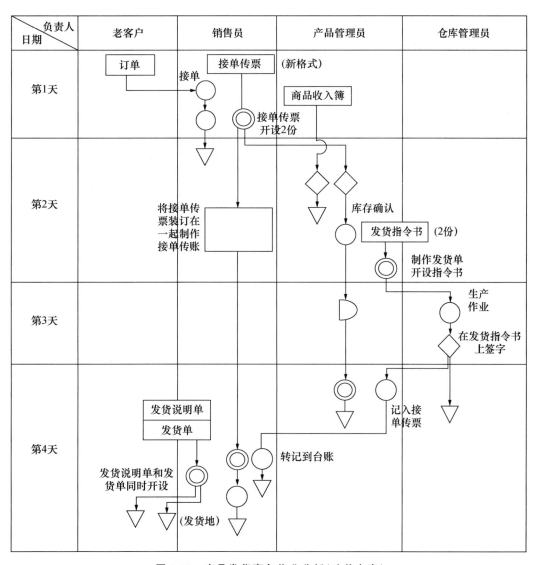

图 3-19　产品发货事务作业分析（改善方案）

5. 实施、评价改善方案

在得到上司和有关人员的同意之后，开始印刷新的传票、账本、指令书等，并对全体员工进行培训以便了解。改善方案实施之后，一切大致按改善方案的日程顺利进展，在时间上还有一定的宽余。另外，由于交货期缩短，博得了客户的好评，错发货的事故也没有了，在日程上也都得以确认并定期进行核对。

3.4.5.3　结果

1. 改善的效果

改善的效果有以下几点：

（1）首先，缩短了发货时间，由原来的 6 天缩短为 4 天，提高了客户服务要求。

（2）废除了接单台账、配货日记账、发货日记账和发货笔记，并几乎取消了所有的转记。

（3）取消了写黑板，改为制作发货指令书，使发货计划更加正确无误，提高了管理效果。

（4）改善了发货说明单和发货单的制作，缩短了发送时间。

2. 反省和今后的课题

事务作业对现状把握较难，总担心是否真的能得到改善，但凭借联合小组全体成员的集体智慧和采用了事务作业分析法进行整理，总算找到了问题所在。

今后还应致力于身边的事务作业的改善。另外，尽管这次产品发货问题暂且得到了一定的改善，但在作业分配上的问题也有改善的必要。

3.5　操作分析的应用新动向

在载人航天活动中，航天员通常要严格遵循各种操作规程，执行大量的维修和试验操作任务，对于空间站等长期有人值守的航天器来说，航天员的试验和维修操作任务非常繁重。据统计，国际空间站上每天的维修操作时间超过 2 小时，而和平号空间站的维修操作时间更长。如果载人航天器的设计和操作任务设计不合理，超过人在微重力环境当中的生理极限，很有可能导致航天任务的失败甚至重大的灾难性事故。

航天虚拟操作分析技术是指在航天器设计阶段，构建航天虚拟操作环境并叠加虚拟航天员模型，利用航天器系统、分系统或者零部件等虚拟数字样机，借助人在回路或者全虚拟的方法，对涉及航天操作的动作进行合理性分析和评价，进而检验航天器人机界面设计或者操作任务是否符合航天员特性及要求的一门技术。虚拟操作分析是整个载人航天器工效学评价的重要环节和步骤，是质量保障的必要措施，也是航天飞行任务合理性检查的重要技术手段。

基于当前虚拟操作技术的发展水平，从人机交互的深度来分析，它包括以下三种：

（1）演示性虚拟操作。通过计算机显示终端观看操作动作，了解、分析以三维动画形式表达的操作过程。这种方法实现较为简单、成本较低，可通过成熟的软件工具（如 CATIA、JACK 等）进行制作；但缺点是缺乏对操作过程的深入分析，不能反映每个操作的人体工效参数。根据有无人体模型，它包括两种：一是仅仅通过三维的数字样机来编辑生成操作动画，告诉人们如何进行操作；二是通过虚拟人来仿真基本的操作过程。

（2）工效分析性虚拟操作。主要是指在虚拟操作过程中，构建全虚拟的操作环境和虚拟人模型,虚拟人在虚拟环境中与操作对象进行交互,控制虚拟人的姿态和动作来完成操作过程。这种方式由于虚拟人完全受程序的控制,可以进行各种动作的工效学分析,兼顾了良好的可分析性和展示性。

(3)基于虚拟现实的虚拟操作。这种方式引入虚拟现实的外部设备来控制人体模型动作,即人在回路的仿真方式,属于"真实人员操作虚拟产品"。人沉浸于虚拟环境中,能感受周围的操作环境,能逼真体验操作过程,主要根据人的亲身感受对操作过程进行评价。根据用户参与虚拟现实的形式以及沉浸程度的不同,它包括两种:一是桌面式虚拟操作,它利用个人计算机和普通工作站进行仿真,将计算机的屏幕作为用户观察虚拟境界的窗口。通过各种输入设备实现与虚拟现实世界的充分交互,包括鼠标、追踪器、力矩球等。这种方式有一定的沉浸感,但仍然会受到周围现实环境的干扰,成本中等,有一定的应用价值。二是沉浸式虚拟操作系统,它利用头盔式显示器或其他设备,把参与者的视觉、听觉与其他感觉"封闭"起来,提供一个虚拟的感觉空间,并利用位置跟踪器、数据手套及其他手控输入设备,使得航天员产生身临其境、全心投入和沉浸其中的感觉。这种方式能完全逼真反映操作环境,操作的真实感最强,是一种最为高端的虚拟操作实现方式,代表未来虚拟操作的发展方向,缺点是成本高昂。

航天虚拟操作分析是一门具有较强应用性和针对性的技术,是多学科和多领域技术的交叉融合的边缘科学,与许多学科有着密不可分的关系。从一般层面来讲,它以航天工程、系统工程、医学工程等学科作为支撑,同时融合了人因分析、航天器设计等领域的专业技术。

研究和应用航天虚拟操作分析技术,必须建立在这些理论和技术基础之上,缺一则不完整。研究者应充分借助该技术体系开展技术研究和探索,突破航天虚拟操作分析方法,开发虚拟操作分析软件工具。

 习题

1. 实例一中,尽管一个作业周期时间缩短了 2 分钟,且生产量也有约 30% 的增加;但是,应该看到作业机器还存在"玩"的现象,机器的操作时间过长。因此,应该如何进一步进行改善?

2. 实例二中,如何协调共同作业人员的操作时间来最大化效益?

3. 根据实例三的介绍,请说明事务程序分析法和共同作业分析法的异同点。

4. 实例四通过哪些方法来减少程序数量?

5. 实例五中,在形成了联合作业小组之后,制定了哪些改善方案?

第4章 动作分析

4.1 动作分析的定义

动作分析是方法研究的一个内容,主要分析人在进行各种操作时的身体动作,以消除多余的动作,减轻劳动强度,使操作更加简便有效,从而制定出最佳的动作程序。其内容为:发现操作人员的无效动作或浪费现象,简化操作方法,减轻工人疲劳度,在此基础上制定出标准的操作方法,为确定动作时间标准做准备,包括动素分析、动作经济原则等内容。

动作分析是按操作者实施的动作顺序观察动作,用特定的符号记录以手、眼为中心的人体各部位的动作内容,并记录在图表中;再以此为基础,判断动作的好坏,找出改善着眼点的一套分析方法。

动素分析是美国工程师吉尔布雷斯创立的。所谓动素就是完成一件工作所需的基本动作。完成一项工作的操作虽然千变万化,但人完成工作的动作可由 17 个基本动作构成,这 17 个基本动作又称 17 个动素。根据对操作的影响,通常将动素分为以下 3 种类型:第 1 类为有效动素,有效动素指对操作有直接贡献的动素,包括伸手、握取、移物、定位、装配、拆卸、放手、使用和检查 9 种动素;第 2 类为辅助动素,辅助动素有时是必需的,但是会影响动素的有效性,因此辅助动素越少越好,应尽量取消,包括寻找、发现、选择、思考和预置 5 种动素;第 3 类为无效动素,此类动素对工作只有消耗性作用,因此一定要想办法予以消除,包括手持、延迟、休息和故延 4 种动素。

动作经济原则又称省工原则,是使作业(动作的组成)能以最少的投入产生最有效率的效果,达成作业目的的原则。熟悉并掌握动作经济原则对有效安排作业动作、提高作业效率能起到很大的帮助。动作的改善基本上可以以四项基本原则作为基本思路:(1)减少动作数量。进行动作要素分析,减少不必要的动作是动作改善最重要且最有效果的方法。(2)追求动作平衡。动作平衡能使作业人员的疲劳度降低,动作速度提高。比如双手动作能比单手大大提高效率,但必须注意双手动作的协调程度。(3)缩短动作移动距离。无论进行什么操作,"空手""搬运"总是必不可少的,而且会占用相当一部分的动作时间。"空手"和"搬运"其实就是"空手移动"和"负荷移动",而影响移动时间的最大因素就是移动距离,因此缩短移动距离也就成为动作改善的基本手段之一。(4)使动作保持轻松自然的节奏。前面三项原则是减少、结合动作进行的改善,而进一步的改善就是使动作变得轻松、简单,也就是使移动路线顺畅,使用易把握的工具、改善操作环境以便能以更舒适的姿势进行工作。

4.2　动作分析的目的

生产活动实际上是由人和机械设备对材料或零部件进行加工或检验组成的,而所有的检验或加工又是由一系列的动作所组成,这些动作的快慢、多少、有效与否,直接影响生产效率的高低。许多工厂对工序动作的安排,往往是在产品刚开始生产时安排一次,此后很少进行变更,除非出现重大问题。效率的提高一般视作业者的动作熟练程度而定,随着动作逐渐熟练,作业者对作业动作习以为常。但是人们认为理所当然的许多动作组合,其实都存在无效动作、动作数量过多、不均衡等不合理现象。这些动作对产品的性能和结构没有任何助益,自然也不可能创造附加价值,使生产效率因之降低。动作分析的目的就是对作业动作进行细致的分解研究,消除上述不合理现象,使动作更为简化、合理,从而提升生产效率。

为了达到以上目的,我们应做到以下几点:

(1) 了解操作者身体各部位的动作顺序和方法;

(2) 了解以两手为中心的人体各部位能否尽可能同时动作,是否相互联系;

(3) 明确各种动作的目的,动作过程中的必要动作和不必要动作;

(4) 了解在必要的作业动作中两手的平衡;

(5) 为减轻作业疲劳度,提高工作效率而找出动作存在的问题;

(6) 探讨最适当的动作顺序、方法和人体各部位协调;

(7) 探讨最适合动作的工夹具和作业范围内的布置;

(8) 比较动作顺序、方法改进前后的情况,预测和确认改善效果;

(9) 用符号和图表一目了然地说明动作顺序与方法;

(10) 改善动作顺序和方法,制定最适当的标准作业方法;

(11) 提高能细微分析动作和判断动作好坏的动作意识。

4.3　动作分析的步骤

程序分析是从大处着眼,分析生产过程的种种浪费,合理安排程序,寻求提高工作效率的方法。而动作分析则是在程序决定后,研究人体各种操作动作,以寻求省力、省时、安全的最经济的方法。吉尔布雷斯说过:"世界上最大的浪费,莫过于动作的浪费。"动作分析就是对作业动作进行细致的分解研究,消除上述不合理现象,使动作更为简化、合理,从而提升生产效率。

动作分析的步骤为:问题的发生/发现→现状分析→找出问题的真因→拟定改善方案→改善方案的实施→改善效果确认→标准化(见图4-1)。

4.3.1 步骤一:问题的发生/发现

问题的发生有两种情况,一是问题突然发生。实际上,如果平时常留意并及时核实作业效率、机器运转率、产品合格率、单耗等各个事项,突然间发生很大变化是不可能的,它的产生是由于平时对以上事项没有留意或留意不够所造成的,表面上是问题突发,实际上早就存在问题隐患。等到隐患变成大问题就为时已晚,所以我们应在问题还处于萌芽时,及时对问题进行分析并采取措施。

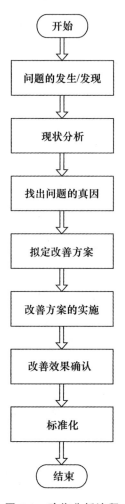

图 4-1 动作分析流程

在生产制造现场,每天都有新的问题在发生。有些人可能视若无睹,觉得一切正常,因而缺少改善的动力,效率也就日复一日地停留在同一水平上。改善往往源于问题的发生和发现,管理者如果能带着疑问审视现场所发生的一切,特别留意细节,就容易找到改善的对象。

4.3.2　步骤二：现状分析

发现问题以后,就应该针对问题发生的现场展开细致的调查,掌握翔实的数据,使问题进一步明确,然后根据所掌握的事实展开分析,在这个步骤中,应坚持以下原则:

1. 实事求是的原则

对问题把握,一定要以现场发生的事实为依据,在进行现状分析时,我们不能用推论的方式评判作业现状,而是要对某一作业人员"用什么方法""做什么作业""为什么而做""在哪儿做""什么时候做"(5W1H 方法)这一系列问题实事求是地观察分析,要避免不亲自到现场而只是凭推断进行现状分析的做法。

2. 数据化的原则

文字性的描述往往难以区分具体的差异,会使事实的把握处于模糊状态,这样的结果,不但会加大问题分析的难度,而且难以衡量改善的效果。因此,只要能数据化的地方一定要掌握具体的数据。在实际操作中,事物无论多少,都要用定量表示。如果对事物用定量表示,就可以更容易发现问题及问题的重点。如果没有定量的数据,只有类似"作业速度很慢""产品质量出现下降"这样的定性分析,那么判断结果很容易出错。

3. 记号化与图表化的原则

如果能分解动作,再使用记号表示,并且把得到的数据用图表表示出来,那么对事实的描述将会简化,而且理解分析的难度也会降低很多。

4. 客观分析的原则

分析者有时会因为立场不同,导致分析方向偏离,常常把问题归咎于其他部门或其他人,这样就容易产生扯皮现象,给问题的解决设置了人为障碍。所以在进行问题分析时,一定要保持客观的立场,保证对问题进行客观的分析,而非主观的分析,如果主观地分析,就可能得到一个片面的分析结果。

有关动作分析的方法,可以用程序分析记号、双手作业分析法和基本动作分析法进行,这样会非常方便。但更重要的是对分析结果进行总结,且必须做到无论谁、何时、何地看了都能明白。

4.3.3　步骤三：找出问题的真因

分析现状之后,可以得到一些问题的可能原因。这时,应该逐一加以验证,排除一些似是而非的原因,找到导致问题的真正原因。排除过程应该坚持先简单后复杂、先低成本后高成本的原则。

在进行实事求是地分析现状时,持着"为什么要做这一作业"的疑问是非常重要的,即持有问题意识。我们还谈过在进行现状分析时,实事求是是一个关键点,在这里,我们通过 PQCDSM 调查表(见表 4-1)来发现问题,并针对 5W1H 调查表(见表 4-2)各项目进行问答,从而找出各个问题的答案。

表 4-1 PQCDSM 调查表

序号	调查项目	调查重点
1	生产量、生产率(P)—Productivity	最近的生产量是否有所下降/能否提高生产量/工作人员过多是否影响生产率
2	质量(Q)—Quality	产品质量是否有所下降/不合格率是否变得更高了/合格率是否能够提高/产品缺点是否很多
3	成本(C)—Cost	成本是否有所提高/原材料、燃料的价格是否上涨
4	交货期(D)—Deliverly	是否出现了赶不上交货期/生产时间是否可以缩短
5	安全性(S)—Safely	安全方面是否存在问题/事故是否很多/是否有不安全作业
6	士气(M)—Morale	是否有士气、干劲/作业人员之间的关系是否存在问题

表 4-2 5W1H 调查表

序号	项目	问题
1	对象	什么(What)
2	作业人员	谁(Who)
3	目的	为什么(Why)
4	场所、位置	什么地方(Where)
5	时间	什么时候(When)
6	方法	怎样(How)

在进行现状分析之前,我们要用 5W1H 调查表对各个问题的重点进行粗略的调查,然后再进行现状分析。得到现状分析的结果之后,再用 5W1H 调查表确认该结果是否是问题的重点,最后锁定改善目标。

4.3.4　步骤四:拟定改善方案

在进行现状分析时,我们要遵循实事求是的原则、客观分析的原则、数据化的原则和记号化与图表化的原则,对作业现状进行调查。但是,在拟定改善方案时,对已发现的问题要采取彻底的怀疑态度——"为什么要这样做"的态度,用足量的"为什么"确立方案,而且有必要遵循以下的改善四原则:(1)工作轻松(减轻劳动疲劳度);(2)质量变好(提高产品质量);(3)速度加快(缩短生产时间);(4)成本降低(节减经费)。

根据改善四原则,确定作业中不经济、不均衡和不合理现象的改善方案。另外,在拟定改善方案时,根据改善方案的具体情况分成以下三大类:(1)只要对现有作业进行简单的变化就可以实行的改善方案(立即可以执行的方案);(2)需要一定费用的方案(不必过多准备便可执行的方案);(3)需要大量准备且费用很高的方案(长远考虑,非常有效的方案)。

对以上三类改善方案均应充分考虑,根据改善的目的选择最适合的改善方案,这样便可产生效果。

4.3.5　步骤五:改善方案的实施

如上所述,充分考虑改善方案,选择与实际情况基本符合的改善方案,并对所选定的方案加以研究、试行。如果得到可行的结论,就要向有关人员做出说明,并实施改善方案。在实施期间,有必要对改善方案进行跟踪调查,如发现不妥之处则应尽量予以改进。

4.3.6　步骤六:改善效果确认

改善方案实施完成后,应收集各方面数据并与改善之前的数据进行比较,确认改善是否达成预想的目标。生产现场的目标离不开 PQCDSM(生产率、质量、成本、交货期、安全性、士气)几个方面,要重点收集以下数据:产量、能率、作业时间、不良率、合格率、客户抱怨次数、材料损耗率、人工成本、间接人员比例、按时交货率、平均延误天数、安全事故件数、安全检查结果、违纪件数、改善提案件数、员工离职率、员工抱怨次数等。

4.3.7　步骤七:标准化

倘若效果较为明显,就应通过标准化以维持。制作新的作业标准书、现场整理布置规范、安全操作规程、工程巡视要点等文件并正式发布实施,这样就完成了一个工作改善的循环并进入下一个循环。

4.4　动作分析的实例

4.4.1　实例一:玻璃组装工序的改善

4.4.1.1　背景

浅井先生在制造水表的理光钟表株式会社的仪表事业部组装一科工作,现在是水表制造组装区的第一监督指导员。

组装一科的首要业务是制造水表。主要作业是先把内盒嵌入水表外盒,然后将指示装置嵌入内盒,再装入磁石(需要组装),接着嵌入玻璃(需要组装),最后盖上表盖组成水表。在组装作业中,浅井先生打算使用某种方法提高作业效率,决定对玻璃组装作业进行改善。水表制造工序流程如表 4-3 所示,作业现场布置如图 4-2 所示。

表 4-3　水表制造工序流程

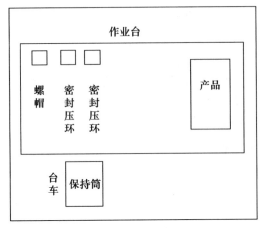

图 4-2　作业现场布置图

4.4.1.2　实施

1. 问题的发生/发现

人们平时对现场的各种情况习以为常,但站在改善的立场上观察就会发现很多改进的余地。在组装作业中,浅井先生想提高作业效率,决定对玻璃组装作业进行改善。

利用 5W1H 调查表对玻璃组装作业进行仔细分析调查,可以将作业流程大致分成以下七步:

(1) 准备保持筒。保持筒是组装玻璃的芯,也可以说是玻璃的骨架,先将保持筒放在作业台上。

(2) 套上密封压环(A)。把压环(A)套在保持筒上。

(3) 嵌入玻璃。把玻璃嵌入保持筒里。

(4) 套上密封压环(B)。套上密封压环(B),再从玻璃上部装上螺帽。

(5) 放好螺帽。将螺帽放在保持筒上面。

(6) 拧上螺帽。与保持筒上的螺栓对齐,旋转螺帽,固定玻璃。

(7) 摆好产品。将做好的玻璃产品按 4 层 2 列摆好。

2. 现状分析

(1) 进行准备工作。因为是手工组装作业,所以基本动作分析法适合对该现状进行分析。

(2) 反复观察对玻璃组装作业,在对作业的内容、顺序有一定了解之后,记录所有的动作,结果归纳如下:

① 分 2 次,每次 4 个(共 8 个)从零部件箱拿出保持筒并做好准备。

② 用左手从零部件箱取出适量的密封压环,再用右手将其一个一个地嵌入保持筒。

③ 用左手从零部件箱里取出 3 个玻璃,再用右手一个一个地嵌入保持筒。装好 3 个之后,用左手再取出 3 个嵌入,最后取出 2 个(即共 8 个),分别嵌入准备好的 8 个保持筒里。

④ 同样用左手从零部件箱里取出适量的密封压环,用右手一个一个地装入玻璃上

面,连续 8 次。

⑤ 用左手从零部件箱取出适量的螺帽,并用右手一个一个地放在突出于玻璃上面的保持筒上,也连续 8 次。

⑥ 将螺帽和保持筒上部的螺栓合上拧紧,连续 8 次。

⑦ 最后将组装好的玻璃产品摆好。

(3) 将结果填入动作分析专用表。整理基本动作分析的结果,并按照基本动作记号类别进行统计,结果如表 4-4 所示。

表 4-4　基本动作分析(改善前)

序号	要素作业	左手动作	基本动作记号			右手动作
			左手	眼	右手	
1		向保持筒伸手	伸手	寻找	延迟	延迟
2		握取保持筒	握取	发现	延迟	延迟
3		将保持筒移向作业台	移物	选择	延迟	延迟
4		放下保持筒	放手		延迟	延迟
5		重复 1—4 的动作	伸手	寻找	延迟	延迟
6			握取	发现	延迟	延迟
7			移物	选择	延迟	延迟
8			放手		延迟	延迟
9		把手伸向放在工作台上的保持筒	伸手		伸手	和左手一样的动作
10	准备	握取保持筒	握取		握取	和左手一样的动作
11	保持筒	一直拿着保持筒	移物		移物	和左手一样的动作
12			定位		定位	和左手一样的动作
13			放手		放手	和左手一样的动作
14		重复 9—10 的动作	伸手		伸手	同上
15			握取		握取	
16			移物		移物	
17			定位		定位	
18			放手		放手	
19		同上	伸手		伸手	同上
20			握取		握取	
21			移物		移物	
22			定位		定位	
23			放手		放手	
24		同上	伸手		伸手	同上
25			握取		握取	
26			移物		移物	
27			定位		定位	
28			放手		放手	

（续表）

序号	要素作业	左手动作	基本动作记号 左手	基本动作记号 眼	基本动作记号 右手	右手动作
29		把手伸向压环 A	伸手		延迟	延迟
30	嵌入	握取压环 A	握取		延迟	
31	压环 A	把压环 A 拿过来	移物		延迟	
32		拿着压环 A	手持		延迟	
33		压环 A 一直拿在手里	手持		伸手	把手伸向左手的压环 A
34		握取其中的一个压环	手持		握取	
35	嵌入	把压环移向保持筒	手持		移物	
36	保持筒	把压环合上保持筒	手持		定位	
37		把压环放入最下面的槽内	手持		装配	
38		松开手	手持		放手	
39		重复同上动作（第二个压环）	手持		伸手	
40			手持		握取	
41	嵌入 压环 A		手持		移物	
42			手持		定位	
43			手持		装配	
44			手持		放手	
75		压环 A 拿在手里	手持		伸手	重复以上动作（第八个压环）
76		压环 A 拿在手里	手持		握取	
77		多余的压环 A 放回	移物		移物	
78		松开手	放手		定位	
79		延迟	延迟		装配	
80		延迟	延迟		放手	
81		把手伸向玻璃	伸手	寻找	延迟	延迟
82	嵌入	握取玻璃	握取	发现	延迟	
83	保持筒	把玻璃拿过来	移物	选择	延迟	
84		一直拿着玻璃	手持		伸手	把手伸向左手的玻璃
85		握取左手的玻璃	手持		握取	
86		把玻璃移向保持筒	手持		移物	
87		调整方向	手持		预定位	
88		合上玻璃	手持		定位	
89		把玻璃嵌入保持筒	手持		装配	
90		松开手	手持		放手	

（续表）

序号	要素作业	左手动作	基本动作记号			右手动作
			左手	眼	右手	
91		同上	手持		伸手	重复以上动作（第二块玻璃）
92			手持		握取	
93	嵌入		手持		移物	
94	玻璃		手持		预定位	
95			手持		定位	
96			手持		装配	
97			手持		放手	
98		同上	手持		伸手	同上（第三块玻璃）
99			手持		握取	
100			延迟		移物	
101			延迟		预定位	
102			延迟		定位	
103			延迟		装配	
104	嵌入		延迟		放手	
105	保持筒	把手伸向玻璃	伸手	寻找	延迟	延迟
106		握取玻璃	握取	发现	延迟	
107		把玻璃拿过来	移物	选择	延迟	
108		一直拿着玻璃	手持		伸手	重复84—90的动作（第四块玻璃）
109			手持		握取	
110			手持		移物	
111			手持		预定位	
112			手持		定位	
113			手持		装配	
114			手持		放手	
129	嵌入	把手伸向玻璃	伸手	寻找	延迟	延迟
130	玻璃	握取玻璃	握取	发现	延迟	
131		把玻璃拿过来	移物	选择	延迟	
132		一直拿着玻璃	手持		伸手	重复84—90的动作（第四块玻璃）
133			手持		握取	
134	嵌入		手持		移物	
135	保持筒		手持		预定位	
136			手持		定位	
137			手持		装配	
138			手持		放手	
139		一直拿着玻璃	手持		伸手	同上（第八块玻璃）

（续表）

序号	要素作业	左手动作	基本动作记号			右手动作
			左手	眼	右手	
140		一直拿着玻璃	手持		握取	
141		延迟	延迟		移物	
142			延迟		预定位	
143			延迟		定位	
144			延迟		装配	
145			延迟		放手	
146		把手伸向压环 B	伸手		延迟	延迟
147	嵌入	握取压环 B	握取		延迟	
148	压环 B	把压环 B 拿过来	移物		延迟	
149		拿着压环 B	手持		延迟	
150		一直拿着压环 B	手持		伸手	把手伸向左手的压环 B
151		握取其中的一个压环	手持		握取	
152		把压环 B 移向保持筒	手持		移物	
153		把压环 B 合上保持筒	手持		定位	
154	嵌入	把压环 B 嵌入保持筒	手持		装配	
155	保持筒	松开手	手持		放手	
192		压环 B 拿在手里	手持		伸手	重复以上动作（第八个压环）
193		压环 B	手持		握取	拿在手里
194		多余的压环 B	移物		移物	放回
195		松开手	放手		定位	
196		延迟	延迟		装配	
197		延迟	延迟		放手	
198	合上	把手伸向螺帽	伸手		延迟	延迟
199	螺帽	拿适量的螺帽	握取		延迟	
200		拿着螺帽	移物		延迟	
201		一直拿着螺帽	手持		伸手	把手伸向左手的螺帽
202		握取其中的一个螺帽	手持		握取	
203	嵌入	把螺帽移向保持筒	手持		移物	
204	保持筒	调整螺帽的方向	手持		预定位	
205		合上螺帽	手持		定位	
206		把螺帽嵌入保持筒上面	手持		放手	
207	拧上	重复以上动作（第二个螺帽）	手持		伸手	
208	螺帽		手持		握取	
209			手持		移物	

（续表）

序号	要素作业	左手动作	基本动作记号			右手动作
			左手	眼	右手	
243		拿着螺帽	手持		伸手	重复以上动作（第八个螺帽）
244	拧上	拿着螺帽	手持		握取	
245	螺帽	放回多余的螺帽	移物		移物	
246		松开手	放手		预定位	
247		延迟	延迟		定位	
248		延迟	延迟		放手	
249		把手伸向保持筒	伸手		伸手	把手伸向螺帽
250	嵌入	握取保持筒	握取		握取	握取螺帽
251	保持筒	压住保持筒	手持		装配	拧紧螺帽
252		松开手	放手		放手	松开手
253		重复以上动作（第三个螺帽）	伸手		伸手	重复以上动作（第二个螺帽）
254	拧上		握取		握取	
255	螺帽		手持		装配	
256			放手		放手	
257	嵌入	重复以上动作（第三个动作）	伸手		伸手	同上（第三个螺帽）
258	保持筒		握取		握取	
259			手持		装配	
260			放手		放手	
281		延迟	延迟		伸手	把手伸向玻璃装置
282	整理	握取玻璃装置	延迟		握取	
283	产品	把玻璃装置拿过来	延迟		移物	
284		把玻璃装置层叠起来	延迟		放手	
285		延迟	延迟		伸手	同上（第二个）
286			延迟		握取	玻璃装置
287			延迟		移物	
288			延迟		放手	
289		延迟	延迟		伸手	同上（第三个）
290	整理		延迟		握取	玻璃装置
291	产品		延迟		移物	
292			延迟		放手	
293		延迟	延迟		伸手	同上（第四个）
294		延迟	延迟		握取	玻璃装置
295		伸向第五个玻璃装置	伸手		移物	
296		握取玻璃装置	握取		放手	
297		拿着玻璃装置	移物		伸手	同上（第五个）玻璃装置

（续表）

序号	要素作业	左手动作	基本动作记号			右手动作
			左手	眼	右手	
298		拿着玻璃装置	手持		握取	
299		重复以上动作	伸手		移物	
300		（第六个玻璃装置）	手持		放手	
301		重复以上动作 （第七个玻璃装置）	移物		伸手	同上（第六个） 玻璃装置
302	整理		手持		握取	
303	产品		伸手		移物	
304			握取		放手	
305		重复以上动作 （第八个玻璃装置）	移物		伸手	同上（第七个） 玻璃装置
306			手持		握取	
307			伸手		移物	
308			握取		放手	
309		延迟	移物		伸手	同上（第八个） 玻璃装置
310			手持		握取	
311			延迟		移物	
312			延迟		放手	

3. 找出问题的真因

根据动作经济原则进行调查,将主要问题归纳为几下几点:

（1）第 2 类、第 3 类动素太多。从表 4-4 中可以看出,第 3 类的手持、延迟动作太多,第 2 类的辅助动素也非常多（见表 4-5）。

表 4-5　改善前动作统计

表 1	第 1 类动素	第 2 类动素	第 3 类动素	总计
左手	88		224	312
右手	268	16	28	312
眼		15		15

（2）左右手的动作不平衡,即左右手没有同时进行动作。左手的手持动作太多。当用右手作业时,左手处于手持状态,左手没有得到有效的利用。右手延迟动作太多。当用左手作业时,右手处于延迟状态,右手也没有得到有效的利用。我们从作业现场布置（见图 4-1）可以得知,零部件、材料的放置方法不合理,作业性差。

（3）在研究改善方案时要考虑是否有可以取消的动作。

（4）在研究改善方案时要遵循取消、合并、重排、简化的改善原则。

4．拟定改善方案

（1）使双手同时进行动作。在问题重点的发现阶段，我们讨论了双手在该作业没有同时进行动作，所以我们要取消手持动作和延迟动作。

让我们再观察一下作业现场的布置（见图 4-3（1）），作业人员左腋下面有保持筒箱和玻璃箱，由于堆放杂乱，作业时作业人员要寻找、发现、选择一连串动作，给作业带来了很多不便。另外，所有零部件箱均放在作业人员的左侧，使得作业人员只能单手进行作业。针对上述问题的存在，我们更改原来的作业现场布置（见图 4-3（2）），零部件箱放在两侧，并使高度适合于作业，且在前一工序中将零部件井然有序地摆好。改善的结果是，基本上取消眼睛的动作，且双手可以左右对称作业。

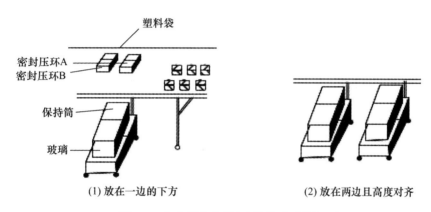

图 4-3　作业现场布置（改善前后对比）

（2）改善密封压环 A、B 的提取方法。现状下密封压环 A、B 的提取方法是放在塑料袋中，用左手提取，这种作业是不方便的，我们改成零部件箱（见图 4-4）。

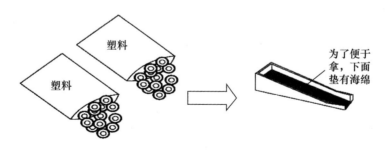

图 4-4　密封压环提取方法的改善

（3）采用固定保持筒的夹具。为了使双手同时作业成为可能，就得取消手持动作。为此，浅井先生在对保持筒进行作业时，利用了固定保持筒的夹具。

（4）作业连续化。在使用夹具的前提下，取消零部件的临时装箱，当所有的零部件都组装好之后再装箱。改善的结果如表 4-6 所示，并绘制改善后动作统计表（见表 4-7）。

表 4-6　基本动作分析(改善后)

序号	要素作业	左手动作	基本动作			右手动作	备注
			左手	眼	搬运		
1		向保持筒伸手	伸手		伸手		
2	保持	握取保持筒	握取		握取		
3	筒的	将保持筒移向作业台	移物	寻找	移物	和左手一样的动作	
4	准备	把保持筒合上夹具	定位	发现	定位		
5		松开手	放手	选择	放手		
6		把手伸向压环 A	伸手		伸手		
7		握取压环 A	握取		握取		
8	插入	把压环 A 拿过来	移物		移物	和左手一样的动作	
9	压环 A	把压环 A 合上保持筒	定位		定位		
10		把压环 A 嵌入保持筒下槽	装配		装配		
11		松开手	放手		放手		
12		把手伸向玻璃	伸手		伸手		
13		握取玻璃	握取		握取		
14	嵌入	把玻璃拿过来	移物		移物	和左手一样的动作	使用了固
15	玻璃	把玻璃合上保持筒	定位		定位		定保持筒
16		把玻璃嵌入保持筒	装配		装配		的夹具,取
17		松开手	放手		放手		消眼的动
18		把手伸向压环 B	伸手		伸手		作
19		握取压环 B	握取		握取		
20	嵌入	把压环 B 拿过来	移物		移物	和左手一样的动作	
21	压环 B	把压环 B 合上保持筒	定位		定位		
22		把压环 B 嵌入保持筒	装配		装配		
23		松开手	放手		放手		
24		把手伸向螺帽	伸手		伸手		
25	拧	握取螺帽	握取		握取		
26	上	把螺帽拿过来	移物		移物		
27	螺	把螺帽合上保持筒	定位		定位	和左手一样的动作	
28	帽	拧紧螺帽	装配		装配		
29		握取完成品	握取		握取		
30		放入右侧的产品箱内	移物		移物		

表 4-7　改善后动作统计

	第 1 类动素	第 2 类动素	第 3 类动素	总计
左手	120			120
右手	120			120
眼		8		8

4.4.1.3 结果

1. 改善效果

我们从表4-7得知,改善后几乎没有第2类动作和第3类动作(除眼的动作之外),从结果上看,动作的减少率超过60%(384/624≈61.5%)。

表4-8 改善前后双手动作总数比较

	改善前	改善后	差(改善前－改善后)
第1类	356	240	116
第2类	16(15)	0(8)	16(7)
第3类	252	—	252
合计	624(15)	240(8)	384(7)

2. 效果评价

(1) 改善方案的效果非常显著,决定先试行。

(2) 试行结果表明实施该改善方案没有问题。

(3) 实施了改善方案,提高了生产效率,作业人员的作业也变得简单易行,赢得了他们的好评。

4.4.2 实例二:改善汽车辐射式轮胎钢圈用钢弦的焊接作业

4.4.2.1 背景

手冢先生就职于制造轮胎钢弦的栃木工厂,他是制造科的第一监督指导员,积极参加车间IE(工业工程)学习班和QC(质量控制)兴趣小组的活动。

钢弦的材料是钢制弦片,由上一个工序传递而至,并挂在支架上。成品钢弦由3根材料片焊接而成(见图4-5)。

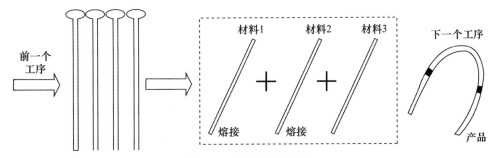

图4-5 钢弦的生产方法

可以将焊接工序细分为五个部分:

(1) 用铁锤将焊接处压均匀。这是对焊接好的半成品的焊接处进行处理,并采用脚踏方式操作铁锤,使焊接处平整的作业。

(2) 将压均匀之后的半成品放到铁锤装置的槽中抽动,检查焊接处是否有凹凸不平现象及大小异常等外形情况。

（3）将外形检查后的半产品放到滑轮上，左右拉动检查它的弯曲性能。

（4）再将钢弦半成品装上，对材料进行拉动，检查它的强度。

（5）在各个检查完成之后，最后将弯曲的部分拉直。

4.4.2.2 实施

1. 问题的发生/发现

由于最近市场需求量有增加的倾向，栃木工厂决定提高生产速度以满足市场需求。手冢先生在观察作业现场后，发现有些作业生产率低下，决定对作业现场进行改善。

整理可能存在问题的地方，如表4-9所示。

表 4-9　问题的整理

调查要点	结论	内容
P（生产量）生产量是否正常	否	由于辐射钢圈需求量的增加，目前的生产量不适合
Q（质量）质量是否存在问题	是	由于细小手工作业动作标准不一，导致产品质量不均
C（成本）成本是否提高了	否	目前还没有提高，如果P、Q得到改善，C会降低
D（交货期）能否赶上交货期	能	目前能赶上，但今后随着市场需求的增加，可能赶不上
S（安全性）作业是否安全	是	目前不存在问题
M（士气）作业人员的士气是否低下	否	目前不存在问题

2. 现状分析

由于分析对象是细小的手工作业，因此采用基本动作分析法进行现状分析。

（1）仔细观察焊接工序的五个阶段。

① 首先实事求是地、客观地分析有关铁锤的作业。通过多次的观察，掌握左右手作业方法：手拿住钢弦的下端，右手操作支架将钢弦取下，然后右手握取钢弦的右端向铁锤装置移动，用脚操作铁锤装置。

以上描述的铁锤作业如图4-6所示，铁锤装置中的A和C两根槽可以使用。另外，当某根槽因磨损等而不能使用时，可以使用另一根槽。

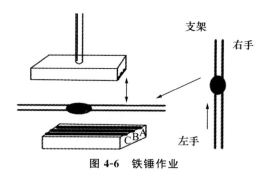

图 4-6　铁锤作业

② 仔细观察焊接处外形，检查作业。铁锤作业之后，将钢弦放到B槽里，双手握取钢弦左右移动。这是既可以除去焊接处的凹凸部分，又可以检查焊接处大小情况的作业（见图4-7）。

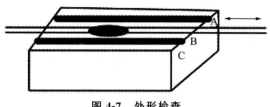

图 4-7　外形检查

③ 检查焊接处大小情况之后，将钢弦放到检查弯曲性能的机械装置上。仔细观察，发现将钢弦放到滑轮上之后，需要左右各拉 5 次（见图 4-8）。

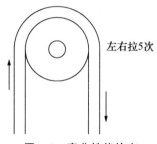

左右拉5次

图 4-8　弯曲性能检查

④ 观察强度试验作业，其中包括以下一系列动作：

起固定作用的夹具的左右把手是联动的，用左把手将钢弦固定（见图 4-9）。

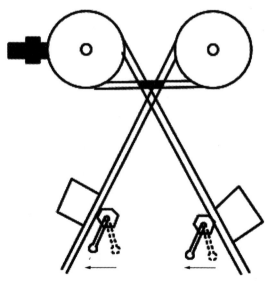

图 4-9　强度试验

用左手操作测试强度的把手，在固定的情况下将钢弦拉到规定的强度值，检查钢弦的强度是否合格（见图 4-10）。

将测试强度的把手复位，双手同时转动夹具的左右把手，将松开的钢弦取下。

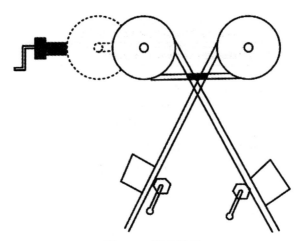

图 4-10　强度检查

　　⑤ 最后取下钢弦,右手拿住两端,将焊接处浸到药水中,并将弯曲部分拉直。

　　(2)记录观察结果。将观察结果填入基本动作分析表(改善前)进行整理(见表 4-10),为了便于以后的讨论分析,按记号类别对动作进行统计,并绘制基本动作统计表(改善前)如表 4-11 所示。

表 4-10　基本动作分析(改善前)

序号	要素作业	左手动作	左手	眼	右手	右手动作	备注
			基本动作记号				
1		向钢弦伸手	伸手		伸手	把手伸向支架	因为必须放在铁锤装置所规定的位置,所以放时要用眼的动作
2		握取钢弦	握取		握取	握取支架	
3		一直握取钢弦	手持		拆卸	取下钢弦	
4	铁锤	一直握取钢弦	手持		伸手	把手伸向取下的钢弦	
5	作业	一直握取钢弦	手持		握取	握取钢弦	
6		将钢弦拿到铁锤	移物	寻找	移物	移向铁锤装置	
7		确定位置	定位	发现	定位	确定位置	
8		使用铁锤	使用	选择	使用	使用铁锤	
9		放入槽内	握取		握取	放入大小检查槽内	同上
10	检查	确定位置	定位	寻找	定位	确定位置	
11	外形	使钢弦在槽内滑动	移物	发现	移物	把钢弦放人槽中滑动	
12		检查	检查	选择	检查	检查	
13		将钢弦放到弯曲检查机里	移物		移物	将钢弦放到弯曲检查机里	
14	弯曲	放在检查机的滑槽里	定位		定位	放在检查机的滑槽里	
15	检查	保持 14 的状态	手持		移物	拉动钢弦	
16		拉动钢弦	移物		手持	保持	
17		停止	手持		移物	拉动钢弦	
18		拉动钢弦	移物		手持	保持	

（续表）

序号	要素作业	左手动作	基本动作记号			右手动作	备注
			左手	眼	右手		
19		停止	手持		移物	拉动钢弦	
20		拉动钢弦	移物		手持	保持	
21		停止	手持		移物	拉动钢弦	
22	弯曲 检查	拉动钢弦	移物		手持	保持	
23		停止	手持		移物	拉动钢弦	
24		拉动钢弦	移物		手持	保持	
25		改变方向	预定位		预定位	改变方向	
26		检查弯曲情况	检查		检查	检查弯曲情况	
27		调整角度	定位		定位	调整角度	
28		拿到强度试验机处	移物		移物	拿到强度试验机处	
29		确定位置	定位	寻找	定位	确定位置	
30		将钢弦放入夹具内	装配	发现	装配	将钢弦放入夹具内	
31		松开手	放手	选择	放手	松开手	
32		延迟	延迟		伸手	将手伸向左边夹具的 把手	
33		延迟	延迟		握取	握取夹具的把手	
34		延迟	延迟		移物	将把手拧紧	
35	强度 试验	将手伸向测定把手	伸手		放手	松开手	这时产 生眼的 动作
36		握取测定把手	握取		延迟	延迟	
37		转动测定把手（规定的 位置）	握取		延迟	延迟	
38		将测定把手复位	预定位		延迟	延迟	
39		松开手	放手		延迟	延迟	
40		将手伸向夹具把手	伸手		伸手	将手伸向夹具把手	
41		握取夹具把手	握取		握取	握取把手	
42		将夹具把手放松	移物		移物	松开拧紧的把手	
43		将手从夹具松开	放手		放手	松开手	
44		将手伸向钢弦	伸手		伸手	把手伸向钢弦	
45		握取钢弦	握取		握取	握取钢弦	
46	保养	将钢弦移向右手	移物		预定位	为握取左手的钢弦调 整角度	
47		松开手	放手		握取	握取左手的钢弦	
48		休息	休息		移物	把钢弦移向药瓶	
49		休息	休息		装配	将钢弦插入药瓶内	

表 4-11　基本动作统计（改善前）

	第 1 类动素	第 2 类动素	第 3 类动素	总计
左手	34	2	13	49
右手	38	2	9	49
眼		9		9

从表 4-11 的整理结果可以发现,第 3 类动素的延迟、手持动作和第 1 类动素的移动动作太多,其中第 1 类动素占绝大多数,且以移动动作为主。

3. 找出问题的真因

(1) 基本动作分析。

① 第 3 类动素的手持和延迟动作过多。

② "移动"虽说是第 1 类动素,但如果能取消当然是最好不过了,作业中移动动作也过多,有取消它们的必要。

根据以上情况,首先我们要对所有 98 个动作中的 72 个第 1 类动素进行研究,再对第 3 类动素的延迟等动作进行研究。

(2) 是否可以做到取消、合并、重排、简化。在目前情况下,焊接后的加工修整作业是必要的,检查作业也是客户的要求,没有可以取消的作业。

再一次研究后发现,弯曲性能检查工序中的移动动作过多,是由手工作业的滑轮拉动以及作业与作业之间的移动所引致的。为了取消这些移动动作,将几个作业进行合并。

4. 拟定改善方案

通过充分的讨论,采用了以减少移动为重点的改善方案。

(1) 对弯曲性能检查作业和焊接处外形检查作业的改善。

(2) 原作业中的弯曲性能检查作业中只有一个滑轮,使得左右交互拉动、移动的动作过多。为了改善这种不良状况,将滑轮增至 3 个,便可减少移动动作。改善效果如图 4-11 所示。

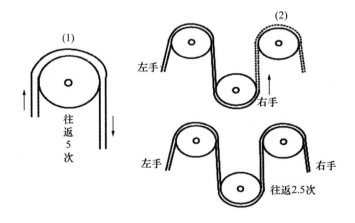

图 4-11 弯曲性能检查和外形检查的改善

(3) 合并工序以达到减少动作的目的。将上述 3 个弯曲性能检查的滑轮设计成有槽的形状(见图 4-12),使弯曲性能检查作业和外形检查作业得以合并。

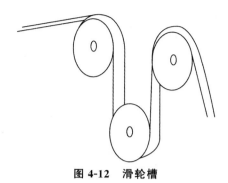

图 4-12 滑轮槽

（4）强度试验机的钢弦固定作业和添加药物的保养作业的改善。

作业现场有 49 个动作,而强度试验作业和添加药物的保养作业共有 22 个动作,动作数量过多,对伸手、握取、移动一连串作业做进一步研究。在这种情况下,和(1)一样,将这两个作业合并。强度试验作业完成之后进行添加药物的保养作业。

（5）进行强度试验的钢弦固定之后,强度试验实现自动化。

如图 4-13 所示,钢弦安装在试验机上之后,启动开关后气缸就会自动将钢弦拉向两侧,同时采取脚踏方式控制拉引钢弦的位置。

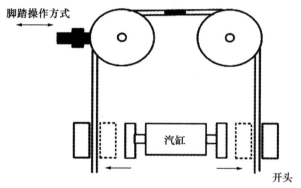

图 4-13 强度试验自动化

（6）在拉引钢弦进行强度试验时,用药瓶给焊接处添加药物(见图 4-14)。

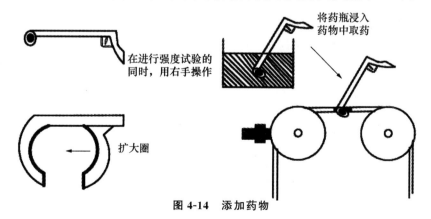

图 4-14 添加药物

5. 改善方案的实施

实施上述方案,用基本动作分析法进行分析,改善后的基本动作分析如表 4-12 所示。我们从中可以得知"移动"动作比改善前减少了很多,大小检查作业和弯曲试验作业中的移动动作也减少了。进一步归纳得知,除铁锤作业之外的各类动作都有所减少,动作得到大大改善,动作的减少率约为 40%(36/98)。

表 4-12　基本动作分析(改善后)

序号	要素作业	左手动作	左	眼	右	右手动作	备注
1	铁锤作业	向钢弦伸手	伸手		伸手	把手伸向支架	
2		握取钢弦	握取		握取	握取支架	
3		一直握取钢弦	手持		拆卸	取下钢弦	
4		一直握取钢弦	手持		伸手	把手伸向取下的钢弦	
5		一直握取钢弦	手持		握取	握取钢弦	
6		将钢弦拿到铁锤处	移物	寻找	移物	移向铁锤装置	
7		确定位置	定位	发现	定位	确定位置	
8		使用铁锤	应用	选择	应用	使用铁锤	
9	外形检查和弯曲检查	将钢弦移至检查处	移物		移物	将钢弦移至检查处	为了使三滑轮能顺利拉动,需要用眼的动作
10		确定位置	定位	寻找	定位	确定位置	
11		保持	手持	发现	移物	拉动钢弦	
12		拉动钢弦	移物	选择	手持	保持	
13		保持	手持		移物	拉动钢弦	
14		拉动钢弦	移物		手持	保持	
15		保持	手持		移物	拉动钢弦	
16		保持	手持		拆卸	取出钢弦	
17	弯曲检查	强度试验和保养	移物		移物	拿到强度试验机处	
18		确定位置	定位	寻找	定位	确定位置	
19		将钢弦放入夹具内	装配	发现	装配	将钢弦放入夹具内	
20		拿住钢弦	手持	选择	移物	把手从夹具松开	
21		拿住钢弦	手持		伸手	把手伸向起动开关	
22		拿住钢弦	手持		伸手	按起动开关	
23		松开	放手		放手	松开手	
24		将手伸向测定把手	伸手		伸手	把手伸向药瓶	
25		握取测定把手	握取		握取	握取药瓶	
26		使用测定把手	应用		移物	将药瓶移向钢弦底部	
27		将测定把手复位	预定位		应用	用药	
28		松开手	放手		移物	拿开药瓶	
29		将手伸向钢弦	伸手		放手	松开手	
30		握取钢弦	应用		伸手	把手伸向起动开关	
31		保持	手持		应用	关了起动开关	

按记号类别对改善后动作进行统计(见表 4-13)。

表 4-13　改善后动作统计

	第 1 类动素	第 2 类动素	第 3 类动素	总计
左手	19	1	11	31
右手	29		2	31
眼		9		9

4.4.2.3　结果

由于改善方案可能得到上述分析效果,因此公司决定试行改善方案,对比结果如表 4-14 所示,试行结果表明改善方案是可行的。

表 4-14　对比结果

	总计			铁锤作业			外形、弯曲检查			强度保养		
	前	后	不均衡	前	后	不均衡	前	后	不均衡	前	后	不均衡
第 1 类	72	48	24	13	13	—	26	10	16	33	25	8
第 2 类	4(9)	1(9)	3	(3)	(3)	—	2(3)	0(3)	2	2(3)	1(3)	1
第 3 类	22	18	9	3	3	—	10	6	4	9	4	5
合计	98(9)	62(9)	36	16(3)	16(3)	—	38(3)	16(3)	22	44(3)	30(3)	14

改善后基本动作分析的结果表明,手持动作还是很多,改善的余地还很大。手冢先生又把改善后的作业状态作为现状分析的对象,继续进行作业改善。

4.5　动作分析的应用新动向

运动捕捉技术从 20 世纪 90 年代开发至今获得了很大的发展,目前基于运动捕捉的虚拟人已经成为虚拟现实中的研究重点。动作捕捉是通过一定的硬件设备来标记特殊的人体关节点,实时记录人体真实的运动信息,存储记录后可用于今后的研究分析。运动捕捉技术是通过传感设备,以图像的形式记录一个三维物体的运作状态,并运用计算机技术对在不同单元空间和不同时间单元中采集的运动数据进行处理分析,得到该物体在不同时间段中的三维坐标。

运动捕捉技术已在游戏、文娱、体育、军事、运动分析、舞蹈采集等中得到广泛应用,而且越来越深入人们的生活和科研等应用领域。在制造业,即记录并研究、分析工人在生产作业过程中的动作,以改进作业环境、生产设备、工作流程等设计,从而提高作业效率;在娱乐业,即影视、动画、游戏等制作过程更加逼真,高效地实现虚拟人物对真实人类的动作、表情的模拟。

现在有两种方法可以从一般图像资料中提取人体的运动数据,即手工方法和计算机自动识别方法。手工方法是将每次一帧投射到屏幕或者数字板的图像序列进行手工测量运算,其精度取决于操作者的视觉、图像质量和每帧之间相隔帧数的变化量。计算机自动识别方法是将运动的图片或图像输入计算机,通过特定的算法自动地分析运动图像,提取所需的运动特征,现阶段主要用于二维运动分析。由计算机图形学为基础的人机交互方法与计算机自动识别方法和手工方法相比具有明显的优点。用户可以在计算机中将运动图像覆盖到人体模型中,进而判断和识别人体姿势,存储所需的运动数据。人机交互方法是将人的视觉感和计算机模拟进行相互合作、相互校准的过程。

现有的虚拟人动画都要求用户现场观察,视频分析后用手调整虚拟人的动作,这种方法操作烦琐,容易出错,而且耗费时间。运动捕获技术能实时跟踪物体的运动轨迹,并准确记录物体的真实运动数据,然后将其生成计算机动画,具有效率高、真实性强等优点。

习题

1. 实例一中采用了 PQCDSM 方法进行分析,请详细说明 PQCDSM 的概念和具体操作流程。

2. 实例二的结果表明,手持动作还是很多,改善的余地还很大。你认为应该如何将改善后的作业状态作为现状分析的对象,以继续进行作业改善。

第5章　秒表时间研究

5.1　秒表时间研究的定义

秒表时间研究是为了确定完成相关作业（作业要素）所需的时间，以秒表（摄像机）为主要计时工具进行测量、分析和检查的一种作业测定技术，也称直接时间研究或密集采样时间研究。该方法除检查现行标准时间或制定某种作业的标准时间外，主要用于评定、改善某项现行作业。

5.2　秒表时间研究的目的

（1）运用秒表测定出现行作业方法所需的时间，包括作业的必要时间、余裕时间以及其他浪费的作业时间等的测定，作为改善前的基础数据。

（2）改善作业时间。作业时间长短不一的原因很多，包括个人运用作业方法不同、原材料的差别、机械设备的维护、工具是否合适、作业环境是否良好、人员分配是否合理、产品质量是否稳定，等等。

（3）作为改善现行作业方法和设定标准作业的基础资料、设定标准时间的基础资料、决定人员分配的基础资料、决定人员应操作机械台数的基础资料，还可以用测量的时间值确定作业的改善效果，同时成为公正地评估作业者技能及熟练程度和教育指导并提供原价计算的基础资料。

5.3　秒表时间研究的步骤

开展秒表时间研究需要掌握一套科学的方法和程序，还要有良好的沟通能力，获取被观测者的信任和合作，以保证观测数据资料的准确性并进行正确判断，才能成功地完成时间研究。秒表时间研究的八大步骤如图 5-1 所示。

5.3.1　步骤一：获取资料

应收集的资料具体包括以下内容：

（1）与时间有关的基础信息资料。

（2）使用的机器设备，操作中使用的工具、模具、夹具、手工工具等设备材料或者其代号。

（3）具体工作方法及作业分解的动作单元。工作方法包括物料搬运方法、工作现场布置图、机器参数、进给速度等资料。

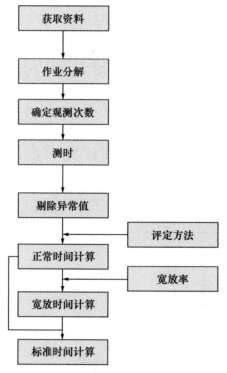

图 5-1　秒表时间研究流程

（4）工作材料规格，包括材质、物理及化学指标、加工尺寸、加工精度要求等。

（5）工作环境条件，包括工作场所的温度、湿度、照明、通风、作业空间、噪声等。

（6）测时人员姓名、测时时间和地点、秒表号等。

5.3.2　步骤二：作业分解

作业分解是指为了观测和分析而将某一作业细分成若干个操作单元。秒表测时是以操作单元的时间作为观测目标，并非操作总时间。所有操作单元的时间之和等于操作总时间。

划分单元正确与否直接影响秒表时间研究的质量，对于已经标准化的操作过程，划分单元时应注意下列原则：

（1）单元之间界限清楚；

（2）各单元时间长短适度；

（3）人工操作单元与机器操作单元分开；

（4）不变单元与可变单元分开；

（5）规则单元、间歇性单元和外来单元分开，否则在观测记录上将引起极大的困惑；

（6）物料搬运时间与其他单元时间分开。

5.3.3　步骤三：确定观测次数

为了得到科学的时间标准，秒表时间研究需要足够的样本数量。样本越大，得到的结果越准确,但样本量过大,会耗费大量的时间和精力,因此应该科学地确定观测次数。一般地说,作业比较稳定(如材料规格一致、产品质量稳定)、观测人员训练有素且经验丰富、被观测对象较多,则观测次数可少些;否则,观测次数就要多些。在选择观测次数时,精度与费用呈反向变化的趋势,要在二者之间做出最优的决策。下面介绍几种常用的方法。

1. 误差界限法

误差界限法是对某一操作单元先观测若干次,求出平均值和标准差,再按照可容许误差,计算应观测次数 N。此法假定所有时值的变异均由偶然因素造成的且有相当的观测值样本数,在应用过程中可认为观测值呈正态分布。

根据数理统计知识,对于实际观测次数为 n 的测时,每一单元平均时值的标准差与样本母体标准差为:

$$\sigma = \sqrt{\frac{\sum_{i=1}^{n}(X_i - \bar{X})^2}{n}} \tag{5-1}$$

其中,X_i 为第 i 次测得的时值;$\bar{X} = \dfrac{\sum_{i=1}^{n} X_i}{n}$ 为同一操作单元测得时值的平均值。进而可得:

$$\sigma = \frac{\frac{1}{n}\sqrt{n\sum_{i=1}^{n} X_i - (\sum_{i=1}^{n} \bar{X}_i)^2}}{\sqrt{N}} \tag{5-2}$$

此时,需要确定置信度 $1-a$ 及误差水平 a,最终求得达到置信度水平所应观测的次数 N:

$$\sigma = \frac{\partial \bar{X}}{2} \tag{5-3}$$

$$N = \left[\frac{2}{\partial \sum_{i=1}^{n} X_i} \sqrt{n\sum_{i=1}^{n} X_i - (\sum_{i=1}^{n} \bar{X}_i)^2} \right]^2 \tag{5-4}$$

一般情况下,利用式(5-4)计算观测次数采用置信度为 95% 和误差范围为 ±5%,即可获得理想的观测次数。

2. d_2 值法

当观测次数比较少时,标准差 σ 为:

$$\sigma = \frac{R}{d_2} \tag{5-5}$$

其中,R 是级差,即观测单元时间最大值与最小值之差;d_2 是以观测次数为基础的一个系数,可查表 5-1 取得。

表 5-1　d_2 系数值表

N	d_2	N	d_2	N	d_2	N	d_2
2	1.128	8	2.847	14	3.407	20	3.735
3	1.693	9	2.970	15	3.472	21	3.778
4	2.059	10	3.078	16	3.532	22	3.819
5	2.326	11	3.173	17	3.588	23	3.858
6	2.534	12	3.258	18	3.640	24	3.895
7	2.704	13	3.336	19	3.689	25	3.931

注:N 为观测次数。

若要求观测误差控制在 5% 以内,则取可靠度为 95%,将式(5-5)代入式(5-4)中,得到:

$$n' = \left(\frac{40R/d_2}{\bar{X}}\right)^2 = \left(\frac{40Rn}{d_2 \sum_{i=1}^{n} X_i}\right)^2 \tag{5-6}$$

其中,n' 为应观测次数,n 为试观测次数。

5.3.4　步骤四:测时

测时是指时间研究人员采用计时方法对操作人员的操作及所需时间进行实际观测与记录的过程。在测定时,时间研究人员应将观测位置选择在操作人员的侧后方,既能清楚地观测操作、便于记录时间,又不干扰操作者工作为原则。研究人员应与操作人员密切协作,态度上平易近人,不要造成反感或产生紧张情绪。观测时应采取立姿,以示对操作者的尊重,测时期间不要与操作者谈话,以免分心。绝对不能采取秘密测时方式,否则会产生研究人员与操作人员之间的对立,即使一时瞒过操作人员,也不能得到正确的观测资料。

5.3.4.1　秒表测时的方法

使用秒表测时时,通常采用的方法有连续测时法、归零测时法和周程测时法。

1. 连续测时法

在整个研究持续时间内,秒表一直不停,直到研究结束为止。观测者读出每个操作单元结束时的表读数,记录在表格内。研究结束后,将相邻两个操作单元时间相加,即得到操作单元实际持续时间。

当测时数据超过 100 时,过 100 的第一个数据以实际数记录;100—200 的其余数据只记后两位数即可,如 102、14、36 表示 102、114、136;超过 200、300 等数据的记录方法同此。有时需将单元发生的频率记入时间研究表内,如表示每 10 周程该单元发生一次,则记为 1/10。

用此法做现场记录比较方便,且可以在整个观测期内得到完整的记录,有助于以后的分析与确定标准时间;缺点是各单元的持续时间必须通过减法求得,处理数据工作量大。

2. 归零测时法

在观测过程中,每当一个操作单元结束,即按停秒表,读取表上读数,然后立即将秒表指针快速拨回到零点,在下一个操作单元开始时重新启动:下一个操作单元的结束点即下一个操作单元的开始点,所以秒表指针归零后要立即启动。

3. 周程测时法

周程测时法也称差测计时法,对于单元极小且周期极短的作业,读出并记录时间很难准确,于是将几个操作单元组合在一起测时。此法采用每次去掉一个单元的办法测时,假设某工序有 a、b、c、d、e 共 5 个操作单元,每次只记录 4 个单元观测值:

$$A = a+b+c+d = 25 \text{ 秒} \qquad \text{去掉 } e$$
$$B = b+c+d+e = 30 \text{ 秒} \qquad \text{去掉 } a$$
$$C = c+d+e+a = 26 \text{ 秒} \qquad \text{去掉 } b$$
$$D = d+e+a+b = 24 \text{ 秒} \qquad \text{去掉 } c$$
$$E = e+a+b+c = 25 \text{ 秒} \qquad \text{去掉 } d$$

设 $X = a+b+c+d+e$,则 $4X = 4(a+b+c+d+e) = 130$ 秒,得 $X = 32.5$ 秒。

进一步计算得:

$$a = X - B = 32.5 - 30 = 2.5 \text{ 秒}$$
$$b = X - C = 32.5 - 26 = 6.5 \text{ 秒}$$
$$c = X - D = 32.5 - 24 = 8.5 \text{ 秒}$$
$$D = X - E = 32.5 - 25 = 7.5 \text{ 秒}$$
$$E = X - A = 32.5 - 25 = 7.5 \text{ 秒}$$

5.3.4.2　测时过程中可能出现的问题及处理

现场测时过程中常会遇到一些特殊情况,研究人员可参照以下方法做恰当的处理:

(1) 若测时时来不及记录某一单元的时间,则应在该单元"R"行中记一个"×"或"M",表示失去记录,不得按照估计随意补录,以免影响其真实性(见表 5-2 中的第 1 周期)。

(2) 若操作中发现操作者省去某一单元,则应在该单元的"R"行中画一斜杠,表示省去(见表 5-2 中的第 2 周期)。

(3) 若操作者没有按照单元顺序进行,则在相互颠倒的两个单元的"R"行内分别画一横线,横线下记开始时间,横线上记结束时间(见表 5-2 中的第 3 周期)。

(4) 若在观测过程中出现例外单元(如刀具断裂、工具掉地等),则观测者应在相应栏内做记号并记录影响时间。若外来单元时间很短,则理论上可以忽略,但是为了能准确测时也要记录下来,以便分析。外来单元消耗的时间,对确定宽放时间很重要。

表 5-2　连续测时法

周期	①		②		③		④		⑤		符号	R	T
	R	T	R	T	R	T	R	T	R	T			
1	13	13	27	14	53	26	X		65		A	$\dfrac{286}{253}$	33	更换传动带
2	84	19	104	20	127	23	139	12	/		B	$\dfrac{425}{394}$	31	更换并调整螺钉

（续表）

周期	① R	① T	② R	② T	③ R	③ T	④ R	④ T	⑤ R	⑤ T	符号	R T
3	152	13	171	19	$\frac{205}{185}$	20	$\frac{185}{171}$	14	222	17	C	工具掉地上,拾起擦灰并调整
4	238	16	253	15	306	$^{A}20$	322	16	338	16	D	
5	353	15	369	16	387	18	431	$^{B}13$	449	18	E	
6	464	15	481	17	501	20	523	$^{C}22$	541	18	F	
7											G	

外来单元的发生可能有两种情形:一种是正巧在某一单元结束时发生,另一种是在某个单元内任何时间发生。现分别说明记录方法:

其一,正巧在某一单元结束时发生。此时,每当发现有外来单元时,应于下一单元的"T"列左上角标记英文字母,如第一次发生则记 A,第二次发生则记 B,以此类推;并于时间研究表右边"外来单元"栏符号列填写英文字母,同时在"R"列横线下方记开始时间,在横线上方记结束时间;最后,将外来单元的内容记入"说明"栏(见表 5-2 的第 4 周期)。

其二,在某单元进行过程中发生,则在该单元的"T"列左上角记下英文字母,其他情况与上述完全相同(见表 5-2 的第 5 周期)。

另外,若外来单元时间很短,此时无法按照上述方法记录时间(例如工具掉地上,拾起后随即开始工作),则不必分开,同单元时间一起记录在该单元时间内,同时在该单元"T"列行内记一个英文字母,并在说明栏内说明该单元的情况(见表 5-2 的第 6 周期),或在"T"栏的数字上加一个圆圈。

5.3.5　步骤五:剔除异常值

5.3.5.1　剔除异常值

现场记录之后,应对数据进行处理和计算,必须检查、分析并剔除观测数值内的异常值。

异常值是指某单元的时间因外来因素的影响而超出正常范围的数值。

剔除异常值的方法很多种,此处介绍最常用的三倍标准差法,其计算方法如下:

假设对某一操作单元观测 n 次所得时间为 $X_1, X_2, X_3, \cdots, X_n$,则平均值和标准差分别为 $\bar{X}$ 与 σ。正常值为 $\bar{X} \pm 3\sigma$ 之内的数值,超过正常值范围即异常值,应予以剔除。根据正态分布的原理,在正常情况下,若计算同一分布的抽样数值,99.7% 的数据应在均值正负 3 倍标准偏差区域内(见图 5-2)。

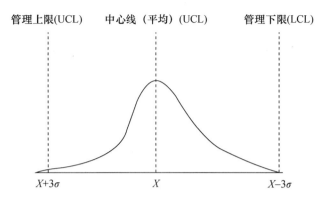

管理上限(UCL)　　中心线（平均）(UCL)　　管理下限(LCL)

$X+3\sigma$　　　　　　　X　　　　　　　$X-3\sigma$

图 5-2　管理界限图

5.3.5.2　计算各单元实际操作时间

剔除异常值后,利用剩余的合格数据分别求各单元观测时间的算术平均值,即为该单元的实际操作时间。

5.3.6　步骤六：正常时间计算

正常时间是指以正常速度完成一项作业或操作单元所需的时间。不能直接将测定时间认为是操作者以正常速度操作所需的时间,必须对操作者的作业进行评定并以此对观测时间平均值进行修正,得到操作所需的正常时间。

评定作为一种判断或评价技术,是指时间研究人员将操作者的操作速度与理想速度(正常速度)做比较,使实际操作时间调整至平均熟练工人正常速度的基准上。1916 年比德首先倡导动作速度评定的概念,用评定系数对观测时间平均值予以修正,表示方法为:

$$正常时间 = 观测时间 \times 评定系数$$

正确地进行作业评定,必须有相当精确的评定方法。一般地说,对周期短而重复的操作,整个研究时间在 30 分钟以内的作业,应对整个研究加以评定,对研究时间超过 30 分钟而大多数操作单元的持续时间较短的作业,应对每个周期(作业)进行评定;对研究时间特别长且大多数操作单元的持续时间较长的作业,则应对每个周期中每个操作单元进行评定;对于机动时间或机器控制的操作单元不进行评定,不需要调整工时。

下面对两种情况下正常时间的计算给予说明。

(1) 对整个研究进评定。某个单元的正常时间为:

$$正常时间 = K \frac{\sum_{i=1}^{n} X_i}{n} \tag{5-7}$$

其中,X_i 为某单元第 i 次观测值(非异常值);K 为对整个作业的评定系数;n 为观测次数。

(2) 对每个周期每个操作单元都进行评定。某个单元的正常时间为:

$$正常时间 = \frac{\sum_{i=1}^{n} X_i K_i}{n} \tag{5-8}$$

其中，X_i 为第 i 次观测值（非异常值）；K_i 为该单元第 i 次评定值；n 为观测次数。

关于对每个周期进行评定的时间研究，某单元的正常时间计算与每周期每单元都评定的计算公式相同。不同的是对于同一个周期而言，在以周期为对象进行评定时，此周期内各个单元的评定系数相等；在以每单元进行评定时，不同单元的评定系数可能不同。

由于作业评定有相当大的主观性，为谨慎起见，时间研究人员最好把自己评估的结果与被观测者进行公开的讨论，听取他们的意见。这样既能增大评定的准确性，又能沟通彼此的思想，增强彼此的信任感，使观测结果更易为对方接受。为了更好地进行作业评定，应尽量减少研究人员的主观影响。人们已经研究了不同的作业评定方法，常用的有速度评定法、平准化法、客观评定法和合成评定法。

5.3.6.1　速度评定法

速度评定法是比较简单的，完全根据观测者关于理想速度的概念评定人工的工作速度，即比较工人工作速度与观测者脑海中已有的标准水平概念。此法虽简单，但受时间研究人员的主观影响较大。观测人员必须对该项作业有完整的知识和了解，并接受过速度评定训练，否则得到的评定数据可能不准确。

常用的速度评比尺度有 60 分法、100 分法及 75 分法三种。通常采用前两种，最后一种则为欧洲国家尤其是英国用得较多。

1. 60 分法及 100 分法

这两种方法建立在同一水平之上，凡观察速度与理想速度完全相同的给予 60 分或 100 分；若观测速度大于理想速度，则给予 60 分以上或 100 分以下的分数；若观测速度小于理想速度，则给予 60 分以下的分数。至于 60 分以上或 100 分以下多少，则依据观测员的经验与判断，经验越丰富，判断越精确，评比误差越小。

2. 75 分法

这是由英国时间研究专家提出的一种方法。正常情况下，操作者以正常速度操作则评定为 75 分，即评定系数为 1；如果实际速度小于理想速度（如 65 分），则评定系数为 0.87。在有刺激的情况下，操作者的速度比在无刺激情况下要快 1/3，可依据有刺激情况下的速度为理想标准。即在有刺激的情况下，三种尺度的正常速度为 80、100、133；在无刺激的情况下，三种尺度的正常速度为 60、75、100。

采用速度评定法评定操作者效能的正常时间计算公式为：

$$正常时间 = 观测时间 \times 速度评定系数 \tag{5-9}$$

其中，

$$速度评定系数 = 实际速度得分 / 正常速度得分 \tag{5-10}$$

正常速度得分是指在所选择的评定尺度中以正常速度操作应给予的分数，如采用 100 分法为 100，采用 60 分法为 60；实际速度得分是指观测到的操作者实际速度得分。

一个有经验的时间研究人员多次观测同一个人同一动作要素的结果应满足：观测时间 X 速度评定系数 = 常数，具体如表 5-3 所示。这说明这位时间研究人员的速度评定技术相当熟练。但实际上，恰好等于常数的可能性很小，何况还有许多客观因素的影响，如动作要素内容发生变化等，因此只要能接近常数就可以了。

表 5-3　速度评定举例

60 分法	100 分法	75 分法 （在有刺激状态下，为 100）
观测时间为 16 秒 你的评定为 80 正常时间＝16×(80/60)＝21.3 秒	观测时间为 16 秒 你的评定为 133 正常时间＝16(133/100)＝21.3 秒	观测时间为 16 秒 你的评定为 100 正常时间＝16(100/100)＝16 秒
观测时间为 14.2 秒 你的评定为 90 正常时间＝14.2(90/60)＝21.3 秒	观测时间为 14.2 秒 你的评定为 150 正常时间＝14.2(150/100)＝21.3 秒	观测时间为 14.2 秒 你的评定为 112 正常时间＝14.2(112/100)＝16 秒
观测时间为 25.6 秒 你的评定为 50 正常时间＝25.6(50/60)＝21.3 秒	观测时间为 25.6 秒 你的评定为 83 正常时间＝25.6(83/100)＝21.3 秒	观测时间为 25.6 秒 你的评定为 63 正常时间＝25.6(63/100)＝16 秒

速度评定的目的是根据被观测操作人员实际完成作业的时间确定标准工时。因此，在实际应用中，还必须注意下列问题，以求得正确可用的时间。

(1) 有效操作速度。速度评定所指的速度不是指动作速度，而是指有效速度。动作快的，不一定是有效的工作。有时看起来动作慢，但也许是经济有效的。只有效速度才是有意义的。

(2) 用力大小。影响操作者动作的快慢，用力的大小往往是原因之一，例如负重的行走与无负担的行走是不可能同样速度的。对用力的大小应给予合适的评定。

(3) 困难操作的评定。简单的操作动作时间快，冲突、复杂、困难的操作动作时间慢。所以在评定时，应对这样的操作做出判断，给予适合的评定值。

(4) 需要思考操作的评定。这种操作评定比较困难，必须对此类操作有实际经验才能准确评定，如各种检验工作就是这种类型的操作。

实际上，影响操作人员工作速度的因素很多，既有工人自身因素也有外部的因素，因此必须对参加速度评定的研究人员进行综合培训，主要是作业评定影响和实况操作的培训。

5.3.6.2　平准化法

平准化法是应用最广泛的。它来自美国西屋电气公司首创的西岸法（Westinghouse system）。后来，罗莱（S. M. Lowry）、曼纳特（C. J. Maynard）和斯太基门德（Stegemerten）等对西岸法进行改进，发展为平准化评定系统。此方法将熟练、努力、工作环境和一致性四个因素作为衡量工作的主要评定因素，每个评定因素又分为超佳（或理想）、优、良、平均、尚可、欠佳 6 个高低程度的等级。四个评定因素分别称为熟练系数、努力系数、工作环境系数与一致性系数。表 5-4 为评定因素及等级，根据评定因素及其等级对作业或操作单元进行评定。

表 5-4 评定因素的主要评价标准

熟练的评定	努力的评定
(1) 欠佳	(1) 欠佳
对工作未能熟悉,不能得心应手	时间浪费较多
动作显得笨手笨脚	对工作缺乏兴趣
不具有工作的适应性	工作显得迟缓懒散
工作犹豫,没有信心	有多余动作
常常失败	工作场所布置混乱
(2) 尚可	使用不适当的工具
对机器设备的用法相当熟悉	工作需要摸索
可以事先安排大致的工作计划	(2) 尚可
对工作还不具有充分的信心	勉强接受协议
不适宜长时间的工作	工作时注意力不太集中
偶尔发生失败,浪费时间	受到生活不正常的影响
通常不会有犹豫	工作方法不太恰当
(3) 平均	工作有较多摸索
对工作具有信心	(3) 平均
工作速度稍缓慢	显得有些保守
对工作熟悉	虽然接受建议但不实施
能够得心应手	工作上有安排
工作成果良好	自己拟订工作计划
(4) 良	按较好的工作方法工作
能够承担高精度的工作	(4) 良
可以指导训练他人提高操作熟练程度	工作有节奏性
非常熟练	甚少浪费时间
几乎不需要接受指导	对工作有兴趣且负责
完全不犹豫	很乐于接受建议
相对稳定的速度工作	工作场所布置井然有序
动作相当迅速	使用适当的工具
(5) 优	(5) 优
对所承担的工作有高度的适应性	动作很快
能够正确地工作而不需要检查、核对	工作方法很有条理
工作顺序相当正确	各个动作都很熟悉
十分有效地使用机器设备	对改进工作很热心
动作很快且正确	(6) 超佳
动作有节奏性	很卖力地工作,甚至忽视健康
(6) 超佳	这种工作速度不能持续一整天
有高超的技术	
动作极为迅速,衔接自然	
动作犹如机器	
作业熟练程度最高	

（1）熟练度。熟练是指操作者完成某项工作的方法及效率,分为 6 个等级。

（2）努力度。努力是指操作者工作时对提高效率的主观表现,分为 6 个等级。

（3）工作环境。工作环境是指操作者周围的温度、湿度、通风、照明、噪声等。高温、高噪声环境对人的生理和心理有不良影响,工作环境的评定标准因企业而异。

（4）一致性。一致性是指操作者在不同周期中完成同一作业或动作要素所需时间是否一致。由于各种客观与主观因素的影响,常常难以一致。一致性系数评定如表 5-5 所示。

运用平准化法进行作业评定,评定系数的计算公式为:

$$评定系数 = 1 + 熟练系数 + 努力系数 + 工作环境系数 + 一致性系数 \quad (5\text{-}11)$$

式(5-11)表示工人的作业速度与其熟练程度、努力程度、工作环境和操作的一致性(稳定性)有关。正常情况下,四个影响因素处于平均状态,系数均为 0,评定系数为 1;其余情况下,评定系数依据式(5-11)计算。

表 5-5　一致性系数评定

等级	符号	操作单元最大时间与最小时间比值	一致性系数
超佳	A	≤1.2	0.04
优	B	1.2—1.5	0.03
良	C	1.5—1.8	0.01
平均	D	1.8—2.0	0.00
尚可	E	2.0—3.0	−0.02
欠佳	F	≥3.0	−0.04

如今,国外一些实施平准化法的企业将四项因素减少为熟练和努力两项因素。因为一致性可以并入熟练因素中,一般认为熟练程度高的工人在每次操作过程中运行路线相同,作业比较稳定,即熟练程度高、一致性好。另外,一些国外的企业把工作环境视为平均。他们认为,企业的环境条件如果达不到平均水平,对工人的影响就会比较大,因此在制定标准时间之前,必须改善工作环境以达到平均水平。

5.3.6.3　客观评定法

在速度评定中,只是靠“正常速度”的概念来衡量而平准化法将影响工作的因素分为四种,每一因素又用六个等级来衡量,这些方法都依赖时间研究人员的主观判断进行衡量。门达尔(Mundel)为了将观测人员的主观因素减到最低限度,创建了客观评定法。客观评法定将评定分为两个步骤:

第一步:将某一操作观测到的速度同正常速度相比较,确定两者适当的比率,作为第一个调整系数。

第二步:利用“工作难度调整系数”(见表 5-6)为第二个调整系数再加以调整。表 5-7 为重量难度调整系数。

表 5-6　工作难度调整系数

种类编号	说明	参考符号	条件	调整系数(%)
1	身体使用部位	A	轻易使用手指	0
		B	腕及手指	1
		C	前臂、腕及手指	2
		D	手臂、前臂、腕及手指	5
		E_1	躯体、手臂	8
		E_2	从地板上抬起腿	10
2	足踏情形	F	未用足踏或单脚而以脚跟为支点	0
		G	足踏而以前趾、脚掌外侧为支点	5
3	两手工作	H_1	两手相互协助、相互替代而工作	0
		H_2	两手以对称方向同时做相同的工作	18
4	眼与手的配合	I	粗略的工作,主要靠感觉	0
		J	需中等视觉	2
		K	位置大致不变,但不甚接近	4
		L	需加以注意,稍接近	7
		M	在 ±0.04 cm 之内	10
5	搬运的条件	N	可粗略搬运	0
		O	需加以粗略的控制	1
		P	需加以控制,但易碎	2
		Q	需小心搬运	3
		R	极易碎	5
6	重量	W	以实际重量计算	

正常时间的计算公式为:

正常时间 = 实测单元平均值 × 速度评定系数 × 工作难度调整系数

$$工作难度调整系数 = 1 + 六项调整系数之和 \tag{5-12}$$

5.3.6.4　合成评定法

速度评定法、平准化法和客观评定法都不同程度地带有观测人员的主观判断。随着评定时间标准(PTS)的发展,莫罗(R. L. Morrow)于 1964 年创立合成评定(综合评定)法,要点是在作业观测时,将观测到的若干操作单元的数据与预定动作时间标准中相同单元的数据加以对比,求出两者的比例关系,并以此若干单元数据比率的平均值作为该观测周期中整个作业所有单元的评定系数(机动时间除外)。其公式为:

$$评定系数 \ K = 预定时间标准 / 相同单元实测平均时间 \tag{5-13}$$

表 5-7　重量难度调整系数

负重时间占全周期时间5%以下的基本值(%)	负重时间占全周期时间5%以上时,大于5%的步伐所需增加的百分比(%)													
	1	2	3	4	5	6	7	8	9	10	20	30	40	50
1　　　2														
2　　　4														
3　　　7														
4　　　9														
5　　12	· 负重在 8.51 kg 以下时,基本值与周期时间无关													
6　　14	· 此栏的数值加上基本值后,再四舍五入													
7　　16	· 表上若无相当的增加值(%),可用内插法求解													
8　　19														
8.5　20														
9　　21	0.0	0.1	0.1	0.2	0.2	0.3	0.3	0.4	0.4	0.5	1.0	1.3	1.7	2
10　23	0.1	0.1	0.2	0.3	0.3	0.4	0.5	0.5	0.6	0.7	1.3	2.0	2.8	3
11　25	0.1	0.2	0.3	0.4	0.6	0.7	0.8	0.9	1.0	1.1	2.2	3.3	4.4	5
12　27	0.2	0.3	0.5	0.6	0.8	0.9	1.1	1.2	1.4	1.6	3.1	4.7	6.2	7
13　29	0.2	0.4	0.7	0.9	1.1	1.3	1.6	1.8	2.0	2.2	4.4	6.7	8.9	9
14　31	0.3	0.6	0.9	1.2	1.5	1.8	2.0	2.3	2.6	2.9	5.8	8.7	11.6	13
15　33	0.4	0.7	1.1	1.4	1.8	2.1	2.5	2.8	3.2	3.6	7.1	10.6	14.2	16
16　34	0.4	0.9	1.3	1.8	2.2	2.7	3.1	3.6	4.0	4.4	8.9	13.3	17.8	20
17　36	0.5	1.1	1.7	2.2	2.7	3.3	3.9	4.4	5.0	5.5	11.0	16.7	22.4	25
18　37	0.7	1.4	2.1	2.8	3.4	4.1	4.8	5.5	6.2	6.9	13.8	20.7	27.5	31
19　38	0.8	1.6	2.4	3.2	4.0	4.8	5.6	6.4	7.2	8.0	16.0	24.0	32.0	36
20　40	0.9	1.8	2.7	3.6	4.4	5.3	6.2	7.1	8.0	8.9	17.8	26.6	35.6	40
21　41	1.0	2.0	3.0	4.0	5.0	6.0	7.0	8.0	9.0	10.0	20.0	30.0	40.0	45
22　43	1.2	2.3	3.5	4.6	5.8	6.9	8.1	9.2	10.4	11.6	23.1	34.7	46.2	52
24　44	1.3	2.5	3.8	5.1	6.3	7.6	8.9	10.1	11.4	12.7	25.4	38.0	50.7	57
25　45	1.4	2.8	4.1	5.5	6.9	8.3	9.6	11.0	12.4	13.8	27.6	41.3	55.1	62
26　46	1.5	3.0	4.5	6.0	7.4	8.9	10.4	11.9	13.4	14.9	29.8	44.6	59.5	67
27　47	1.6	3.2	4.9	6.5	8.1	9.7	11.4	13.0	14.6	16.2	32.4	48.6	64.9	73
28　49	1.8	3.6	5.4	7.2	9.0	10.8	12.6	14.4	16.2	18.0	36.0	54.0	72.0	81
29　50	1.9	3.9	5.8	7.7	9.7	11.6	13.5	15.5	17.4	19.3	38.7	58.0	77.3	87
30　51	2.1	4.1	6.2	8.3	10.3	12.4	14.5	16.5	18.6	20.6	41.3	62.0	82.7	93
31　54	2.3	4.6	6.9	9.2	11.4	13.7	16.0	18.3	20.6	22.9	45.7	68.6	91.6	103
32　56	2.5	4.9	7.4	9.9	12.3	14.8	17.3	19.7	22.2	24.6	49.3	74.9	98.7	111
33　57	2.6	5.2	7.8	10.4	13.0	15.6	18.2	20.8	23.4	26.0	52.0	78.0	104.0	117
34　58	2.7	5.4	8.1	10.8	13.6	16.3	19.0	21.7	24.4	27.1	54.2	81.3	108.4	122
35　59	2.9	5.7	8.6	11.5	14.3	17.2	20.1	22.9	25.3	28.7	57.3	86.0	114.7	130
36　61	3.0	6.1	9.1	12.2	15.2	18.3	21.3	24.4	27.4	30.4	60.8	91.3	121.8	137

5.3.7　步骤七:宽放时间计算

在制定标准时间时,合理地确定宽放时间是非常重要的,但又无法制定一种适合所有情况而被普遍接受的宽放时间,因为宽放时间与操作者的个人特征、工作性质和环境因素有关,必须根据具体情况具体分析。例如,家电生产厂的总宽放率可能只有 10%,而钢铁厂的总宽放率可能达到 35%。因此,尽管许多组织与研究者对宽放进行了大量研究,但国际劳工组织至今没有通过与确定宽放时间有关的标准。目前有关宽放种类的划分方法不同,但通常划分为私事宽放时间、疲劳宽放时间、延迟宽放时间和政策宽放时间四种。

1. 私事宽放时间

私事宽放时间即满足操作者生理需要所需的时间,如喝水、上厕所、擦汗、更衣等。在正常情况下,每个工作日中私事宽放时间约为正常时间的5%就足够了,除此之外,可参照下列标准:对于轻松工作,一般为正常时间的2%—5%;对于较重工作(或不良环境),则大于5%;对于重体力工作(或天气炎热),可定为7%。如果企业规定工作日中有休息时间,则应视为福利而不计入宽放时间。

2. 疲劳宽放时间

疲劳是操作者在一段时间的连续工作后,产生疲劳感或劳动机能衰退,称为工作疲劳。疲劳是属于人的生理、生命现象的一部分。人从休息状态进入工作状态,则承受了"负荷",为了适应这种"负荷"并维护身体内部的正常运行,身体的呼吸、循环、内分泌器官以及其他内脏器官都会发生变化,负荷的持续使人受到的影响称为"负担"。随着工作时间的加长,人体的"负担"积累起来就成为疲劳。疲劳还有生理疲劳和心理疲劳之分,但无论哪种疲劳都会影响工作效率,所以必须给予宽放时间以消除疲劳。

到目前为止,尚无合适的方法计算疲劳的宽放值,一般还是以估计方法确定。一般情况下常以正常时间的百分比表示,如表5-8所示。

表5-8　以正常时间的百分比表示的疲劳宽放率　　　　　　　　　　(单位:%)

说明	男	女	说明	男	女
1. 基本疲劳宽放时间	4	5	(5) 空气状况(包括气候)		
较重的基本疲劳宽放时间	9	11	通风良好,空气新鲜	0	0
2. 基本疲劳宽放时间			通风不良,但无有毒气体	5	5
(1) 站立工作的宽放时间	2	4	在火炉边工作或其他	5	15
(2) 不正常姿势的宽放时间			(6) 噪声情况		
轻微不方便	0	1	连续的	0	0
不方便(弯曲)	2	3	间歇大声的	2	2
很不方便(躺势展身)	7	7	间歇很大声的	5	5
(3) 用力或使用肌肉(伸、推或拉)			高音大声	5	5
举重或用力(kg)			(7) 注意力集中程度		
2.5	0	1	一般精密工作	0	0
5.0	1	2	精密或精确工作	2	2
7.5	2	3	很精密、很精确的工作	5	5
10.0	3	4	(8) 精神紧张		
12.5	4	6	较复杂的操作	1	1
15.0	6	9	复杂的操作	4	4
17.5	8	12	很复杂的操作	8	8
20.0	10	15	(9) 简单——精神方面		
22.5	12	18	低度	0	0
25.0	14	—	中度	1	1
30.0	19		高度	4	4
40.0	33		(10) 单调——生理方面		
50.0	58		较长而讨厌	0	0
(4) 光线情况			长而讨厌	2	1
稍低于规定数值	0	0	很长而讨厌	5	2
低于规定数值	2	2			
非常不充分	5	5			

　　3. 延迟宽放时间

　　(1) 程序宽放时间。程序宽放时间指操作中无法避免的延迟所需的宽放时间。这种宽放为补偿操作者因从事的操作内发生强迫等待的时间。例如原本操作两台机器,但一台机器发生故障,仅能操作一台时。

　　(2) 特别宽放时间。按其发生的情形分成:① 周期动作宽放时间。发生在一固定间隔或一定周期之后的动作时间,如刃磨工具、清洁机器或工厂、周程检查。② 干扰宽放时间。一人操作多台机器,当在一台机器操作时,另一台机器已停止,等待操作者来操作。③ 临时宽放时间。在可能发生而不能确定会发生的事件发生时给予临时宽放时间,通常规定临时宽放时间不得超过正常时间的 5%。

　　4. 政策宽放时间

　　政策宽放时间并非时间研究的一部分,但实际应用上有效。它是作为管理政策上给予的宽放时间,不但能配合事实上的需要,而且能保持时间研究的原则不受破坏。例如某类操作者在市场上的工资水平上升,按工厂标准工资已无法雇用到此类操作者,则可以将工资差额按"政策宽放"给予补偿。诸如材料的品质不良或机器的机能欠佳等情况也常常给予此类宽放。当这些影响因素消失时,政策宽放也就随之取消。

$$宽放率 = (宽放时间 / 正常时间) \times 100\%$$

5.3.8　步骤八:标准时间计算

标准时间包括正常时间和宽放时间两部分,当宽放率以正常时间百分比表示时,有:

$$标准时间 = 正常时间 + 宽放时间 = 正常时间 \times (1 + 宽放率) \tag{5-14}$$

5.4　秒表时间研究的实例

5.4.1　实例一:铣床铣通槽的生产作业时间研究(新增例子)

5.4.1.1　背景

A 公司某项作业是在铣床上铣通槽,要求用秒表时间研究方法确定该作业的标准时间。

5.4.1.2　实施

1. 作业分解

将整个作业分为 7 个单元,各个单元的操作内容如下:(1) 拿起零件放到夹具上;(2) 夹紧零件;(3) 开动机床,铣刀空进;(4) 立铣通槽;(5) 按停机床,床台退回;(6) 松开夹具,取出零件;(7) 刷出铁屑。

2. 测时

运用连续测时法进行测时。连续观测 10 个周期,将结果记录到铣槽作业时间研究表中(见表 5-9)。

表5-9 铣槽作业时间研究

研究日期	开始时间 10:10 完成时间 10:37													
单元号码	1		2		3		4		5		6		7		操作者
作业名称	拿起零件放到夹具上		夹紧零件		开动机床,铣刀空进		立铣通槽		按停机床,床台退回		松开夹具,取出零件		刷出铁屑		观测者
周期序数	R	T	R	T	R	T	R	T	R	T	R	T	R	T	
1	15	15	30	15	35	5	100	65	108	8	27	19	44	17	A 592 286
2	58	14	74	16	78	4	246	68	53	7	70	17	86	16	喝茶 306
3	610	A 18	27	17	33	6	99	66	705	6	25	20	43	18	B 937 756
4	56	13	953	B 16	60	7	1 030	70	40	10	61	21	76	15	组长询问 181
5	88	12	1 100	12	1 104	4	74	70	81	7	1 200	19	1 217	17	C 1 450 1 246
6	32	15	49	17	1 454	C 4	1 520	66	1 546 1 540	6	1 540 1 520	20	1 560	14	擦眼睛 201
7	1 573	13	92	19	97	5	1 670	73	75	5	96	21	1 710	14	D 2 357 1 748
8	25	15	42	17	48	6	2 426	D 69	32	6	50	18	67	17	换刀具 609
9	81	14	98	17	2 502	4	73	71	79	6	2 600	21	2 614	14	
10	31	17	43	12	M	—	2 700	—	2 705	5	2 726	21	2 740	14	
∑ T/DM	146		158		45		618		66		197		156		
观测次数	10		10		9		9		10		10		10		
平均工作时间(分)	0.146		0.158		0.05		0.687		0.066		0.197		0.156		
评定系数(%)	1.2		1.2		1.1		1.0		1.2		1.1		1.1		
宽放率(%)	15		15		15		15		15		15		15		
标准时间(分)	0.210		0.218		0.063		0.790		0.091		0.25		0.198		

3. 正常时间计算

(1) 数据处理。首先计算每个周期的实际工作时间,并将各单元10次观测结果记录到统计栏(为了方便,采用DM单位),然后求各单元的平均工作时间(单位换算成分钟)。

(2) 作业评定。用速度评定法对各单元进行评定,评定系数为:第1、2、5单元的评定系数为1.2,第3、6、7单元的评定系数为1.1,第4单元的评定系数为1。

（3）正常时间的计算公式为：

$$正常时间 = 观测时间平均值 \times 评定系数$$

4. 标准时间计算

取宽放率 15%，计算标准时间为：

$$标准时间 = 正常时间 \times (1 + 宽放率)$$

5.4.1.3　结果

通过对铣槽作业的时间研究，A 公司确定了合理的标准时间，此次时间研究得到了全公司上下的一致好评。

5.4.2　实例二：DVI24pin&VGA15pin 的生产过程时间研究

5.4.2.1　背景

DVI24pin&VGA15pin（24 针的 DVI 接口与 15 针的 VGA 接口）的生产过程共有 20 道工序，其中端子折弯只是部位不同，操作基本相同，因此 3 次折弯作为一道工序来研究。

5.4.2.2　实施

1. 测时

准备好秒表等工具后进行现场时间测定。

2. 剔除异常值

对测定的时间数据进行检验，剔除异常值。

3. 正常时间计算

（1）剔除异常值后对观测记录数据求算术平均值，即为观测时间，如表 5-10 所示。

（2）确定速度系数和难度系数，确定各工序的评定系数，如表 5-11 所示。

表 5-10　观测时间　　　　　　　单位：秒

工序	1	2	3	4	5	6	7	8	9	10
OT	1.35	21.36	18.19	19.10	20.01	8.99	9.03	9.12	9.12	3.61
工序	11	12	13	14	15	16	17	18	19	20
OT	7.26	8.87	12.48	8.42	8.81	10.64	9.24	6.28	7.92	31.89

表 5-11　评定系数

工序	1	2	3	4	5	6	7	8	9	10	11
难度系数 X	1.16	1.20	1.09	1.09	1.09	1.16	1.09	1.12	1.16	1.16	1.12
速度系数 Y	0.85	0.85	0.85	0.85	0.85	0.85	0.85	0.85	0.85	0.85	0.85
$V=XY$	0.99	1.02	0.93	0.93	0.93	0.99	0.93	0.95	0.93	0.93	0.95
工序	12	13	14	15	16	17	18	19	20	21	22
难度系数 X	1.16	1.16	1.19	1.09	1.09	1.22	1.12	1.22	1.16	1.24	1.11
速度系数 Y	0.85	0.85	0.85	0.85	0.85	0.85	0.85	0.85	0.85	0.85	0.85
$V=XY$	0.99	0.99	1.01	0.98	1.01	0.93	1.04	1.04	1.01	1.01	0.94

4. 宽放时间计算

根据确定的宽放系数,企业允许的宽放率为 0.13。

5. 标准时间计算

按照公式:正常时间＝评定系数×观测时间,标准时间＝正常时间×(1＋宽放率),计算出各工序的标准时间。例如:

(1) 工序 1:

正常时间＝1.35×0.99＝1.34(秒);

标准时间＝1.34×(1＋0.13)＝1.50(秒)。

(2) 工序 2:

正常时间＝21.36×1.02＝21.79(秒);

标准时间＝21.79×(1＋0.13)＝24.62(秒)。

(3) 工序 3:

正常时间＝18.19×0.93＝16.91(秒);

标准时间＝16.91×(1＋0.13)＝19.05(秒)。

同理可算出其他工序的标准时间,得出产品的标准时间,如表 5-12 所示。

表 5-12　标准时间一览　　　　　　　　　　　　　　　单位:秒

工序	1	2	3	4	5	6	7	8	9	10
OT	1.50	24.62	19.05	20.00	20.95	10.01	9.45	9.81	9.54	3.78
工序	11	12	13	14	15	16	17	18	19	20
OT	7.81	9.88	13.91	9.62	9.77	12.11	9.68	7.30	9.02	34.00

5.4.2.3　结果

1. 改善的着眼点

根据秒表时间研究法结果对工序内容和作业方法进行改进,动作需改善的地方有:

(1) 取消检验铁支架作业。在产品生产的初期阶段,由于电镀技术和包装运输方式不成熟造成产品的不良率较高,因此决定对该部件实行全检。后与研发部门和电镀供应商一起经过一段时间的研究与改善,电镀不良和运输过程中的划伤已经基本得到控制,经抽样检查上线不良率可控制在 0.2% 以内,质量状况持续稳定,决定取消检验铁支架作业。

(2) DVI 端子裁切。在产品试产和量产初期采用的是较为落后的气动裁床,作业效率较低,对应单个成品作业时间为 34.08 秒,而且仅有一台此类机器,严重限制了产能,成为生产线的"瓶颈",依此速度计算,最大产量仅能达到 1 160 pcs/小时(pcs 是量的单位,一般指复数)。此外,物料进给要靠手动完成,存在较大的安全隐患,必须着力进行改善。拧、打螺钉作业包括:拧螺钉和用电动螺丝刀旋紧螺钉。工序时间达 53.79 秒,配有两个电动螺丝刀,循环时间为 26.84 秒,成为继端子裁切后的又一瓶颈。在分析该作业后,决定首先将拧螺钉和打螺钉两个作业单元分解为两道工序,这样就简化了作业,降低了作业难度和中间的转换时间。将该作业的 SOP(标准作业程序)进行补充,规定了该作业螺钉只需旋进一圈(旋转两次,每次 180°),该工序的作业时间减至 12.56 秒,由此组装螺钉的工序时间由原来的 53.79 秒减至现在的 23.39 秒,效率提升 130%。在此改善的过程中应用了 5 W1H、ECRS 和动作分析技术。

(3) 组装铁支架、4.5 铆钉和铁壳作业。此作业内容较为复杂,中间转换时间较多,并且由于铁壳和 DVJ 塑胶主体配合较松,容易在进行下一操作拿起时掉落。为了提高作业效率,采取了 ECRS 的简化作业操作和重排改进,即将作业分解为组装 DVI 24pin 铁支架和组装 4.5 铆钉两道工序,组装铁壳动作单元排入下一工序(铆合 DVI 铁壳和铆钉作业)。经过这一改善,完成组装铁支架、4.5 铆钉和铁壳及铆合作业的工序时间由原来的 44.35 秒减至 27.72 秒,作业效率提升 60%。

在完成上述动作改善后发现,O/S 测试作业作为生产过程中的关键工序,其作业效率的高低和作业时间的长短直接影响整条生产线的效率,因此应分析其操作过程,力图在现有生产技术条件下能有所突破。

2. 确定改善方案

经过分析确定以下改善方案:

(1) 左手利用测试等待时间拿取待测产品。

(2) 由于测试机底座较紧,放入和取出产品时需双手操作,对底座进行改进,使得单手即可轻易取放产品。

(3) 强调左右手同时操作,在右手放置已测试的产品时,左手将待侧产品放入底座,做好测试准备。改善后工序时间降为 126TMU(1 小时 = 1×10^5 TMU),较之前缩短 69.8TMU,最大产能提升 55.6%。

(4) 过 PCB 板取消检验的动作。此处的检验动作与紧接着的终检作业有重复操作,取消该作业中的全检动作,仅检查鱼叉。

3. 改善后取得的效果

(1) 改善后的工序时间和标准时间。经过一系列改善及对工时的重新侧定,得出了新的时间标准,再利用新的标准时间对生产线进行平衡,得出该生产线的标准产能、最佳人力配置。经过一系列改善,该生产线的产品节拍时间为 10.01 秒,标准人力为 31 人,时均产量为 11.60 pcs,产品的工序时间为 258.36 秒,标准时间为 310.31 秒,平衡损失率为 16.74%,生产趋于平衡。

(2) 改善前后的总效率对比。经过对比可以发现,产品的工序时间和标准时间都得到大幅缩减,缩减都在 40% 左右。

5.5　秒表时间研究的应用新动向

《中国护理事业发展规划纲要(2011—2015 年)》明确指出,要增加医院护士配备,使医院护士数量与临床工作量相适应,并且规定了三级综合医院和部分三级专科医院的最低床护比。因此,我们有必要运用科学的研究方法提高病房护理质量,进而保证患者安全,为医院节省人力成本。近年来,秒表时间研究不仅应用于护理工作量测定,还广泛应用于获取清晰的护理工作流、分析护士的工时利用情况,为医院管理者制订最优的工作模式、提高医院生产力、确定护士人力分配和护士成本预算提供了大量数据支持。然而国内秒表时间研究还处于最初阶段,研究范围也仅限于单项护理活动的定额时间测定,先进工具的缺失和狭隘的研究范围极大地限制了密集时间研究的传播。因此,加强秒表时间研究在护理学中的应用,以期能更准确、更真实地反映护理工作流现状和测量护理工作量,为护理管理和人力资源分配提供参考信息。

秒表时间研究在护理管理上的应用可分为两大类:一类是工作流测定,另一类是工作量测量。工作流测定主要应用于描述护理活动的时间分配和阐明临床护理活动的特点。工作量测量主要应用在两个方面:一方面是工作量测量系统的制作、更新和验证;另一方面是比较新旧技术以及不同治疗方案之间工作量的差异,为新技术应用和不同治疗方案的确定提供决策支持。

1. 工作流测定的用途

秒表时间研究成果之一是建议护理管理者将护士的时间还给患者,增加直接护理活动的时间比值以改善护理服务质量。直接护理活动时间比值的确定需要对护士的工作流进行测定。秒表时间研究在解释护理活动的特点方面是难以替代的,且需要借助软件实现。研究者已经发现护理活动具有两个特点:一是非连贯性、转换快、机动性强;二是容易受到外界干扰,而且多项护理活动可同时发生。护理活动的这两个特点使得给药差错的概率上升,这一发现为促进给药安全提供了新思路。

2. 工作量测量

(1) 制作、更新及验证患者分类系统。较长时间以来,护理人力分配主要依赖患者的病情严重度。研究显示:患者的病情程度并不能反映护理工作量。因此,患者分类系统已被尝试用于评估其护理需求和护理工作量,护士的工作范畴和护理活动的时间定额是形成患者分类系统的根基。因此,秒表时间研究作为最基本的观测性研究方法,对于新系统的开发—验证和旧系统的更新是不可或缺的。患者分类系统是西方国家护理工作量的主要测评工具,其效度直接影响患者的护理效果。因此,只有使用时间研究法定期评定护理活动的时间定额,才能与临床护理发展同步,指导护理人力配置。

(2) 新技术应用和不同治疗方案的确定。观测者采用秒表时间研究可以确定被观测对象各项活动的时间定额,可以确定该技术或治疗方案是否减轻护理工作量或有助于为患者提供高质量护理。

在比较新旧技术下护理人员花费时间的差异方面,应用之一是验证电子信息系统的效果,比较医务人员在应用电子信息系统前后时间消耗的异同。例如,研究比较了电子药物系统应用前后护士花费在直接患者护理、给药相关活动、医务人员交流活动各项时间的差异,结果显示系统引进前后护士花费在以患者为中心的护理活动和给药活动的时间并无统计学意义。因此,该系统的引进并没有减少护士花费在患者身上的时间,相反能够减少干预病房的给药差错。

在确定最优的治疗方案方面,秒表时间研究还应用于确定最优的治疗方案。秒表时间研究观测不同技术、不同治疗方案状况下护士工作量的差异,选取最有助于护士和患者的方案,为临床管理人员做出最佳决策提供数据支持。

随着秒表时间研究在护理工作流测定和护理工作量测量中的普遍应用,护理研究人员需要使用更有效、更可靠的测量工具。国内护理工作流研究尚未开展,主要原因是缺乏工作流研究工具。西方国家已经将工作流研究工具扩展至多种应用载体,我国护理人员可以审慎地借鉴。国内护理学者一方面可以借鉴国外学者已取得的成就,另一方面可以联合其他学科研制出适合国情的工作流研究工具,以促进国内护理工作流的开展。

习题

1. 秒表时间研究的步骤有哪些? 结合已有的知识和实例一的分析结果,你能否设计一个板式家具的生产作业时间研究的改善方案? 若能,请给出详细方案。

2. 实例二利用了秒表测时法对设备进行改善。结合实例二,测时方法有哪几种? 秒表时间研究表中"R"栏和"T"栏的记录内容各是什么?

3. 评定的方法有哪几种? 实例三运用了哪一种评定方法? 相比于其他评定方法有哪些优势? 若改用其他评定方法,正常时间与标准时间会如何变化?

第6章　预定动作时间标准系统

6.1　预定动作时间标准系统的定义

预定动作时间标准系统(PTS)是国际公认的制定标准时间的先进技术。它利用预先为各种动作制定的时间标准来确定各种操作所需的时间。PTS法不需以秒表进行时间测定,即可根据作业中包含的动作及事先确定的各动作的预定时间值计算该作业正常时间,加上适当的宽放时间就得到作业的标准时间。

自1924年动作时间分析(MTA)提出以来,许多从事工业企业管理的人都致力于开发科学、简便可行的PTS法,到目前为止,世界上已有40多种预定动作时间标准,本节重点介绍模特排时法。

6.2　预定动作时间标准系统的目的

1. 改进作业方法

在预定动作时间标准之前,方法研究与作业测定不能同时进行,一般先由方法工程师确定工作程序,选定工具、夹具和设备,设计作业场地与操作方法并付诸实际生产后,再由时间研究人员通过观测确定标准时间。有了预定动作时间标准,二者才可以综合进行。

2. 为合理选用工具、夹具和设备提供评价依据

操作者使用工具、夹具和设备所需的时间是进行设备、工具、评价的一项重要指标,用PTS法评价既方便又省时。

3. 为产品设计提供辅助资料

当运用PTS法对动作难点、复杂动作点、易使操作者产生疲劳的动作及不安全的动作等进行改进分析时,可提示设计者能否以改进设计的办法达到动作的改善。

6.3　预定动作时间标准系统的步骤

进行预定动作时间标准研究需要掌握一套科学的方法和程序,以保证观测数据和资料的准确性。其步骤如图6-1所示。

6.3.1　步骤一:作业分解

首先把作业分解成各个有关的动作要素。以模特排时法为例,在模特排时法规定的基本动作中,上肢动作共11种,下肢动作、其他动作附加因素及动作共10种,详细划分如表6-1所示。

图 6-1　预定动作时间标准系统步骤

表 6-1　模特动作分类

常见的操作动作	上肢动作（基本动作）	移动动作	移动动作	M1 手指动作	注：需要注意力的动作。独：只有在其他动作停止的场合才独立进行的动作。往：往复动作，即往复一次回到原来状态。
				M2 手腕动作	
				M3 小臂动作	
				M4 大臂动作	
				M5 伸直动作	
			反复多次的反射动作	（M1/2,M1,M2,M3）	
		终结动作	触摸动作、抓取动作	G0 碰、接触	
				G1 简单地抓	
				G3(注)复杂地抓	
			放置动作	P0 简单放置	
				P2(注)较复杂放置	
				P5(注)组装	
	身体动作及其他动作	下肢和腰部动作		F3 脚踏动作	
				W5 步行动作	
				B17(往)弯体动作	
				S30 起身动作	
		附加因素及动作		L1 重量因素	
				E2(独)目视动作	
				R2(独)矫正动作	
				D3(独)单纯判断和反应动作	
				A4(独)按下动作	
				C4 旋转动作	

1. 上肢动作(11 种)

上肢动作包括移动动作和终结动作。

（1）移动动作。移动动作共有5种，分别为手指动作M1、手腕动作M2、小臂动作M3、大臂动作M4和伸直动作M5。一种移动动作的多次反复动作为M1/2、M1、M2、M3，M5不会出现重复动作。

（2）终结动作。终结动作是指移动动作的终结。操作者在作业过程中移动手或手指不是去抓取物体就是放置物体，所以终结动作由抓取、放置动作组成。其中，抓取动作G有三种，根据其动作的特点分为：① 碰、接触G0；② 简单地抓G1；③ 复杂地抓G3。放置动作P也有3种，根据放置的特点又分为：① 简单放置P0；② 较复杂放置P2；③ 复杂的、需要注意力的放置P5。

2．身体动作及其他动作（10种）

（1）下肢和腰部动作。包括脚踏动作F3、步行动作W5、弯体动作B17、起身动作S30。

（2）附加因素及动作。包括：重量因素L1，考虑重量对时间值的影响；目视动作E2；矫正动作R2；单纯判断和反应动作D3；按下动作A4；旋转动作C4。

动作代表符号后面的数字即MOD值，如M1代表1MOD，P2代表2MOD，B17代表17MOD，以此类推。MOD是模特排时法中的时间单位，规定人手指移动2.5厘米所用的时间为1MOD，约为0.129秒。

动作代表符号后面的"独"表示只在其他动作停止的场合才独立进行的动作，"注"表示该动作需要注意力才能完成，"往"表示该动作为往复动作。

6.3.2　步骤二：计算各种动作要素时间

在此步骤中，我们要根据作业动作要素和相应的各种衡量条件，查表得到各种动作要素时间值，仍然以模特排时法为例。

6.3.2.1　模特排时法的动作要素时间的特点

模特排时法的动作要素时间有以下特点：

（1）不同的人做同一动作（条件相同时）所需的时间值基本相等。表6-2为人体各部位动作一次最少平均时间。这里所说的条件相同，是指操作条件相同。例如，手在无障碍物时的移动和在有障碍物时的移动以及不同高度且有障碍物时的移动，其时间值是不同的。

表6-2　人体各部位动作一次最少时间

动作部分	动作情况		动作一次最少平均时间（秒）
手	抓取动作	直线的	0.07
		曲线的	0.22
	旋转动作	克服阻力	0.72
		不克服阻力	0.22
脚	直线的		0.36
	克服阻力的		0.72
腿	直线的		0.66
	脚向侧面		0.72—1.45
躯干	弯曲		0.72—1.62
	倾斜		1.26

（2）人体不同部位做动作时，最快速度所需时间与正常速度所需时间之比大体相似。例如手，移动（10—40 厘米），该移动动作速度的比值（最快速度与正常速度之比）为 0.57；有障碍物（障碍物高度 13—27 厘米）时的移动动作速度之比为 0.59；上身弯曲往复动作速度之比为 0.51；反复坐、站立的动作速度之比为 0.59。这里所说的正常速度，是指处于严格监督下，从事无刺激性操作者的平均动作速度，图 6-2 为速度与距离关系图，反映了不同距离情况下，最快动作速度与正常动作速度所需时间之比接近一个常量。

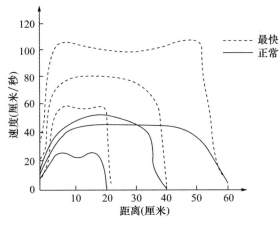

图 6-2　速度与距离关系

（3）人体不同部位做动作时，其动作所需时间互成比例。要达到的距离与所使用的身体部位之间存在密切的联系，由前述分析可知，两个动作的最快速度所需时间之比等于这两个动作的正常速度所需时间之比，即不同部位动作所用的时间成比例。实践表明，其他部位动作 1 次所需的正常时间均为手指动作所需时间的整数倍。

过去经常使用的 PTS 法在计算动作所需要的时间时是以动作距离为依据的，没有找出身体各部位动作之间的内在联系。模特排时法克服了 PTS 法的缺陷，在对 PTS 法和人体工程学的研究中发现，不同身体部位做动作所需的时间成比例，而且人们都表现出极其相似的结果。因此，在进行作业分析时就没有必要再做动作距离的测量，可以根据动作时所使用的身体部位直接计算时间值。使用的身体部位不同，所用的时间值也不同。可以说，以往的 PTS 法是以距离为基础的，而模特排时法是以操作时的身体部位为基础的，从而避免了以往 PTS 法的大量试验、测量、统计工作；同时，模特排时法还将某些发生概率非常小的动作舍去不计，力求简单。

模特排时法在人体工程学试验的基础上，选择以一个正常人速度最快、能量消耗量最少的一次手指动作的时间消耗值作为时间单位，即 1 MOD＝0.129 秒。但是，这种换算单位也不是绝对的。由于各企业的工作基础不同，实际应用中可根据企业的实际情况决定模特排时法时间值的大小。如：

　　1 MOD＝0.129 秒，正常值，能量消耗最小动作；

　　1 MOD＝0.100 秒，高效值，熟练工人的高水平动作时间值；

　　1 MOD＝0.143 秒，包括消除疲劳时间 10.7% 在内的动作时间；

　　1 MOD＝0.120 秒，快速值，比正常值快 7% 左右。

有的企业开始可能达不到 1 MOD＝0.129 秒的标准,可以把时间设计得宽裕一些,以后逐步提高。

模特排时法将动作归纳为 21 种、每种动作都以手指动作一次(移动约 2.5 厘米)的时间消耗值为基准进行试验、比较,以确定各动作的时间值,主要依据为两个动作的最快速度所需时间之比等于两个动作的正常速度所需时间之比。由于正常速度难以确定,而动作的最快速度所需时间是可以通过大量的实测、用数理统计方法来求得其代表值的,因此只要知道手指动作一次的正常值,再根据手指及另一部位最快动作的时间值,就可求得身体另一部位动作所需的正常时间值,从而决定这一部位动作的 MOD 值。试验表明,通过四舍五入的简化处理,得到其他部位动作一次所需的正常时间均为手指动作一次的 MOD值的整数倍。

6.3.2.2 移动动作(M)

在模特排时法中,根据所使用身体部位的不同,时间值分为 5 等,即手指的移动动作M1、手腕的移动动作 M2、小臂的移动动作 M3、大臂的移动动作 M4、胳膊伸直而尽量向前伸的动作 M5。

1. 手指动作 M1

表示用手指的第三个关节前部分进行的动作,每动作一次时间值为 1 MOD,相当于手指移动了 2.5 厘米的距离。例如,用手指把开关拨到 ON(或 OFF)位置的动作,用大拇指和食指旋转螺栓上的螺母,每拧一次为 M1,即 1 MOD 用手指按擦密封条。

2. 手腕动作 M2

用腕关节以前部分进行动作,包括手指的动作,每拧一次为 2 MOD,相当于动作距离为 5 厘米左右。例如,用手指转动调频旋钮,每次转动不超过 180°;将电阻插在印刷电路板上;用手翻书。动作或多或少都牵动小臂,分析时仍为 M2。

3. 小臂动作 M3

肘关节以前部分(包括手指、手、小臂)的动作,每动作一次时间值为 3 MOD,相当于移动 15 厘米左右的距离。例如,在纸上画一条约 15 厘米长的线,在作业范围内,移动小臂去取放在工作台上的零件。在实际操作中,M3 动作或多或少会牵动大臂,或者会移动肘关节,此时仍按 M3 分析。在操作中,M3 的移动动作范围称为正常作业区。在设计作业范围时,尽量使操作动作用 M3 动作来完成。

4. 大臂动作伴随肘的移动 M4

小臂和大臂作为一个整体在自然状态下伸出的动作,其时间值为 4 MOD,相当于移动距离 30 厘米左右。例如,把手伸向放在桌子前方的零件;把手伸向放在略高于操作者头部的工具。在设计作业区时,不一定能把所有的动作范围全部设计在 M3 的正常作业区内,此时可将某些动作或某些工具设计在 M4 的区域内。

5. 大臂尽量伸直的动作 M5

在胳膊自然伸直的基础上,再尽量伸直的动作,时间值为 5 MOD,相当于移动距离为45 厘米左右。在进行该动作时,有一种紧张感,感到臂或肩、背的肌肉被拉紧。例如,把手尽量伸向工作台的侧面;尽量伸直胳膊取高架上的东西;坐在椅子上抓放在地上的物体。从方法研究的角度讲,用这些姿势取物不恰当,属 5 级动作,不符合动作经济原则,在实际中应取消或尽量避免。

6. 反射动作

反射动作又称特殊移动动作,是指并非每次都特别需要注意力或保持特别意识的反复出现的重复动作。例如用锉刀锉物,用锯子锯物,用铁锤钉钉子,等等。反射动作一般速度快,使用的工具与身体部位不变,时间消耗为正常动作的 70%。反射动作的时间值为:

手指的往复动作 M1,每一个单程动作时间为 1/2 MOD;

手腕的往复动作 M2,每一个单程动作时间为 1 MOD;

小臂的往复动作 M3,每一个单程动作时间为 2 MOD;

大臂的往复动作 M4,每一个单程动作时间为 3 MOD;

M5 的动作一般不发生反射动作与终结动作,都是成对出现的,所以反射动作的时间值最大为 3 MOD。

如前所述,模特排时法中移动动作与终结动作都是成对出现的,唯有反射动作没有终结动作。

6.3.2.3　终结动作

终结动作包括抓取动作和放置动作。移动动作后,手或手指握住(或触及)目的物的动作叫作抓取动作,用符号 G 表示。抓取动作随着对象与方式的不同分为以下三种:

1. 抓取动作

(1) 触摸动作 G0。用手、手指接触目的物的动作,它没有抓取目的物的意图,只是触及而已,所以为 0 MOD。例如,用手按计算器的按键,必先伸手接触按键,再按数字键;用手推动放在桌上某一物件,必先接触该物体,才能推动该物体。

(2) 简单地抓 G1。在自然放松的状态下用手或手指抓取物件的动作,在被抓物件的附近没有障碍物,是比较简单地抓,时间值为 1MOD。例如,抓起放在工作台上的旋具,抓起放在书桌上的钢笔。该动作属于抓取容易取的物件,不太需要注意力,一抓即可。

(3) 复杂地抓取 G3。需要注意力的动作,是 G1 所不能实现的。在抓取目的物时有迟疑现象,或者目的物周围有障碍物,或者目的物比较小不容易一抓就得,或者目的物易变形、易碎,时间值为 3 MOD。例如,抓起放在工作台面上的垫片;抓起放在台面上的一根绣花针;抓起放在零件箱中的小螺钉,抓时必须排开周围其他物件。

2. 放置动作

将手中的物体放置在一定的位置所做的动作叫作放置动作,用 P 表示。由于放置的方法与条件不同,有的需要注意力,有的不需要注意力,分为以下三种:

(1) 简单放置 P0。把抓着的物品运送到目的地后,直接放下的动作。该动作是放置动作中最简单的一种,它不需要用眼注视周围的情况,放置处也无特殊要求,被放下的物体允许移动或滚动,因此不需要时间值,即 0 MOD。例如,将拿着的旋具放到桌子旁,把放下工具的手移回原来的位置。

(2) 较复杂放置动作 P2。放置物体时,需要用眼睛看,以决定物体的大致位置,时间值为 2MOD。例如,把垫圈套入螺栓的动作;电烙铁用完后,放到烙铁架上;将装配好的零件放到传送带上;把杯盖在茶杯上。

（3）复杂的、需要注意力的放置动作 P5。将物体正确地放在所规定的位置或进行配合的动作，比 P2 更复杂，从始至终需用眼查看精确的位置，时间值为 5MOD。例如，把旋具的头旋入螺钉头的沟槽中，把导线焊在印刷线路板上，把电阻插入印刷板的孔中。

从上述分析可知，11 种基本动作中的 M1、M2、M3、M4、M5、G1、P0 是不需要注意力的动作，而 G3、P2、P5 是需要注意力的。

另外，移动动作和终结动作总是成对出现的，如伸手是移动动作，伸手干什么（目的）必然有一个目的，这就是伸手拿某物件或者放置某物件。例如伸手取笔，伸手为移 M3，取笔为抓取 G1，所以伸手取笔的基本动作是移动加抓取，表示为 M3G1—4 MOD。

6.3.2.4 几种特殊情况处理

1. 反射动作

反射动作与一般动作分析不同，省略终结动作符号标记，因此分析符号用反射动作符号和反复次数表示，即反射动作的符号标记×动作次数。

2. 手指及手的回旋动作

在生产过程中，经常会发生手指或手的回转动作，例如将电筒的底座与筒身旋转拧紧、把螺斗旋入螺栓上旋钮等。此时旋转动作的记录问题以手指旋转为例，记录过程：伸手按着物件，记为 M1G0；手指旋转物件，记为 M1P0（由于旋转角度小于 180°，这个动作应记为手指动作，描述为 M1P0）；收回手指的同时按着物件，记为 M1G0；把物件进行旋转，记为 M1P0。

以此类推，即手指回转一次动作记为 M1G0M1P0。

3. 同时动作

不同的身体部位同时进行相同或不相同的两个以上的动作叫作同时动作。两手同时动作可以提高工作效率。例如，桌上放着纸和笔，两手同时伸出，用左手抓纸（G1），用右手抓笔（G1），然后收回到自己身前。

（1）两只手同时动作条件。表 6-3 为两手终结动作分析，两手动作时，分为可同时动作和不能同时动作两种情况。

表 6-3 两手终结动作分析

情况	同时动作	一只手的终结动作	另一只手的终结动作
1	可能	G0P0G1	G0P0G1
2	可能	G0P0G1	P2G3P5
3	不可能	P2G3P5	P2G3P5

情况 1：两手的终结动作都不需要注意力，可同时动作。

情况 2：只有一只手的终结动作需要注意力，可同时动作。

情况 3：两只手都需要注意力的终结动作，不可同时动作。

（2）时限动作与被时限动作。两手同时动作时，动作时间有时不同，依据动作所需时间把动作分为时限动作与被时限动作。其中，时间值大的动作称为时限动作，时间值小的动作称为被时限动作。被时限动作的标记符号用"（）"表示，它不影响分析结果。

（3）两手都需要注意力的分析方法。两手同时开始移动,进行需要注意力的终结动作时,终结动作不能同时进行,只能先做一个再做另一个。图 6-3 所示的双手操作为:左手 M3G3,右手 M4G3,由于移动不需要注意力,因此两手可以同时向目的物移动,当左手移动到 M3 时即进行抓取动作 G3;右手继续前行到目的物附近,稍稍等待(2 MOD);当左手完成抓取动作时,右手稍微移动 M2(必须要有转手动作,以使右手能进行抓取动作),再进行抓取动作。此时,左手时间为 M3G3＝6 MOD,右手时间为 M3G3M2G3＝11 MOD。双手都完成动作的时间为 1 MOD。当终结动作为 P2、P5 时,分析过程与 G3 相似,动作状态如图 6-3 所示。

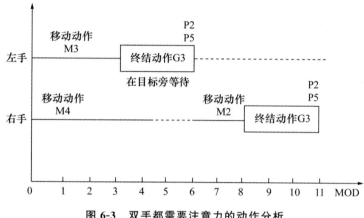

图 6-3　双手都需要注意力的动作分析

分析举例:双手各持着零件 A、B,要把零件按要求放到零件箱中。如果左手先动作,分析如表 6-4 中第 1 行所示,时间为 9 MOD;如果右手先动作,分析如表 6-4 中第 2 行所示,时间为 10 MOD。

表 6-4　动作分析举例

NO.	左手动作	右手动作	符号标记	次数	MOD
1	移动放置零件 A M3P2	移动放置零件 B M4P2	M3P2M2P2	1	9
2	移动放置零件 A M3P2	移动放置零件 B M4P2	M4P2M2P2	1	10

为了更好地理解双手同时动作的分析,举例如表 6-5 所示。终结动作均需要注意力,均为左手先动作。

表 6-5　两手同时动作情况

序号	左手	右手	MOD 分析	MOD 值(MOD)
1	M4G3M4P2	M4G1M3P0	M4G3M4P2	13
2	M2G1M3P5	M4G1M3P2	M4G1M3P5M2P2	17
3	M4G1M3P5	M3G1M4P5	M4G1M3P5M2P5	20
4	M3G3M3P5	M4G3M4P5	M3G3M2G3M3P5M2P5	26

分析:首先分析两手是否可以同时动作,如可以,则看哪一只手为时限动作,时间按时限动作取。如表6-5序号1的例子,左手、右手最先进行的动作是移动动作,先对移动动作进行分析。左手动作 M4G3 需要注意力,右手动作 M4G1 不需要注意力,所以两手可以同时动作。左手 M4G3 为 7 MOD,是时限动作,两手移动动作完成所需时间为 7 MOD。再分析放置动作,左手 M4P2,右手 M3P0,也是可以同时动作的,时限动作为 M4P2,为 6 MOD。所以,最后的分析为 M4G3M4P2,时间为 13 MOD。

如果是两手均需注意力的,则看那只手先做、哪只手后做,后做的那只手在等待先做的手做完后,做一个 M2 的动作,再做终结动作。如表6-5序号4的动作,分析式为 M3G3 M2G3,则两手完成动作所需时间为 11 MOD。再看放置动作,M3P5(左)、M4P5(右),两手的放置动作都需要注意力,因为左手先做,所以分析式为 M3P5M2P5,时间为 15 MOD,再加上先做的 11 MOD,共 26 MOD。

6.3.2.5 下肢和腰的动作

1. 脚踏动作 F3

脚跟踏在地板上进行动作,表示为 F3,时间值为 3 MOD。例如,蹬脚踏板的动作。把从脚踝关节到脚尖的一次动作表示为 F3,再抬起返回的动作又为 F3。在 F3 脚踏动作中,若脚跟离开踏板则应为 W5;若脚离开地面再踏脚踏板开关的动作,则应判定为 W5(身体水平移动)。

2. 步行动作 W5

运动膝关节,使身体移动或回转身体的动作,包括向前、向后、向横侧,凡属用脚支配身体的水平移动动作均属步行动作,时间值为 5 MOD(见表6-6)。

表 6-6　步行动作重量修正

NO.	左手动作	右手动作	标记符号	次数	MOD
1	BD	走 5 步到架子 W5×5	W5×5	1	25
2	BD	单手搬 3 千克的零件箱 M2G1	M2G1	1	3
3	BD	返回 W5×5	W5×5	1	25
4	BD	放置 M2P2L1	M2P2L1	1	5

有时伸手取物需把臂伸向横侧,为保持身体的平衡而把脚也向横侧走一步,此时是以臂的动作为主,脚仅仅是辅助手的移动,只计手臂移动的时间值。

3. 弯体动作 B17

从站立的状态,弯曲身体或蹲下,单膝触地,然后回复到原来状态的往复动作,一个周期时间值为 17 MOD。如果在 B17 中遇到搬运重物的情况,则必须加上重量因素。

4. 起身动作 S30

从坐着的椅子上站起来(包括用手将椅子向后面推),再坐下的动作(包括把椅子向前拉的动作)的一个周期动作,时间值为 30 MOD,用 S30 表示。

6.3.2.6　附加因素

1. 重量因素 L1

搬运动作的重量修正表示为 L1,时间值为 1MOD。搬运重物时,由于重物的影响,操作者步幅会发生变化,载重运到目的地的步数和无负荷返回的步数不同。物体的重量影响动作的速度,并且随物体的轻重而影响时间值,步行中有负荷时要用搬运重量因素加以修正。搬运是由抓、运、放的连续动作构成的,抓物体搬运时要在终结动作中(P0、P2、P5)进行重量修正;用两手搬运时,应换算成单只手进行修正。

重量因素按下列原则考虑:有效重量小于 2 千克,不考虑;有效重量为 2—6 千克,重量因素为 L1,时间值为 1MOD;有效重量为 6—10 千克,重量因素为 2×L1,时间值为 2 MOD;以后每增加 4 千克,时间值增加 1 MOD。用手搬非常重的物体,在劳动环境中是不合适的,应考虑改善搬运工具。

有效重量的计算原则为:单手负重,有效重量等于实际重量;双手负重,有效重量等于实际重量的 1/2;滑动运送物体时,有效重量为实际重量的 1/3;滚动运送物体时,有效重量为实际重量的 1/10。

两人用手搬运同一物体时,不分单手和双手,有效重量皆以实际重量的 1/2 计算。重量因素在搬运过程中只在放置动作时附加一次,而不是在抓取、移动、放置过程中都考虑,且不受搬运距离长短的影响。

2. 目视动作 E2(独)

眼睛为了看清事物而移动(向一个新的位置移动视线)和调整焦距两种动作中,每做其中一个动作,都用 E2 表示,时间值为 2 MOD。眼睛的动作一般是在动作之前或动作中进行的,动作分析时一般不赋予时间值,只有眼睛独立动作时才赋予时间值,如读仪表指针的位置,认真检查或为了进行下一个动作而向其他位置转移视线等。一般作业中,独立使用眼睛的频率不多。在生产线装配工序和包装工序中,进行包含某种检查因素的作业,一般是同其他动作同时进行的,使用 E2 动作要慎重。

3. 矫正动作 R2(独)

矫正动作是指矫正抓零件和工具的动作,从手指向手中握入、握入的物件向手指送出、将其回转或改变方向而进行的动作,用 R2 表示,时间值为 2 MOD。例如抓取螺丝刀,转为握住;把有极性的二极管拿住并矫正好方向;把铅笔拿起,矫正成写字的方式。矫正动作同样是独立进行的。当进行其他动作同时完成该动作时,R2 动作将不计入时间值。例如用 M3 的动作抓零件或工具,运到手前,在移动过程中矫正成为最容易进行下一个动作的状态(改变位置或方向),这种状况只计移动和抓取的时间值。

4. 单纯判断和反应动作 D3(独)

单纯判断和反应动作是指动作与动作之间出现的瞬时判定,用 D3 表示,时间值为 3 MOD。D3 在其他动作停止间歇时发生,如检查作业规范的单纯判断动作、判断计量器具类的指针、刻度。例如,眼睛从零件移向仪表指针,判断指针是否在规定的范围内,此动作应分析为 E2E2D3。

5. 按压动作 A4(独)

在操作动作中,需要推力、压力以克服阻力的动作用 A4 表示,时间值为 4 MOD。A4

是独立动作,当加压在 20 牛顿以上且其他动作停止时,才给予 A4 时间值。A4 一般是在推、转等动作终了后才发生,用力时发生手和胳膊肌肉或脚踏使全身肌肉紧张的现象,如铆钉对准配合孔用力推入配合旋钮。

6. 旋转动作 C4

以手腕或肘关节为圆心,按圆形轨道回转的动作为旋转动作。旋转一周的动作用 C4 表示,时间值为 4 MOD。例如旋转机器手柄,机床把柄旋转 1/2 周以上的为旋转动作,旋转不到 1/2 周的为移动动作。因为是以手腕或肘关节为圆心,与圆周直径无关。带有 2 千克以上负荷的旋转动作,负荷大小不同,时间值也不相同,应按有效时间计算。

6.3.2.7　动作分析时使用的其他符号

(1) 延时 HD BD 表示一只手进行动作,另一只手什么也没做(停止状态),不给予时间值。综合分析以另一只手的动作为准。

(2) 保持 H 表示用手拿着或抓着物体一直不动的状态。有时为了防止零件倒下而用固定的工具也为 H。H 也不给时间值,当进行模特排时分析时,如一只手处于保持状态、另一只手进行动作,综合分析则以另一只手的动作为准。

(3) 有效时间 UT。UT 是指人的动作之外的机械或其他固有的加工时间。有效时间要用计时仪表分别确定时间值。例如,用电动扳手拧螺母、焊锡、铆铆钉、涂黏合剂等。

在进行动作分析时,应把有效时间值如实地填入分析表中的有效时间栏内。在不影响安全生产或产品质量的前提下,应充分利用有效时间,安排人进行其他作业,灵活地运用有效时间是改善作业的重点。在改善作业中,BD 和 H 出现得越少越好。

6.3.2.8　动作改进

根据应用模特排时法的实践经验,将改善各种动作的着眼点归纳整理如下:

1. 移动动作 M

(1) 替代、合并移动动作 M。包括:应用滑槽、传送带、弹簧、压缩空气等替代移动动作;用手或脚的移动动作替代身体其他部分的移动动作;应用机器、工具、夹具等自动化、机械化装置替代人体的移动动作;将移动动作尽量组合成结合动作;尽量使移动动作和其他动作同时进行;尽可能改进急速变换方向的移动动作。

(2) 减少移动动作 M 的次数。包括:一次运输的物品数量越多越好;采用运载量多的运输工具和容器;两手同时搬运物品;用一个复合零件替代几个零件的功能,减少移动动作次数。

(3) 用时间值小的移动动作替代时间值大的移动动作。包括:应用滑槽、输送带、弹簧、压缩空气等简化移动动作,降低动作时间值;设计尽量采用短距离的移动动作;改进操作台、工作椅的高度;将上下移动动作改为水平、前后移动动作;将前后移动动作改为水平移动动作;用简单的身体动作替代复杂的身体动作;设计成有节奏的动作作业。

2. 抓取动作 G

(1) 替代、合并抓取动作。包括:使用磁铁、真空技术等抓取物品;抓的动作与其他动作结合,变成同时动作;即使是同时动作,还应改进为更简单的同时动作;设计成能抓取两种物品以上的工具。

（2）简化抓取动作。包括：工件涂以不同颜色、便于分辨抓取物；物品做成容易抓取的形状；使用导轨或限位器；使用送料（工件）器，如装上、落下送进装置，滑动、滚动运送装置等。

3. 放置动作 P

对放置动作主要进行简化。包括：简化放置动作 P，使用制动装置；使用导轨；固定物品堆放场所；与移动结合成同时动作；工具用弹簧自动拉回放置处；一只手做放置动作时，另一只手给予辅助；两个零件的配合部分尽量做成圆形的；工具的长度尽可能在 7 厘米以上，以求放置的稳定性。

4. 其他动作

（1）尽量不使用眼睛动作 E2。包括：尽量与移动动作 M、抓取动作 G 和放置动作 P 结合成同时动作；作业范围控制在正常视野范围内；作业范围应豁亮、舒适；以声音或触觉进行判断；使用制动装置；安装作业异常检测装置；改变零件箱的排列、组合方式；使用导轨。

（2）尽量不做矫正动作 R2。包括：与移动动作 M 组合成结合动作；使用不用矫正动作 R2 而用放置动作 P 就可完成操作动作的工具或夹具；改进移动动作 M 和放置动作 P，从而去掉矫正动作 R2。

（3）尽量不做判断动作 D3。包括：与移动动作 M、抓取动作 G 和放置动作 P 组合成同时动作；两个或两个以上的判断动作尽量合并成一个判断动作；设计成没有正反面或方向性的零件；运输工具和容器涂上识别标记。

（4）尽量减少脚踏动作 F3，与移动动作 M、抓取动作 G 和放置动作 P 尽量组合成同时动作；用手、肘等的动作替代脚踏动作。

另外还应尽量减少按压动作 A4。包括：利用压缩空气、液压、磁力等装盆；利用反作用力和冲力；使用手、肘的按压动作代替手指的加压动作；改进加压操作机器。尽量减少行走动作 WS、身体弯曲动作 B17、起身动作 S30；设计使工人一直坐着操作的椅子；改进作业台的高度；使用零件、材料搬运装置；使用成品搬运装置。前后作业相连等。

6.3.3　步骤三：计算正常时间和标准时间

运用模特排时法不必测时，也不必评比，就能根据动作决定正常时间。

运用模特排时法制定标准时间的计算公式为：

$$标准时间 = 正常时间 \times (1 + 宽放率)$$

6.4　预定动作时间系统的实例

用模特排时法分析 6206 轴承装配流水线。

6.4.1.1　背景

6206 轴承零部件有外圈、内圈、钢球、保持架及铆钉，装配程序为检测轴承外圈外径公差范围、检测轴承内圈内径公差范围，组装外圈、内圈与钢球，检测径向游隙，保持架装铆钉,组装外圈、内圈及钢球组装件与保持架,冲压,检查外观,清洗,检测振动,包装入库。现用模特法对第一道工序至第七道冲压工序进行分析、平整。

6.4.1.2　实施

我们对每一工位采用前述步骤进行预定动作时间标准研究。

1. 第一工位

(1) 作业分解。第一工位检测轴承外圈外径公差范围,双手活动范围为35厘米。作业前应准备好轴承外圈周转箱、外圈放置工作台和外圈外径测量仪表。

- 待检测外圈放于右手30厘米范围内,已检测外圈放于左手30厘米范围内,右手从储存处取外圈至身前,放于仪表测量处。
- 装配工目视仪表判断外圈外径公差是否在规定范围内,右手指旋转外圈后,再目视仪表判断公差范围 d,因为右手旋转外圈不到1/2周,所以不作为旋转动作。
- 把检测过的外圈,根据其外径的公差值分类堆放。

(2) 计算各动作要素时间。检测过的外圈堆集在工作台上,装配工左手将外圈放于储存处时必须目视,伸直手臂将外圈根据公差范围分类放于储存处,其动作为M4P2。如果外圈运输及时,则装配工动作为M3P0,并且和第一单元的右手动作同时进行,则第一工位的 MOD 为27,时间为3.483秒。

将检测过的内圈由手推车送至第三工位。

第一工位动作要素分析如表6-7所示。

表 6-7　第一工位动作要素分析

作业内容	检测外圈内径公差范围			工作地布置位置	已检测外圈　仪表　待测外圈		
MOD 数	33	时间	4.257秒				
定员		2			操作者		

单元	左手			时间		右手	
	动作叙述	分析式	次数	MOD	次数	分析式	动作叙述
1	持住仪表			9	1	M3G1 M3P2	至储存处取外圈至身前 放于仪表上
2	持住仪表			5	1	E2D3	目视仪表,判断公差范围
3	持住仪表			1	1	M1G0	右手指旋转外圈
4	持住仪表			5	1	E2D3	目视仪表,判断公差范围
5	用右手取外圈	M3G1		7	1	M3G1 M3P0	将外圈交于左手
6	将外圈放于储存处	M4P2		6			

2. 第二工位

(1) 作业分解。第二工位检测轴承内圈内径公差范围,双手活动范围为35厘米。作业前应准备好轴承内圈周转箱、内圈放置工作台和内圈内径侧量仪表。

- 将待检测内圈放于右手 30 厘米范围内，已检测内圈放于左手 30 厘米范围内，右手从储存处取内圈至身前，放于仪表测量处。
- 装配工目视仪表判断内圈内径公差是否在规定范围内，右手指旋转内圈后，再目视仪表判断公差范围。因为右手指旋转内圈不到 1/2 周，所以不作为旋转动作。
- 把检测过的内圈，根据其内径的不同公差值分类堆放。

（2）计算各动作要素时间。

第二工位动作要素分析如表 6-8 所示。

表 6-8　第二工位动作要素分析

作业内容	检测内圈内径公差范围			工作地布置位置	已检测内圈　　仪表　　待测内圈　　操作者		
MOD 数	33	时间	4.257 秒				
定员	2						

单元	左手			时间		右手	
	动作叙述	分析式	次数	MOD	次数	分析式	动作叙述
1	持住仪表			9	1	M3G1 M3P2	至储存处取内圈至身前放于仪表上
2	持住仪表			5	1	E2D3	目视仪表，判断公差范围
3	持住仪表			1	1	M1G0	右手指旋转外圈
4	持住仪表			5	1	E2D3	目视仪表，判断公差范围
5	用右手取内圈	M3G1		7	1	M3G1 M3P0	将内圈交于左手
6	将外圈放于储存处	M4P2		6			

3. 第三工位

（1）作业分解。第三工位组装外圈、内圈及钢球，根据内外圈公差范围相配套，内圈放于外圈中并堆集在工作台上，双手活动范围 35 厘米。准备好内圈、外圈放置工作台，钢球储存箱和长 15 厘米、直径 3 毫米的铜棒一根。

- 左手至内圈、外圈储存处取内圈、外圈至身前，右手至钢球储存箱取钢球至身前放于内圈、外圈中，两手动作可同时进行。

将检测过的内圈由手推车送至第四工位。

- 左手移动内圈，右手持铜棒拨动钢球使其进入内圈、外圈沟道中，因为右手旋转没有超过 1/2 周，所以不采用旋转动作。

（2）计算各要素时间。

第三工位动作要素分析如表 6-9 所示。

表 6-9　第三工位动作要素分析

作业内容	检测组装内外圈及钢球			工作地布置位置	内圈、外圈组件 工作台 钢球 操作者		
MOD 数	19	时间	2.451 秒				
定员	1						

| 单元 | 左手 | | | 时间 | | 右手 | |
	动作叙述	分析式	次数	MOD	次数	分析式	动作叙述
1	到内外圈储存处取内外圈并至身前	M3G1 M3P0	1	9	1	M3G1 M3P2	至钢球储存箱取钢球至身前，放入内外圈中
2	手指移动内圈	M1G0	1	3	3	M1P0	用钢棒拨动钢球使之分布于沟道中
3	将装配件放于储存处	M1G1 M3P2	1	7	1	M3P0	至钢球储存箱等待下一件工作

　4. 第四工位

　（1）作业分解。第四工位检测径向游隙，双手活动范围 30 厘米。将内圈、外圈与钢球组装件放置在工作台上，右手摇晃组装件检测径向游隙。判断径向游隙的动作不是独立进行的，不能用来判断动作 D3。因为右手检测径向游隙时需反复摇晃 3 次，所以动作为 3 MOD。

　（2）计算各要素时间。第 1 单元的左手取组装件动作为 M4G1，如果组装件放在装配工小臂活动范围内，则动作为 M3G1。右手将组装件放于储存处时需步行，步行动作为 W5，如果工作台上的组装件运输及时，则不必步行，减少此动作，则 MOD 为 17，时间为 2.193 秒。

　第四工位动作要素分析如表 6-10 所示。

表 6-10　第四工位动作要素分析

作业内容	检测径向游隙			工作地布置位置	已检测组装件 储存处	组装件储存处 工作台 操作者	
MOD 数	23	时间	2.967 秒				
定员	1						

| 单元 | 左手 | | | 时间 | | 右手 | |
	动作叙述	分析式	次数	MOD	次数	分析式	动作叙述
1	至储存处取组装件：手指拨动外圈旋转	M4G1 M1P0	1	6			
2	将组装件交于右手	M1G0	1	7	1	M3G1 3MOD	用左手取工件并反复摇晃 3 次
3				10	1	M3P2 W5	将组装件放于储存处

　5. 第五工位

　（1）作业分解。第五工位为保持架装铆钉，双手活动范围为 30 厘米。准备好保持架周转箱、保持架放置工作台和镊子。

·因为铆钉直径小，所以在用镊子抓取和放置时需目视，即抓取动作采用 G3，放置动作采用 P2 或 P5。

·因为 6206 轴承保持架上的铆钉孔共 9 个，所以右手用镊子夹持住铆钉装入保持架铆钉孔的次数为 9，而左手持保持架转动 8 次。

（2）计算各要素时间。

第五工位动作要素分析如表 6-11 所示。

表 6-11　第五工位动作要素分析

作业内容	保持架装铆钉			工作地布置位置	保持架储存处　装柳钉保持架　柳钉　工作台　操作者			
MOD 数	120	时间	15.48 秒					
定员	8							
单元	左手			时间			右手	
	动作叙述	分析式	次数	MOD	次数	分析式	动作叙述	
1	至储存处取待装钉保持架至身前	M3G1 M3P0	1	7			拿住镊子	
2	持住保持架并移动，保持架装钉	M1G0	8	108	9	M2G3 M2P5	用镊子夹住铆钉至前面并装钉	
3	将保持架放于储存处	M3P2		5			拿住镊子	

6. 第六工位

（1）作业分解。第六工位组装内圈、外圈及钢球组装件与保持架。准备好内圈、外圈与钢球组装件周转箱、未装铆钉保持架周转箱、装配铆钉保持架周转箱、放置工作台和长 15 厘米、直径 3 毫米的铜棒一根。

·左手、右手从未装铆钉的保持架周转箱中取出保持架移至面前，并判断正反面。因为判断过程不是独立动作，所以不采用判断动作 D3。双手将保持架移至面前均需注意力，不能同时进行，故 MOD 分析式为 M3G1M3P2M2P2，MOD 为 13。

·左手、右手取内、外圈与钢球组装件，然后放于保持架上。因为这些动作均需注意力，所以双手不能同时动作，MOD 分析式为 M4G1M4P2M2P2，MOD 为 15。

·右手持铜棒拨动钢球，使其均布于保持架兜孔中，因为右手旋转超过 1/2 周，所以采用旋转动作 C4。

·双手将装有铆钉的保持架与第 3 单元的组装件装配，因为双手均需注意力，所以不能同时动作，MOD 分析式为 M3G1M3P5M2P5，MOD 值为 19。

（2）计算各动作要素时间。第六工位装配工操作比较熟练，可以双手操作，如果将内圈、外圈及钢球组装件储存在有斜度的储存箱内，组装件靠重力滑至装配工身前，则装配工动作为 M3G1，分析式为 M3G1M3P2M2P2，MOD 为 13。则该工位 MOD 为 55，时间为 7.095 秒。

第六工位的动作要素分析如表 6-12 所示。

表 6-12 第六工位动作要素分析

作业内容	组装内、外圈及钢球组装件与保持件						
MOD 数	55	时间	7.095 秒	工作地布置位置	内圈、外圈钢球组件 / 保持架储存处 / 装铆钉保持架 / 工作台		
定员	3				操作者		

单元	左手		时间			右手	
	动作叙述	分析式	次数	MOD	次数	分析式	动作叙述
1	至周转箱取保持架至身前并判断正反	M3G1 M3P2	1	13	1	M3G1 M3P2	至周转箱取保持架至身前并判断正反面
2	至储存处取内外圈与钢球组装件放于保持架上	M4G1 M4P2	1	15		M4G1 M4P2	至储存处取内外圈与钢球组装件放于保持架上
3	持住组装件			5	1	M1P0C4	持铜棒拨动钢球,使其均布于保持架兜孔中
4	M3G1 M3P5	M3G1 M3P5	1	19	1	M3G1 M3P5	至储存处将装有铆钉的保持架与上单元组装件装配
5	将该工位组装件放于下一工序放置处	M3P0	1	3	1	M3P0	将该工位组装件放于下一工序放置处

7. 第七工位

(1)作业分解。第七工位完成冲压,准备好开式可倾压力机和冲压模具。

• 第 1 单元冲压工将下模座放于上工位组装件上时,矫正下模座的位置,使下模座与保持架的凹凸面吻合,采用矫正动作 R2。

• 第 2 单元上、下模座装配,使上模座的导柱插入下模座的导柱孔中,采用有注意力的复杂放置动作 P5。

(2)计算各动作要素时间。

• 如果第六工位装配件沿有斜度的轨道运至第七工位,则第 1 单元冲压工不必伸直手臂,动作为 M3G3R2M3P0,MOD 为 11。

• 第 3、4 单元冲压工手臂移动动作可采用 M3,则该工位的 MOD 为 27,时间为 3.483 秒。

第七工位的动作要素分析如表 6-13 所示。

表 6- 13　第七工位动作要素分析

作业内容	完成冲压					
MOD 数	31	时间	3.999 秒	工作地布置位置	组装件储存处	开式可倾压力机
定员	1					操作者

单元	左手		时间			右手	
	动作叙述	分析式	次数	MOD	次数	分析式	动作叙述
1	将下模座放于组装件上,矫正位置并移动至身前	M3G1 M3P0	1	13			持住上模座
2	持住下模座	M1G0		8	1	M3P5	将上模座与下模座装配
3	将模具移至压力机处	M3P2	1	6			持住模具
4	离开冲压处将轴承滚入下一工序	M4P0	1	4	1	M4P0	离开冲压处移开上模座

6.4.1.3　结果

我们运用模特排时法确定了各工位的工作量,并按动作经济原则设计操作动作,该装配线均衡情况如表 6-14 所示。该轴承装配线从第一工位至第七工位,平均节拍时间为 2.59 秒。平整后,轴承装配线平均节拍时间为 2.26 秒,提高了装配线的生产率,同时使各工位的操作时间趋于平衡。

表 6-14　轴承装配线均衡情况

工位号	作业内容	定员	平整前		平整后	
			MOD	时间/秒·人$^{-1}$	MOD	时间/秒·人$^{-1}$
1	检测外圈外径公差范围	2	33	2.219	27	1.742
2	检测内圈内径公差范围	2	33	2.219	27	1.742
3	内圈、外圈及钢球组装	1	19	2.451	19	2.451
4	检测径向游隙	1	23	2.967	17	2.193
5	保持架装铆钉	8	120	1.935	120	1.935
6	内外圈钢球组装件与保持架组装	3	55	2.365	53	2.279
7	冲压	1	31	3.999	27	3.483

6.5　预定动作时间系统的应用新动向

竞争激烈的餐饮业是典型的服务行业,顾客满意是其服务宗旨,影响顾客满意的除产品价格、种类、味道、特色、就餐环境、服务态度等因素,顾客就餐的等待时间是一个非常重要的因素。

工作研究包括方法研究与作业测定两大技术。方法研究是寻求经济有效的工作方法，主要包括程序分析、作业分析和动作分析；而作业测定是确定各项作业科学合理的工时定额，主要包括秒表测时、工作抽样、预定动作时间标准法和标准资料法。

工作研究在制造业的应用相当成熟，优秀实例处处可见，但在服务业尤其是餐饮业的应用还鲜见。餐饮是劳动密集型的服务业，餐饮企业中的前厅、后厨以及二者衔接的大部分工作均为非自动化生产作业，是典型的人工作业。在人工作业系统中，作业人员要实施大量的动作去完成作业，因此研究人工作业工序的作业分析方法、动作分析与作业测定为一体的模特排时法非常适合于餐饮业。

餐饮服务业的售饭作业安排通常为某些员工专职负责盛饭，其他员工专职负责打菜并负责来回拿盛有饭的餐盆，这样的作业方式存在以下问题：

（1）非增值的动作要素过长且时间长。步行动作因素不是销售饭菜本身应有的动作，其只能增加时间，延长工序的操作作业时间，降低顾客满意程度。

（2）非增值动作因素重复出现。员工每次盛饭都需要右手拿起勺子，经过 5W1H 提问技术分析，这是前一次盛饭结束后右手放下了勺子所致，并不是销售饭菜必需的一个动作。根据 5W1H 提问技术和 ECRS 原则，取消右手拿起勺子这一动作要素，同时上一次盛饭结束后放下勺子要保持右手仍然握住勺子手柄。

特别是对于饮食服务业这种时间集中式餐饮服务而言，作业时间过长，在就餐高峰期感觉需要排队等待的时间过长。

1. 模特排时法应用于餐饮业的作业分析

基于四肢尺寸及其舒适活动范围，选择合理的桌面高度并合理放置饭盆、饭菜、饭桶，合理摆放桌子和饭桶，减少或减小员工的身体弯曲、转身、手臂移动。

每次盛饭结束后放下勺子但要保持右手仍然握住勺柄以免右手下次需重新拿起勺子。

消除和减少步行动作因素，通过减小售饭工位与售菜工位的距离，使员工转身即可拿到盛有饭的餐盆；或者，将售饭和售菜布置在同一工位，由同一个员工完成。

提高售饭员工的作业时间利用率。

现行的动作基本上为串行动作（在时间上，一个动作完成后另一个动作开始实施），尽量改串行动作为并行动作，比如可以考虑将计算饭菜价格与其他动作同时进行。

发现动作中的非服务本身所必须具备的不增值动作并予以消除。改善动作的顺序和方法，制定最适当的标准作业方法。拟定新的作业改善方案，并对改善方案进行作业时间测定、评价。

2. 模特排时法在餐饮业中的应用建议

分析判断现行作业方案类型，是人机作业还是多人联合作业抑或单人双手作业。将模特排时法与作业分析相结合，编制人机作业动作因素分析表、联合作业动作因素分析表、双手作业动作因素分析表。

根据动作因素分析结果，重点关注复杂动作、时间长动作、非增值不必要动作、移动距离长的作业、不均衡的多人联合作业、单手等待的双手作业、低作业负荷率的人机作业。

利用 5W1H 提问技术中的 What 和 Why 对作业动作进行"做什么""是否必要"分析,如果分析结果为不必要则取消该动作,从而减少动作。

对于无法取消而又必要的动作,利用 When、Where、Who 对作业动作进行时间、地点、人员分析,看能否合并,以达到简化的目的。如将售饭和售菜布置在同一工作地,并由同一个员工完成售饭和售菜作业,菜桌上增加一个堆放空餐盆的位置,饭桶放置在员工左侧并使员工转身即可用右手盛饭到餐盆(左手端着);不能取消或合并的动作,利用 When、Where、Who 对作业动作进行时间、地点、人员分析,重新安排作业动作顺序或任务分配,使作业动作顺序或分工达到最佳状态。

对于经过取消、合并和重排优化之后的作业,考虑采用最简单、最快捷的动作来完成。如缩短售饭工位与售菜工位的距离,使得员工转身即可拿到放置的盛有饭的餐盆而无须走步,并对售饭员工每次盛饭都右手拿起勺子进行改善。在问题分析与改善要点分析的基础上,应用模特排时法拟定整个作业的改善方案,并对方案进行多指标分析与评价,从而获得更大范围和更大成效的改善。

模特排时法是集动作分析与时间测定为一体,而且连接着方法研究的作业分析、动作分析和作业时间测定,既能测定作业时间又能改善作业方法。因此,将模特排时法应用于劳动密集型、服务时间要求高的餐饮服务业是其应用新动向。

总之,基础工业工程工作研究采用模特排时法和作业分析法研究餐饮企业的前厅或后厨的业务流程、操作作业,在只需很少投资或不需要投资的情况下,通过改进作业流程和操作方法,实行先进合理的工作定额,充分利用企业自身的人力、物力和财力等资源,挖掘企业内部潜力,降低成本,缩短时间,提高餐饮企业的服务效率和效益、增强企业竞争力。

 习题

1. 表 6-15 为一操作者装配垫圈和螺栓的左右手动作分析。操作中,双手各自独立装配相同的产品且同时动作,试进行:

(1)综合分析。

(2)计算正常时间(1MOD=0.129 秒)。

(3)若宽放时间为正常时间的 15%,求标准时间。

表 6-15 装配垫圈和螺栓的左右手动作分析

动作说明	左手	右手	综合分析	MOD
取放橡皮垫圈	M4G3M3P2	M3G3M3P2		
取放固定垫圈	M3G3M3P5	M3G3M3P5		
取放螺栓	M3G1M2P2	M3G1M2P2		
取放装配件	M3P0	M3P0		

2. 模特排时法中需要注意力的动作有几个？不太需要注意力的动作有几个？列出实例一出现的需要注意力与不需要注意力的动作？

3. 模特排时法采用的时间单位是多少？在实例一详细分析的基础上，计算 6206 轴承装配流水线的正常时间？并结合已学知识确定合适的宽放率，求出 6206 轴承装配流水线的标准时间？

第7章 工作抽样

7.1 工作抽样的定义

工作抽样法又称瞬时观测法。工作抽样(Working Sampling)是指对作业者和机器设备的工作状态进行瞬时观测,调查各种作业活动事项的发生次数及发生率,进行工时研究,并用统计方法推断各观测项目的时间构成及变化情况。

与秒表时间研究相比,工作抽样法的特点如表7-1所示。由表7-1可见,工作抽样具有测定效率高、经济性好、方法简便、易于掌握、测量精度高等特点,能满足使用要求,并适用于多种作业。

表7-1 工作抽样法的特点

项目	工作抽样	秒表时间研究
测定方法	对观测对象的状态进行瞬时观测	对观测对象的状态进行连续测定
测定工具	目视	秒表或计时器
观测者的疲劳程度	不太疲劳	相当疲劳,观测者必须专心
观测对象	1名观测者可以观测多名对象;可以同时观测作业者和设备	1名观测者只能观测1名对象;同时观测作业者和设备有困难
观测时间	根据观测目的可自由决定	实际上难以很长时间观测
观测结果	得到的是工作率	直接得到时间值

7.2 工作抽样的目的

工作抽样法是对作业直接进行观测的时间研究方法,最适合对周期长、重复性较低的作业进行测定,尤其对布置工作地、维修、等待、空闲以及办公室作业等进行的观测比较方便。其目的可归纳如下:

1. 改善作业

通过抽样可测定操作者或机器的空闲比率和工作比率,并在此基础上对可能出现的空闲原因进行项目细分,加以观测记录,并针对问题查找原因,采取相应对策改进作业,提高工作效率。空闲比率和工作比率的计算公式为:

$$空闲比率 = \frac{空闲次数}{总观测次数} \times 100\%$$

$$工作比率 = \frac{工作次数}{总观测次数} \times 100\%$$

2. 制定标准时间

利用工作抽样可以制定标准时间,计算公式为:

每件产品标准时间 = 观测总时间 / 生产总数量 × 作业率 × 评比率 × (1 + 宽放率)

$$(7\text{-}1)$$

3. 改善设备管理

调查工作班内各类设备的利用情况,研究设备开动状况,为合理组织生产提供依据。查找机器开动率低的原因,对每台机器可能出现的原因进行抽样调查。分析了解哪类机器会出现哪类原因,停止多长时间,针对重要原因采取相应对策,有计划地保护机器,充分利用其生产能力。

7.3 工作抽样的方法与步骤

7.3.1 工作抽样的方法

工作抽样的原理来自数理统计理论,以概率法则作为基础方法,欲取得正确的工作抽样结果,必须遵循两条基本原则:一是保证每次抽样观测的随机性;二是要有足够的抽样观测次数。由于工作抽样法毕竟不是全数调查,可能产生误差,因此解决问题的办法是给一个允许的误差范围。只要所取样本数足够大,使测定结果在允许的范围内,就认为达到一定的可靠度和精度了。具体表现为:

1. 正态分布

正态分布是概率分布中一种极为重要的分布,用途十分广泛,工作抽样法处理的现象接近于正态分布曲线。以平均数 $\bar{X}$ 为中线、两侧取标准差的1倍、2倍、3倍时,其面积分别为总面积的 68.25%、95.45%、99.73%。正态分布曲线如图 7-1 所示,正态分布的概率如表 7-2 所示。

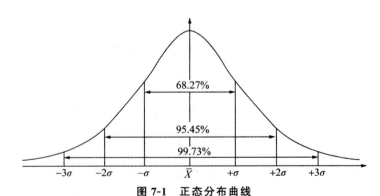

图 7-1 正态分布曲线

表 7-2 正态分布概率

范围	±0.67σ	±1σ	±1.96σ	±2σ	±2.586σ	±3σ	±4σ
概率(%)	50.0	68.27	95.0	95.45	99.0	99.73	99.99

在工作抽样中,标准偏差的取值大小和抽样结果的可靠度对应。工作抽样一般可取 2σ 的范围,即确定 95%(实际 95.45%)的可靠度,其含义是在抽取 100 个子样中有 95 个是接近总体(或称母体)状态的,或者说事前预定抽样数据中有 95% 以上处于 $\pm 2\sigma$ 范围内,剩下的有 5% 处于 $\pm 2\sigma$ 范围外。

2．可靠度与精度

(1)二项分布。假定某一作业项目的实际作业率为 P(或称工作率或发生率),则空闲率为 $q=1-P$,那么此作业的概率分布为二项分布。

统计学中二项分布标准差 σ 为:

$$\sigma = \sqrt{\frac{P(1-P)}{n}} \tag{7-2}$$

其中,P 为观测事项的发生率(开始为估计值);n 为抽样观测次数(样本数)。

统计学证明,若 P 不是很小(5% 以上),当 $nP \geqslant 5$ 时,则二次分布非常接近于正态分布。

(2)可靠度。可靠度是指观测结果的可信度,是指子样符合母体(总体)状态的程度。工作抽样可靠度一般是预先给定的,通常定为 95%。

(3)精度。精度就是允许的误差,抽样的精度分为绝对精度 E 和相对精度 S。当可靠度定为 95% 时,有:

$$E = 2\sigma = 2\sqrt{\frac{P(1-P)}{n}} \tag{7-3}$$

$$S = \frac{E}{P} = 2\sqrt{\frac{1-P}{nP}} \tag{7-4}$$

对一般的工作抽样来说,通常取绝对精度 E 为 2%—3%,相对精度 S 为 5%—10%。对于绝对精度依据经验规定,按工作抽样的目的不同可在表 7-3 中查出允许的绝对精度值的大小。

表 7-3　不同抽样目的允许的精度

目的	E
调查停工,等待时间等管理上的问题	$\pm 3.6\%$—$\pm 4.5\%$
作业改善	$\pm 2.4\%$—$\pm 3.5\%$
决定工作地布置等宽放率	$\pm 1.2\%$—$\pm 1.4\%$
制定标准时间	$\pm 1.6\%$—$\pm 2.4\%$

3．观测次数

确定观测次数的方法有两种,包括计算法与图表法,详细见 7.3.2"试观测与总观测次数的确定"部分。了解抽样测度后,接下来介绍工作抽样流程(见图 7-2)。

7.3.2　工作抽样的实施步骤

1．步骤一:明确调查目的与范围

调查目的不同,则观测的项目及分类、观测的次数、观测表格的设计、观测时间及数据处理的方法也不同。例如,调查设备开动率,要明确调查的范围是一台设备,还是车间主体设备,或是全部设备。若观测人员的工作比率,则要明确测定的对象和范围,以便后面开展工作。

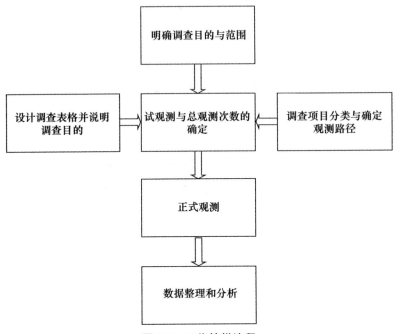

图 7-2　工作抽样流程

2. 步骤二:调查项目分类与确定观测路径

根据调查的目的和范围,可对调查对象进行分类。若只是单纯调查机器设备的开动率,则观测项目可分为"工作(开动)、停工(停机)、闲置"项。若想进一步了解停工和闲置的原因,则应将可能发生的原因详细分类。表 7-4 是对设备的观测项目分类表,表 7-5 是操作人员的观测项目分类表。

表 7-4　设备观测项目分类

一级分类	二级分类	三级分类
工作	工作中	加工
停工	准备中	准备机器
		准备工具
		整理加工品
	等待中	等待(有工作)
		等待(无工作)
		等待(修理)
		人员走动
		人员缺席
闲置	机器停止	工人不足
		制造能力不均衡
		订货计划不均衡

表 7-5 操作人员的观测项目分类

一级分类	二级分类	三级分类			备注		
全作业时间	作业	基本作业	作业	正规作业	作业	作业操作	作业时间
				临时作业			
			监视	自动化机械			
				化学反应			
				计量等			
		辅助作业	标准作业	收拾作业			
			随时作业	调整机械			
				测量等			
			搬运作业	搬运工作			
	非生产作业	修理保养	机器修理保养研磨工具、机器保养等		作业宽放		宽放时间
		管理等待	作业等待		管理宽放		
			商议				
			工厂走动				
		工作地准备	开工前的准备、下班后的打扫等				
	非作业	洗手、上厕所			生理宽放		
		休息(喝水、清除疲劳)			疲劳宽放		
		怠工(迟到、早到)			可避宽放		

在观测前,首先绘制被观测的设备及操作者的平面位置图和巡回观测路线图,并注明观测的位置。研究人员按事先规定好的巡回路线在指定的观测点上做瞬间观测,判定操作者或机器设备的活动属于哪一类事项并记录在调查表上。图 7-3 为在某工厂机器与操作者配置平面图上绘制的巡回观测路线和观测点。图中圆圈为观测机器的位置,×为观测操作者的位置,带箭头的线表示巡回观测路线。

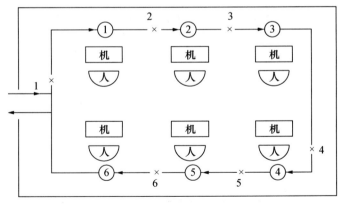

图 7-3 巡回观测路线和观测点

3. 步骤三:设计调查表格并说明调查目的

为了使抽样工作准确、高效,应根据企业实际问题事先设计好表格。表格一般包括观测项目、观测者姓名及日期、被观测对象的情况、观测时间等内容。观测表的格式很多,应根据内容和目的而定。

　　表7-6为对3台机器开动率及3名作业者作业率的观测。表7-7是细分机器的停工和作业者的空闲,汇总处理观测结果的,以求出各活动时间的构成比,并分析原因以进行改善。表7-8是研究作业和空闲时间比例的观测表,表中的作业者的作业只有工作中、工作准备及搬运三项,其他都属于空闲及宽放内容。

　　为了使工作抽样取得成功,必须将抽样的目的、意义与方法向被观测对象讲清楚,以便消除不必要的疑虑,并要求操作者按平时状态工作,避免操作者紧张。

表7-6　工作抽样观测表

工厂名:		车间名称:		作业:轴加工	
时间:		年　月		日(8:00—17:00)	

	粗车	精车	磨削	铣槽	观测者
					总计(比率)
8:10	×	√	×	○	
8:26	△	○	√	○	
8:42	○	×	√	×	
8:50	√	○	√	√	
…	…	…	…	…	
合计 ○	12	17	15	17	61(50.8%)
√	8	6	6	5	25(20.8%)
计 △	5	2	4	3	14(11.7%)
×	3	7	4	6	20(16.7%)

　　注:○为基本作业;√为辅助作业(调整测量,上下料清切屑);△为准备、结束作业(备料、备工具、看图样、交检);×为停止作业(休息、等待、迟到、早退、旷工等)。

表7-7　观测机器开动率与操作者作业率

分类		操作	空闲	合计			操作率(%)
机器	1	正正正正正正	正正正正	30	20	50	60
	2	正正正正正正正正	正正	40	10	50	80
	3	正正正正正	正正正正正	25	25	50	50
操作者	1	正正正正	正正正正	20	20	50	60
	2	正正正	正正正正正正	30	30	50	40
	3	正正正正正正	正正正	15	15	50	70

　　4. 步骤四:试观测与总观测次数的确定

　　工作抽样观测次数的确定原则是:在满足可靠度及观测精度的前提下,确定合理的抽样次数。确定观测次数的方法有计算法和图表法。

表 7-8　空闲时间细分规则

分类		操作	修理	故障	停电	工作中	工作准备	搬运	等材料	商议	等检查	清扫	洗手	作业小计	操作率（%）
机器	1	正正正		正										15	75
	2	正正		正正										10	50
	3		正正正											—	0
操作者	1						正正	正	正	正	正			20	67
	2						正正正		正	正			正	20	67
	3						正正	正		正	正	正		15	50

（1）计算法。当可靠度设定为 95% 时，由式（7-3）、式（7-4）可得：

$$n = 4P(1-P)/E^2 \tag{7-5}$$

$$n = 4(1-P)/S^2 P \tag{7-6}$$

其中，E 为绝对精度；S 为相对精度；P 为观测事件发生率；n 为需观测的次数。

关于公式中的 P 值有两种计算方法：一种方法是根据以往的经验统计数，先大致选定一个 P 值；另一种方法是可预先进行 100 次左右的试观测求 P。注意，预观测次数并非仅仅为计算用，还可作为整个观测次数的一部分，计入总观测次数中。

（2）图表法。在作业率（工作率）已知条件下，根据观测目的、观测精度（相对精度或绝对精度）确定观测次数可利用表 7-9。

在正式观测前，需要进行一定次数的试观测。通过试观测求得该观测事项的发生率（作业率或空闲率），然后根据式（7-5）及式（7-6）计算正式观测次数。

一般而言，观测次数取决于精度大小，为保证足够精度，观测次数尽可能多。

表7-9　不同作业率(P)下的观测次数 n(可靠度95%)

| $P(\%)$ | n | | | | $P(\%)$ | n | | | |
| | 绝对精度 | | 相对精度 | | | 绝对精度 | | 相对精度 | |
	1%	5%	1%	5%		1%	5%	1%	5%
1	16	396	3 960 000	158 400	51	400	9 996	38 431	1 537
2	32	784	1 960 000	78 400	52	400	9 984	36 923	1 477
3	47	1 164	1 293 000	51 720	53	399	9 964	35 472	1 419
4	62	1 536	960 000	38 400	54	398	9 936	34 074	1 363
5	76	1 900	760 000	30 433	55	397	9 900	32 727	1 309
6	92	2 256	626 667	25 067	56	395	9 856	31 429	1 257
7	102	2 604	531 429	21 257	57	392	9 804	30 175	1 207
8	118	2 944	460 000	18 400	58	390	9 744	28 966	1 159
9	131	3 276	404 444	16 178	59	400	9 996	41 633	1 665
10	144	3 600	360 000	36 000	60	384	9 600	26 667	1 067
11	157	3 916	323 636	12 945	61	381	9 516	25 574	1 023
12	169	4 224	293 333	11 733	62	377	9 424	24 516	981
13	181	4 524	267 692	10 708	63	373	9 323	23 492	940
14	193	4 816	245 714	9 829	64	369	9 216	22 500	900
15	205	5 100	226 667	9 067	65	365	9 100	21 538	862
16	216	5 376	210 000	8 400	66	360	8 976	20 606	824
17	266	5 644	195 294	7 812	67	354	8 844	19 701	788
18	236	5 904	182 222	7 289	68	349	8 704	18 824	753
19	246	6 156	170 526	6 821	69	343	8 556	17 971	719
20	256	6 400	160 000	6 400	70	337	8 400	17 143	686
21	266	6 636	150 476	6 019	71	330	8 236	16 338	654
22	275	6 916	143 636	5 673	72	323	8 064	15 556	622
23	284	7 084	133 913	5 357	73	316	7 884	14 995	592
24	292	7 296	126 667	5 067	74	308	7 696	14 054	562
25	300	7 500	120 000	4 800	75	300	7 500	13 333	533
26	308	7 696	113 846	4 554	76	292	7 296	12 632	505
27	316	7 884	108 148	4 326	77	284	7 084	11 948	478
28	323	8 064	102 857	4 114	78	275	6 864	11 282	451
29	330	8 236	97 931	3 917	79	266	6 636	10 633	425
30	337	8 400	93 333	3 733	80	256	6 400	10 000	400
31	343	8 556	89 032	3 561	81	246	6 156	9 383	375
32	349	8 704	85 000	3 400	82	236	5 904	8 780	351
33	354	8 844	81 212	3 249	83	226	5 644	8 193	328
34	360	8 976	77 647	3 106	84	216	5 376	7 619	305
35	365	9 100	74 286	2 917	85	208	5 100	7 059	282
36	369	9 216	71 111	2 844	86	193	4 816	6 512	261
37	373	9 324	68 108	2 724	87	181	4 524	5 977	239
38	377	9 424	65 263	2 611	88	169	4 224	5 455	218
39	381	9 516	62 564	2 503	89	157	3 916	4 944	198
40	384	9 600	60 000	2 400	90	144	3 600	4 444	178
41	387	9 676	57 561	2 302	91	131	3 276	3 956	158
42	390	9 744	55 238	2 210	92	118	2 944	3 478	139
43	392	9 804	53 023	2 121	93	102	2 604	3 011	120
44	395	9 856	50 909	2 036	94	92	2 256	2 553	102
45	397	9 900	48 889	1 956	95	76	1 900	2 105	84
46	398	9 936	46 957	1 878	96	62	1 536	1 667	67
47	399	9 964	45 106	1 804	97	47	1 164	1 237	50
48	400	9 984	43 333	1 733	98	32	784	816	33
49	400	9 996	41 633	1 665	99	16	396	404	16
50	400	10 000	40 000	1 600					

5. 步骤五:确定观测期间与一天的观测次数

考虑到调查目的及观测对象的工作状态,确定观测期间显得很重要。在上述例子中,一天做了 200 次观测,即使再准确也难以由此推断一周、一个月的工作状态,因为工作效率会随着日期的不同而发生变化,还会因为生产计划和条件的不同而发生很大的变化。此例中是 10 人作业,假设每天观测 20 次,求得观测期间为:

观测时间 = 观测总次数 / 观测对象 × 每天观测次数 = $533/10 \times 20 = 2.67 \approx 3$

显然一天的观测次数为:

$$一天的观测次数 = 观测次数 / 观测时间 = n/d$$

决定观测次数和观测期间应考虑以下几点:

(1) 以找出问题进行改善和推断作业率为目标的场合,若工作稳定,则应每天观测 20—40 次较合适;若工作内容在一天中有较大变化时,取发生变化的时刻。

(2) 如果作业的变化具有周期性,决定观测时刻就必须取变化周期的整数倍,或取与最小、最大周期相同的时刻。

(3) 在观测时,若作业内容稳定而均匀,则可确定较短的观测期间,如装配线上的作业。而对非周期性作业,观测期间应延长,每天观测次数也应增多,如机器设备的维修等。工作内容不均匀,要了解各种时间变化,就需要确定较长的观测时间。

(4) 研究宽放率(疲劳宽放除外)或作业内容变动大的场合,观测时间最好稍长些。

(5) 观测时间应避开非正常作业时间。

6. 步骤六:正式观测

(1) 决定每日的观测时刻。根据抽样理论,观测时刻应是随机的。随机决定观测时刻的方法很多,以免观测结果产生误差,下面介绍三种方法。

• 利用随机数表决定观测时刻。常用的随机数有二位随机数表,还有三位随机数表,表 7-10 为三位随机数表,它是从 0:00 到 7:00 的 8 个小时里,一天随机地选择 25 次观测时刻。

表 7-10　随机时刻表

1	2	3	4	5	6	7	8	9	10
(19)0:05	0:20	0:10	0:15	(18)0:05	(23)0:10	0:15	(17)0:05	0:25	0:05
0:20	(18)0:50	(16)0:35	0:25	0:25	0:25	(21)2:20	(18)0:20	0:30	0:15
0:55	(24)1:20	0:55	(16)1:20	0:45	(21)0:30	(16)0:35	(15)1:05	(24)0:40	0:40
(22)1:10	(21)1:45	(24)1:00	1:40	1:05	0:40	(15)0:50	1:25	0:45	1:30
(20)1:20	1:55	1:10	1:55	(21)1:50	1:10	1:00	1:30	1:00	1:45
(24)1:35	2:00	1:45	2:00	(20)2:10	1:20	1:25	2:05	(18)1:10	(21)2:20
2:30	2:30	(19)2:00	2:30	2:20	1:30	(23)1:40	2:25	(17)1:25	2:25
3:05	2:40	2:05	(15)2:50	2:30	2:25	(22)1:50	(24)2:40	1:40	(22)3:10
(16)3:10	3:10	(21)2:45	3:10	(19)2:35	2:35	1:55	(16)3:00	2:15	(20)3:40
(25)3:15	(23)3:30	2:50	(18)3:30	(17)2:50	2:40	2:45	3:20	2:20	(15)3:50
3:25	(22)3:40	(22)3:00	3:45	(23)3:00	(24)2:55	(25)3:05	4:25	2:30	4:15

（续表）

1	2	3	4	5	6	7	8	9	10
(21)3:45	3:50	3:20	3:50	(16)3:10	(19)3:05	3:50	4:45	(15)2:40	(24)4:20
4:00	4:05	3:30	4:30	3:40	3:15	(19)4:00	4:50	2:45	4:30
4:10	(16)4:15	(20)4:40	(20)4:40	(24)3:45	(17)3:25	4:25	(25)4:55	(21)3:05	(25)4:40
(18)4.35	(17)4:20	4:45	5:10	(15)4:30	(15)3:30	(18)4:45	5:05	(16)3:30	4:55
4:45	(19)4:25	4:55	5:20	5:00	3:40	(20)5:10	5:15	3:35	5:00
5:00	4:30	5:00	(17)5:30	5:45	(16)3:50	5:10	5:50	4:00	5:15
(15)5:05	(15)4:35	(18)5:50	(25)5:45	(22)5:50	4:00	(24)5:15	5:55	4:15	(19)5:20
(17)5:35	5:20	(25)6:00	(19)5:50	5:55	4:15	6:20	6:00	(23)4:50	5:25
5:55	5:35	6:05	(21)6:15	6:00	4:25	6:25	(20)6:10	(20)5:45	(23)6:05
(23)6:20	6:15	(23)6:35	6:20	6:35	(18)4:35	6:50	(19)6:20	(22)5:50	(17)6:45
6:45	(20)6:40	(15)6:40	(24)6:25	6:45	(22)5:40	6:55	6:35	6:25	(18)7:15
6:50	(25)6:45	7:10	6:50	(25)7:00	(25)6:45	7:15	(23)7:10	(19)6:50	7:25
7:10	7:10	7:35	7:30	7:45	6:50	7:40	7:15	(25)7:05	7:35
7:25	7:35	(17)7:50	7:35	7:55	(20)7:30	(17)7:45	(21)7:30	7:30	(16)7:55

11	12	13	14	15	16	17	18	19	20	21
(25)0:05	(22)0:10	(25)0:10	0:10	0:50	0:15	0:05	1:00	0:05	(20)0:25	0:25
(18)0:15	0:20	0:15	(17)0:15	1:10	(23)0:35	(17)0:40	(16)1:10	0:55	0:55	(17)0:35
0:20	0:30	1:10	0:20	1:20	(20)0:45	(25)0:50	1:35	(16)1:00	1:30	1:00
0:25	1:30	1:25	(22)0:25	(15)1:25	0:55	(23)1:10	(21)1:50	(24)1:25	2:00	1:05
0:55	(19)1:45	(21)1:30	(24)0:50	1:30	1:00	1:40	1:55	1:40	2:50	1:10
1:20	1:50	1:40	(18)1:25	(20)2:00	(19)1:05	1:50	2:10	1:45	(21)3:10	(20)1:50
1:35	2:25	1:45	1:35	2:20	1:25	1:55	2:20	(18)1:55	3:15	(18)2:40
1:55	(25)2:35	(16)2:05	(23)2:10	(24)2:40	2:20	(16)2:00	(23)3:00	2:05	(24)3:25	(24)2:55
(17)2:10	(17)3:05	2:40	(20)2:15	2:45	(21)2:25	(24)2:40	3:05	(17)2:40	(19)3:35	3:10
2:30	3:10	(19)2:45	2:40	2:50	2:35	(21)2:45	3:15	(25)2:50	(22)3:40	(25)3:15
2:45	3:50	2:55	2:55	3:10	(17)2:40	(15)3:15	3:50	(21)3:15	3:45	3:45
(21)2:50	3:55	(22)3:40	3:35	(25)3:35	(25)3:05	4:20	4:30	3:55	4:00	3:55
(22)2:55	4:05	3:45	(21)3:40	(16)4:00	(15)3:10	4:30	(20)4:50	4:00	(17)4:10	4:15
3:00	4:10	(18)3:50	4:35	(21)4:25	3:15	4:50	4:55	4:05	5:10	4:25
3:30	4:50	(24)4:05	(16)4:45	5:00	3:30	(19)5:00	(24)5:35	4:15	(25)5:40	4:45
3:35	(21)5:10	(20)4:25	(19)5:05	5:10	(16)3:40	5:05	(15)5:40	(23)4:20	5:45	(23)5:00
(23)3:45	(16)5:25	4:55	5:10	5:20	4:05	5:20	5:45	4:45	5:55	5:25
4:05	(15)5:30	5:15	5:55	(17)5:25	(18)4:10	6:05	5:50	5:15	6:20	(19)5:30
5:00	(24)6:00	5:45	6:05	(23)5:35	4:35	(18)6:10	(18)6:15	(22)5:50	(16)6:30	6:10
(19)5:40	6:05	(15)6:20	6:20	(19)5:55	5:10	6:40	(19)6:20	6:10	6:40	6:45
(24)5:50	6:15	6:25	6:05	6:00	5:20	6:50	(17)6:35	(20)6:35	(18)7:00	(15)7:10
6:25	6:30	(17)6:30	7:10	6:15	6:50	(20)6:55	(25)6:45	(19)6:45	7:05	(16)7:30
7:20	(18)6:50	6:35	7:20	(22)6:55	(22)6:00	7:00	7:10	6:55	7:15	(22)7:40
7:40	(23)6:55	(23)7:35	(25)7:50	(18)7:25	6:15	(22)7:35	(22)7:20	(15)7:00	(23)7:35	7:45
(20)7:50	(20)7:25	7:50	(15)7:55	7:50	(24)7:50	7:55	7:55	7:50	(15)7:50	(21)7:50

• 利用系统抽样原理确定观测时刻。系统抽样是依据一定的抽样距离,从母体中抽

取样本,又称等距抽样。设每天总工作时间为 t 分钟,要求抽样观测 n 次,则在每一个 t/n 时段内随机选取一个观测时刻,以后每隔 t/n 时间就观测一次。

- 利用分层随机抽样原理确定观测时刻。分层抽样原理是将总体分为若干层,再从各层中随机抽取所需的样本。

(2)实地观测。观测人员按照既定的观测时刻及预定的抽样调查项目,将观测到的活动状态准确地记录在调查表上(见表 7-11)。在记录的过程中切忌主观武断,以表面现象下结论,要求耐心细致、深入现场、了解实质、尽可能准确。

表 7-11　观测时刻表

观测日		1	2	3	4	5
乱数		21	12	6	14	27
观测起点		8：21	8：12	8：06	8：14	8：27
观测间隔/分钟		23	23	23	23	23
观测用户	1	8:21	8:12	8:06	8:14	8:27
	2	8:44	8:35	8:29	8:37	8:50
	3	9:07	8:58	8:52	9:00	9:13
	4	9:30	9:21	9:15	9:23	9:36
	5	9:53	9:44	9:38	9:46	9:59
	6	10:16	10:07	10:01	10:09	10:22
	7	10:39	10:30	10:24	10:32	10:45
	8	11:02	10:53	10:47	10:55	11:08
	9	11:25	11:16	11:10	11:18	11:31
	10	11:48	11:39	11:33	11:41	11:54
	11	13:21	13:12	13:06	13:14	13:27
	12	13:44	13:35	13:29	13:37	13:50
	13	14:07	13:58	13:52	14:00	14:13
	14	14:30	14:21	14:15	14:23	14:36
	15	14:53	14:44	14:38	14:46	14:59
	16	15:16	15:07	15:01	15:09	15:22
	17	15:39	15:30	15:24	15:32	15:45
	18	16:02	15:53	15:47	15:55	16:08
	19	16:25	16:16	16:10	16:18	16:31
	20	16:48	16:39	16:33	16:41	16:54

7. 步骤七:数据整理和分析

全部观测结束后,就要对观测数据进行统计、整理及分析。其处理过程如下:

(1)统计观测数据。每天(或每个班次)结束了,应统计一天(或一个班次)的观测数据,并核对各个时刻的记录有无差错。

(2)计算项目的发生率。计算出每一个分类项目的发生次数并计算各个项目的发生率,某项目发生率=某项目的发生次数/每天(班次)的全部观测次数×100%。

(3)剔除异常值。在完成全部观测之后,需检验观测数据是否正常,如发现异常数值应予以剔除。

（4）重新计算设备开动率（作业率）。

（5）分析结果，改进工作。

通过上述步骤，确认结果可信之后，就可得出与设计目标相应的结论，如作业率（发生率）是否合适，设备的负荷、工人的工作状态、各种作业活动时间构成比是否合适等，并分析原因，提出具体改善措施，以达到充分发掘人员与设备的潜力、提高企业经济效益的目的。

7.4 工作抽样实例

7.4.1 实例一：齿轮厂加工齿轮工作抽样

7.4.1.1 背景

调查工作班内各类设备的利用情况，研究设备开动状况，采取对策以提高设备的运作率，是工作抽样应用的主要内容，为合理组织生产提供依据。分析了解哪类机器会出现哪类原因，停止多长时间，针对重要原因采取相应对策，有计划地保护机器，改进其生产能力。以下通过某企业齿轮分厂加工一批圆柱齿轮的实例，应用工作抽样法对作业进行分析与改进。

7.4.1.2 实施

用工作抽样法解决该问题的具体流程如下：

1. 明确调查目的与范围

齿轮加工是某企业的重要作业之一，从每月的计划完成情况看，该厂齿轮生产属薄弱环节，一直影响整机的配套率。劳资部门认为主要原因是该工段的作业效率低，估计的作业率仅为70%。为了减少无效时间、提高作业率，决定运用工作抽样法进行作业改进。

主要对齿轮作业的工艺、设备、人员、布置及作业方法等进行了调查，部分调查结果如表 7-12 所示。

表 7-12 齿轮加工工艺过程

工序	内容	设备	台数	工人数	夹具
1	钻扩孔、倒角	立钻	1	1	钻模
2	拉内孔、键槽	拉床	1	1	球面导向套
3	粗车外圆及两端面	普通车床	3	3	心轴
4	槽车外圆及两端面	普通车床	2	2	心轴
5	滚齿形	滚齿机	3	3	心轴
6	磨齿	滚齿机	2	2	心轴
7	去毛刺	台钻	1	1	
8	检查			1	

2. 调查项目分类与确定观测路径

主要调查空闲原因，由此对可能发生空闲的项目进行详细的分类，如表 7-13 所示。

表 7-13 观测项目分类

作业	辅助作业	宽放	作业	辅助作业	宽放
钻、扩孔	准备材料	商谈问题	滚齿	清点数量	如厕
拉键槽	中间检查	拌匀零件	磨齿	其他	其他
粗车	清理工作地	等待加工	去毛刺		
精车	准备工夹具	休息	终检查		

确定观测路线,如图 7-4 所示。

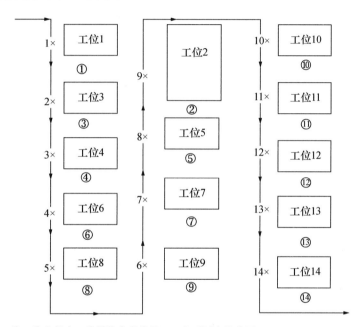

注:○为相应工位操作者的位置;×为观测者的位置。

图 7-4 齿轮加工抽样观测路线

3. 试观测与总观测次数的确定

相对精度 S 取为 5%,作业率 P 为 70%,代入式(7-6)计算观测次数 n 为:

$$n = \frac{4(1-P)}{S^2 P} = \frac{4 \times (1-0.7)}{0.05^2 \times 0.7} \approx 686(次)$$

确定观测期间和一天的观测次数。齿轮加工作业较为稳定且日产量很均匀,故可取较短的观测时间,确定为 3 天,共有 14 个工位,由此计算得出每天观测次数为:

总次数 /(观测对象 × 观测日数) = 686/(14 × 2) = 16.33 ≈ 16(次)

利用表 7-10 所示的随机时刻表选择观测时刻。首先选 1—3 列为 3 天的观测时刻表,每列时间从上到下加 8,表示从早 8:00 开始,当时间大于 12:00,则加 9,表示扣除中午的 1 小时休息时间,然后再剔除括号内数字大于 16 的时间,则选择的 3 天观测时间如表 7-14 所示。

表7-14　3天观测时刻

第1天	第2天	第3天	第1天	第2天	第3天
8:20	8:20	8:10	13:55	13:15	11:30
8:55	9:55	8:35	14:00	13:30	13:45
10:30	10:00	8:55	14:05	13:35	13:55
11:05	10:30	9:10	14:55	14:20	14:00
11:10	10:40	9:45	15.45	14:35	15:05
11:25	11:10	10:05	15:50	15:15	15:40
12:00	11:50	10:50	16:10	16:10	16:10
13:10	13:05	11:20	16:25	16:35	16:35

4. 正式观测

按照时间和路线进行实地观测,根据作业中发生的状态在观测表对应栏目内做标记,如表7-15所示。

表7-15　齿轮加工工作抽样观测表

作业名称:齿轮加工		所属车间:机加工车间		观测人:		审批:	
			观测日期:10月7—9日(共3天)				
		10月7日	10月8日	10月9日	小计次数	百分比(%)	合计次数	百分比(%)
基本作业	钻扩孔	12	10	8	30	4.4		
	拉键槽	8	7		15	2.2		
	粗车	39	40	33	112	16.3		
	精车	36	30	32	98	14.3	428	62.4
	滚齿	30	26	28	84	12.2		
	磨齿	15	15	11	41	6.0		
	去毛刺	7	6	8	20	2.9		
	检查	6	10	12	28	4.1		
辅助作业	准备材料	5	6	5	16	2.3		
	中间检查	11	10	11	32	4.7		
	清理工作地	5	8	5	18	2.6	142	20.6
	准备工夹具	7	8	7	22	3.2		
	清点数量记录	15	16	11	42	6.1		
	其他	3	5	4	12	1.7		
宽放	商量工作	3	4	1	8	1.2		
	搬运零件	21	17	14	52	7.6		
	等待	12	11	8	31	4.5	116	17.0
	休息	6	4	5	15	2.2		
	上厕所	3	2	3	8	1.2		
	其他	1	1		2	0.3		

5．数据整理和分析

统计观测结果。由表 7-15 的统计次数计算相对精度为：

$$S = 2\sqrt{\frac{P(1-P)}{n}} = 2\sqrt{\frac{0.7 \times (1-0.7)}{686}} \approx 3.7\%$$

相对精度＜5％，说明观测结果可靠。

7.4.1.3　结果

由表 7-15 可知，基本作业的作业率仅占 62.4％，而辅助作业和宽放分别占 20.6％和 17％。辅助作业中，清点数量、记录、中间检查、准备工夹具和清理工作地所占比例较高；宽放中，搬运零件、等待所占比例较高。利用 5WIH 提问技术分析，产生这些问题的主要原因有：

(1) 工位器具不合适，零件仍然是散放，不能按箱计算数量和按箱搬运。

(2) 整理整顿不善，工作地太乱，经常需清理才能干活。

(3) 部分工夹具老化，精度不够。

(4) 部分粗加工也做中间检查，没有必要。

(5) 生产能力不平衡。精车是瓶颈工序，而拉键槽有富余能力，因而等待多。

(6) 布置不合理，搬运多。

(7) 作业者技术不熟练，管理上派工有问题（造成不平衡）等。

另外，在基本作业中，62.4％的作业率也没有完全发挥效率，这主要是因为工人作业方法不当造成的。

综上所述，提出齿轮作业的改善措施：通过流程研究，重新划分作业（使作业均衡）和取消不必要的作业；通过搬运与布置分析，寻求设备按流水线布置的可能性，并设计适当的工位器具和工作地布置；运用动作研究和其他工业工程方法对基本作业进行分析改善。

7.4.2　实例二：生产瓶装汽水流水线改善

7.4.2.1　背景

某饮料厂生产瓶装汽水等饮料，采用流水线集体作业的生产组织形式。为了达到在不增加人力、设备的情况下提高产品质量、增加产品产量、降低成本的目的，该厂邀请专家对饮料、酒等七条流水线进行了技术诊断，并运用程序分析、时间研究、工作抽样等现代化管理方法制定了先进合理的劳动定员定额，显著提高了劳动生产率和经济效益，其中 A 汽水、B 汽水和 C 汽水三条生产线的定员减少了 2.27％，班产量提高了 36.36％。

7.4.2.2　实施

1．明确调查目的与范围

该厂 C 汽水的生产流程如图 7-5 所示。流水线的大部分工作属于纯机动的，少部分工序是机手并动和手工作业。一个工序或工位只有 1 人看管，设备只要出产品就算是在工作。将手工上空瓶、自动洗瓶机监视、出瓶、灯检、灌糖、灌水和扎盖、成品检验、装箱等8 个工位作为工作抽样的观测对象。

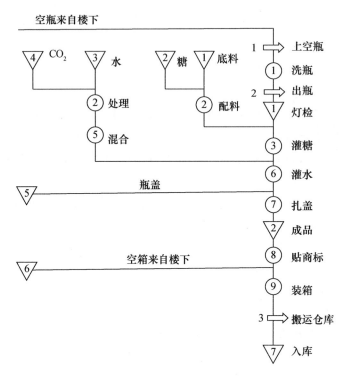

图 7-5 C 汽水生产流程

2. 试观测与总观测次数的确定

经研究,规定可靠度为 95%,绝对精度为 ±3%,相对精度为 ±5%。根据该厂过去的统计资料,工作比率为 80%,规定每班观测 20 次。

总观测次数 $n = \dfrac{4(1-P)}{S^2 P}$,将 $P=80\%$、$S=5\%$ 代入,得 $n = \dfrac{4(1-0.8)}{0.05^2 \times 0.8} = 400$(次)。

观测轮班数 $= 400/8 \times 20 = 2.5$(班),取 3 班。

决定每日的观测时刻。

为简便起见,采用随机起点等时间间隔法,设乱数数列为 18、13、02、09、11、19、05。

该厂白班作业时间从 7:00 开始,故第一天第一次观测时刻是 7:18。

各次观测时间间隔:$(480-18)/20 = 23$(分钟),则第二次为 7:41,以此类推。

第二天第一次的观测时刻为 7:01,第二次为 7:36,其余类推。

3. 正式观测

按观测次数应该观测 3 个班,现有意识地观测 6 个班,观测对象为 8 个工位,每班观测 20 次,共 960 次,观测结果如表 7-16 所示。

表 7-16　观测结果

观测班次	每班观测次数(n)	工作次数	工作比率(%)
1	160	129	80.63
2	160	142	88.75
3	160	124	77.50
4	160	125	78.13
5	160	119	74.38
6	160	120	75.00
合计	960	759	79.06

4. 数据整理和分析

（1）计算管理界限,绘制管理图。管理界限为:

$$管理界限 = \overline{P} \pm 3 \sqrt{\frac{(1-\overline{P})\overline{P}}{n}} = 0.7906 \pm 3 \sqrt{\frac{(1-0.7906)0.7906}{160}} \approx 0.7906 \pm 0.0966$$

即管理上限(UCL)为 88.72%,管理下限(LCL)为 69.4%,管理图如图 7-6 所示。

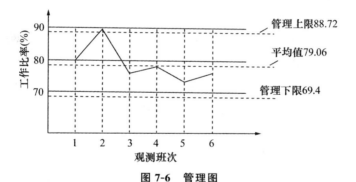

图 7-6　管理图

由于第二班的工作比率越出上管理界限,作为异常值剔除。再重新计算比率为:

平均工作比率 = (129 + 124 + 125 + 119 + 120)/160 × 5 ≈ 77.13%

（2）检查观测次数是否合适。余下的 5 个班的观测次数为 800(160×5)次,仍远远超过 400 次。

（3）计算绝对精度为:

$$E = 2\sigma = 2 \sqrt{\frac{0.7713(1-0.7713)}{160 \times 5}} \approx 0.0297$$

在预先规定的 3% 内,观测有效。

7.4.2.3　结果

运用秒表测时法测定各工序的分钟产量,结果发现各工序的能力不平衡,而流水线的产量取决于薄弱工序的生产能力,通过平整流水线,使产量达到 81.1 瓶/分钟。则:

C 汽水生产线的轮班产量定额 = 480 × 77.13% × 81.1 ≈ 30 025(瓶)

经过适当宽放,将流水线产量定额为 30 000 瓶/班,班产量提高 36.36%(原来为 22 000 瓶/班)。最后进行合理的定员,配备 43 人,与原配备(44 人)相比减少了 2.3%。

7.5　工作抽样的应用新动向

护士的人力与护理质量之间的关系已经被广泛报道。研究显示,每增加一个全职注册护士,ICU、外科、内科患者的每天病死率分别能降低 9%、162%、6%。然而雇用一名注册护士的年成本也较高。美国劳工部的统计数据显示,2012 年,一名注册护士小时工资为 32.66 美元,每年雇用一名注册护士的成本为 67 930 美元。因此,医院应该用科学的研究方法计算病房护理工作量,且以护理工作量为基础并考虑一定的宽放时间来分配护理人力,进而保证患者安全,节省人力成本。应用护理措施分类及工作抽样法能够真实预测眼科白班护理工作量,为护理人力资源配置提供参考。

护理措施分类是根据护理活动之间的关系对活动进行排序或安排不同的组,并对每组的活动赋予措施名称,是目前国际护理专业普遍采纳的标准化护理语言之一。工作抽样法是观察者运用数据采集表格记录瞬间发生的各种事件的出现次数,记录的是观察到的活动而不是活动的持续时间。它是利用统计学的随机抽样原理,以观察到的活动发生次数推断这些活动的持续时间。活动次数可通过固定时间间隔和随机时间间隔进行观察得到。为了便于统计分析,固定时间间隔应用得较为广泛,通常是 10 分钟或 15 分钟。在每一个时间间隔内,观察者记录第一眼看到的每一个观察对象的活动,直到找到所有观察对象并记录其活动,则本次巡回结束。主要步骤包括以下三个阶段:

1. 确定眼科护士护理活动类型(第一阶段)

观察者跟踪护士,为了使所观察的活动最大化,护士的职能和班次的差异化尽可能最大,根据护士长排班表以方便选取。每当观察对象转变护理活动时,即用通俗化语言在一张 A4 纸上记录护士的活动。再根据护理记录单、眼科病房各班护士岗位职责,补充观察阶段未纳入的活动。将列举的护理活动提交给病房护士长及有多年眼科工作经验的主管护师讨论,以确认所纳入活动的有效性,并最终形成一份护理活动清单。

2. 形成眼科护理措施清单和工作抽样调查表(第二阶段)

研究者将第一阶段形成的护理活动清单与护理措施分类描述的护理措施的定义和活动相比较,将符合某项护理措施的活动纳入该护理措施,将初步归类的活动提交给病房护士长及有多年眼科工作经验的主管护师讨论,确保活动归类的有效性。护理活动归类后,根据护理措施分类中的定义,将护理措施分为直接护理措施和间接护理措施。列表中不属于护理措施分类中的活动分为相关护理活动和非生产性活动。相关护理活动是指不与护理具体工作相关,可由其他专业人员执行的活动。非生产性活动是指不产生任何经济效益的活动。根据以上工作结果形成护理措施清单(包括护理措施编码和名称),并制作工作抽样数据收集表。

3. 收集数据(第三阶段)

观察前应准备的材料包括第二阶段形成的护理措施清单和工作抽样调查表,定时器和带有秒针的电子表。观察时间间隔为 10 分钟。在数据收集前,填写工作抽样调查表第一部分的内容包括:观察日期、星期和观察次数;参照护士长排班表完善工作抽样调查表中各项内容,包括所有当班护士姓氏、班次类型和所管床号。计时器震动后,观察者核对电子表,在调查表规定观察时间开始巡回病房,直至观察者找到所有观察对象,并根据观察活动记录活动对应的编码。为了获得每一类患者所需的护理时数资料,将活动进一步细化,在记录活动种类的同时记录接受该活动的患者类型,将新患者编号为 1,手术患者编号为 2,观察患者编号为 3,出院患者编号为 4。例如"5-4"代表护士正在为出院患者进行静脉给药的活动。新患者指在观察当日(17:00 之前)办理入院的患者;手术患者指当日实施手术的患者;观察患者指当日不做处置的患者。若出现当日入院即实施手术的急诊患者(极少发生),将其归类为新患者。利用 Excel 建立数据库,录入活动编号和患者类型。对于第一阶段未观察到的活动,在原有编号基础上继续编号。将数据导入软件进行描述性统计分析,最后得到眼科每个白班护理工作量。

眼科病房护理工作量是由科学的工作量测量方法获得。工作抽样是工时研究的常用方法,在工业工程领域已经广泛应用于工作改善、制定时间定额和产量定额,在护理领域也已经广泛应用于护理工作量测定的确定。由于工作抽样法允许观察者在同一时间观察更多的研究对象,从而产生较大的数据集,使结果相对于自我记录法更加准确,且花费成本相对较低。工作抽样法不必连续跟踪研究对象,只需在每一个时间间隔内观察并记录所有观察对象的活动即可。

以往有关的间接护理措施时间的获取是通过连续 24 小时观察所有当班护士。首先,这种观察极其耗费人力;其次,如果观察者发现观测对象持续观察自己,可能会产生霍桑效应,故意放慢速度;最后,临床护理活动转换率极快,许多活动仅持续几秒,持续性观察难以快速捕捉护理活动。对于直接护理措施时间,以往研究往往是测量标准时间,容易夸大护理人力需求。采用工作抽样法测量眼科病房护理工作量,不仅考虑到临床护理活动的特点,还能在缓解霍桑效应的基础上降低研究成本,从而促进工作抽样法在护理人力研究领域的推广。

习题

1. 确定观测次数的方法有几种? 在可靠度一定的情况下,工作抽样的观测次数与哪些因素有关? 实例一采用哪种方法确定观测次数? 可以采用其他方法吗? 为什么? 所得的结果一样吗?

2. 工作抽样中随机决定观测时刻的方法有哪 3 种? 实例二采用哪种方法? 能否改用其他方法? 若能,观测结果如何变化?

第 3 部分

学 习 曲 线

第8章 学习曲线

8.1 学习曲线的定义

学习曲线（learning curve）又称熟练曲线，是一种动态的生产函数，最早产生于飞机制造业。在大批量生产过程中，这是表示单台（件）产品工时消耗和连续累积产量之间关系的一种变化曲线。随着累积产量的增加、操作者生产制造熟练程度的提高，产品单台（件）工时消耗呈现下降趋势，这样就形成了一条工时递减的函数曲线。我们把累积平均工时与累积产量之间的关系称为学习曲线，并把产量加倍后与加倍前累积平均工时之比称为学习率。通常把学习曲线所反映的这一生产规律称为学习效应。

所谓学习效应，是指当一个人或一个组织重复地完成某一项产品生产（任务）时，完成单位产品所需的时间会随着产品生产数量的增加而逐渐减少，然后会趋于稳定。根据统计分析，生产单位产品消耗的时间和累积产量的关系呈指数关系，如图 8-1 所示。学习曲线包含两个阶段：一是学习阶段，该阶段单位产品的生产时间随产品数量的增加而逐渐减少；二是标准阶段，该阶段单位产品的生产时间基本稳定，学习效应可以忽略不计，可按标准时间进行生产。

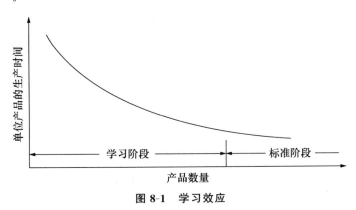

图 8-1 学习效应

学习曲线有狭义和广义两种解释。狭义的学习曲线是指操作人员的个人学习曲线，随着时间的推移，知识和经验得到有效的累积，它反映了个人操作技术熟练程度的提高；广义的学习曲线是指一个生产单位中直接劳动者（操作工）和间接劳动者（设计、制造及管理者）加工制造某种产品的学习曲线，它除了反映操作者个人操作技术熟练程度，还包含了生产方式和设备的改进、管理的改善与技术创新共同努力的结果。因此，学习曲线又被称为制造进步函数、经验曲线、效率曲线、成本曲线、改进曲线等。更广义的学习曲线是指某一行业或某一产品从引入期、成长期、成熟期至衰退期的整个学习曲线。学习曲线现象告诉我们，生产中永远有潜力可挖。

8.2 运用学习曲线的目的

研究与测定学习曲线对提高生产率有很大的作用。现在学习曲线在工业工程中应用较为广泛，可用于制定标准时间、计算产品销售价格、预测产品的制造工时、考察系统的稳定性、考核工人的工作绩效等。除此之外，它还可应用到非制造型企业中，描述发生在每一个工作中的学习过程。员工效率和企业效率的提高是工作经验日益积累的结果，经验增加了员工和企业的知识，并促进了员工和公司的学习。学习曲线的目的就在于使人们认识到学习能提高效率及效益，可以归结为以下几个方面：

1. 运用学习曲线可以帮助企业制订能力计划和成本计划

在生产运作能力管理中，学习曲线可以用来帮助企业较精确地估计对生产能力的需求，从而制订相应的能力计划。为了有效提高生产能力，企业可以采用工作专业化、激励全面化，使用能够辅助和支持操作的工具与设备，提供快速而简单的响应和帮助，让工人重新设计他们的工作曲线等途径来提高工人的学习效应，进而改善企业的生产能力。同时，根据学习效应理论可以知道，随着累积产量的增加，学习成本有降低的可能性。当一个企业竞争策略的重点放在低成本上时，为了维持一定的利润，必须有足够的产量。企业通常是尽可能地增加产量，以使得成本降至学习曲线的低点。为此，企业可以在学习曲线的标准阶段确定其生产数量或生产规模，以确保成本最低。

2. 运用学习曲线进行价格决策

由于产品定价离不开成本，成本是企业制定价格的基础。在学习效应存在的场合，由于人工成本和其他某些成本受到学习因素的作用，它们具有随累积产量的增长而规律性下降的特性。这就有可能根据产品的累积产量，利用学习曲线预测单位产品（或者单位生产批次产品）的成本，并在此基础上综合考虑固定成本和企业应提取的一定百分比的利润，做出合理的价格决策。

3. 运用学习曲线可以帮助企业选人用人和开展人力资源管理

首先，在人员录用考察方面的应用：以学习曲线和学习率考察个人对新环境与新业务的适应能力，决定是否录用此人。一般来说，学习率越高，个人适应新工作的时间越短，能力就越强，公司越应录用此人。由于学习率是由个人的经验和能力决定的，公司让有经验和专长的人从事专门工作，或让综合业务能力强的人充当多面手，都有利于降低学习成本。而起用创新型人才，则有利于企业降低未来的学习成本。

接着，在人力资源管理中的应用包括员工培训和薪酬调整：

（1）在员工培训方面的应用。学习效应表明了企业进行员工培训的有效性。员工培训越有效，学习效应就越明显。员工培训可有效地减少员工适应工作的时间，从而降低生产成本；同时，也可使员工在环境变动的情况下，通过学习适应新环境的要求。员工培训是一种被普遍采用的策略。

（2）运用学习曲线进行薪酬调整。一般来说，越是简单、易做的工作，其经验累积得越快，并且这种经验会很快达到顶峰，不再继续增加。但如果工作本身难度很高，需要较强的创新精神,那么这种经验的累积速度将是十分缓慢且长期的,这种经验只要稍微增加就必将极大地促进员工能力的大幅提升和工作效率的提高。因此,工资上调的一般原则是:经验曲线效应越强的工作,越要上调工资;经验曲线效应不强的简单工作,通常很少调整工资。

4. 运用学习曲线可以帮助企业制定合理的竞争战略

分析竞争对手,制定相应的竞争战略是企业的一项重要任务。运用学习曲线和学习效应,分析竞争对手所处的学习效应阶段并制定相应的对策,对于防止竞争者加入自己的市场并防止恶性竞争等都是非常有用的。这主要表现在针对后加入者和处于同一学习阶段竞争者制定不同的竞争战略。

(1) 对于后加入者。由于后加入者是在先加入者学习曲线已经较低时才加入的,这样后加入者就必须承受较高的学习成本,又必须以低价格与先加入者进行竞争。这样,先加入者就能够以低成本战略、大规模扩张战略、全球经营战略与后加入者进行竞争。

(2) 对于处于同一学习阶段的竞争者。企业要想避免因质量和服务相同而单纯靠降价所引发的恶性竞争,就必须调整自身的学习曲线,提高自己的创新能力和独有的技术学习渠道,实施多元化经营战略以开辟新的业务领域,或实施技术领先战略以提高自身的竞争能力。

8.3 运用学习曲线的步骤

学习是通过反复练习而导致行为改变的过程。这种行为改变过程,无法直接观测到,但可以通过一个人对某事件发生前后行为上所产生的变化加以分析、比较、推测而得知。在工业中,任何一种单纯的重复性手工操作,都会产生学习现象。如何建立学习曲线,并且利用学习曲线提高企业生产效率成为研究的热点。

运用学习曲线的步骤一般如图 8-2 所示。首先,观测并记录数据;其次,根据记录的数据利用数理统计方法求得学习曲线;最后,将学习曲线所展现的结果与企业实际相结合应用到制定标准时间、计算产品销售价格、预测产品的制造工时、考察系统的稳定性、考核工人的工作绩效等方面。

图 8-2 运用学习曲线的步骤

8.3.1 步骤一:记录数据

学习曲线将学习效果绘制于坐标图上,横轴表示学习次数,纵轴表示学习效果。在生产实践中,学习次数通常用累积产品产量表示,学习效果用累积平均工时表示,因此学习曲线显示了产品制造工时与累积产量之间的变化规律。

图 8-3 是某飞机厂的飞机构架加工制造的学习曲线。表 8-1 所列的是和图 8-3 对应的相关数据。表 8-1 中第 1 列表示产品的累积产量数,第 2 列表示与这个累积数相应的单台产品直接人工工时。表中累积产量的关系都是增加 1 倍(翻一番)——累积产量为 2^n,这样单台(件)产品直接人工工时按 20%递减的规律就清楚地显示出来。就是说加工制造第 2 架飞机构架的工时只有第 1 架的 80%,加工制造第 4 架飞机构架的工时只有第 2 架飞机的 80%,第 8 架只用了第 4 架工时的 80%,第 16 架只用了第 8 架工时的 80%,等等。第 3 列为累积直接人工工时。将第 3 列累积直接人工工时除以第 1 列产品累积数,就得到第 4 列的累积平均直接人工工时。

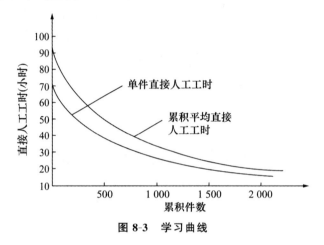

图 8-3 学习曲线

从图 8-3 中可知,随着累积产品产量的增加,产品累积平均工时在递减,但递减速度随累积产量增加而逐渐变小,直到趋于稳定。

表 8-1 飞机构架加工制造直接人工工时　　　　　　　　　　单位:小时

产品生产累积数	单台产品直接人工工时	累积直接人工工时	累积平均直接人工工时	产品生产累积数	单台产品直接人工工时	累积直接人工工时	累积平均直接人工工时
1	100 000	100 000	100 000	32	32 768	1 467 862	45 871
2	80 000	180 000	90 000	64	26 214	2 362 453	37 382
4	64 000	314 210	78 553	128	20 972	3 874 395	30 269
8	51 200	534 591	66 824	256	16 777	6 247 318	24 404
16	40 960	892 014	55 751	512	13 422	10 241 505	20 003

8.3.2 步骤二:建立学习曲线

为了利用学习曲线进行定量化分析,需要将它表达为数学解析式。按上述学习曲线所反映的规律,它的变化呈指数函数关系,可用公式表示为:

$$Y = KC^n \tag{8-1}$$

$$X = 2^n \tag{8-2}$$

其中，Y 为生产第 X 台（件）产品的工时；K 为生产第 1 台（件）产品的工时；C 为工时递减率或学习率；X 为累积生产的台（件）数；n 为累积产量翻倍指数。

对式(8-1)、式(8-2)取对数，可得：

$$\lg Y = \lg K + n \lg C$$

$$\lg X = n \lg 2$$

设

$$a = -\frac{\lg C}{\lg 2} \tag{8-3}$$

其中，a 为学习系数。由此可得：

$$\lg Y = \lg K - a \lg X \tag{8-4}$$

从而有：

$$Y = K X^{-a} \tag{8-5}$$

式(8-5)即莱特公式，它表示学习效果 Y（即累积平均工时）随累积产量 X（即学习次数）而变化的情况（图 8-3）。

对于学习曲线通常采用对数分析法，令 $Y_0 = \lg Y$，$A = \lg K$，$X_0 = \lg X$，则有 $Y_0 = A - a X_0$，既便于作图，又便于计算，还更加直观。仍然使用上述例子，将学习曲线绘制在双对数坐标纸上，便成为一条直线，而累积平均直接人工工时曲线在 n 件产品之后也变成了直线。这种特性，使得我们从图表中能较准确地读出数值，如图 8-4 所示。

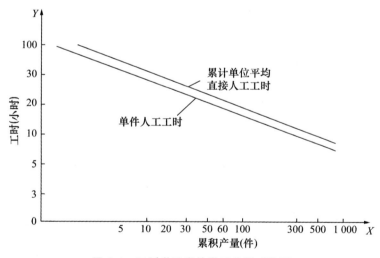

图 8-4　80% 学习率的学习曲线对数图

利用莱特公式，能更为精确地得到计算结果。例如，要想求得生产第 32 台飞机构架的直接人工工时，则将已知数值 $K = 100\,000$，$C = 0.8$，$X = 32$ 代入式(8-5)，即得：

$$Y_{32} = 100\,000 \times 32^{-a}$$

$$a = -\frac{\lg C}{\lg 2} = -\frac{\lg 0.8}{\lg 2} \approx -\frac{-0.09691}{0.30103} \approx 0.322$$

从而得：

$$Y_{32} = 100\,000 \times 32^{-0.322} = \frac{100\,000}{32^{0.322}} \approx 32\,768$$

计算结果与表 8-1 所列结果是一致的。

在莱特公式中 $Y = KX^{-a}$，由于 $a = -\dfrac{\lg C}{\lg 2}$，因此当学习率为一定时，学习系数也是一个定值，如表 8-2 所示。

表 8-2　学习率与学习系数对照表

学习率(%)	学习系数 a	学习率(%)	学习系数 a	学习率(%)	学习系数 a
51	0.97143	68	0.55639	84	0.25153
52	0.94341	69	0.55533	85	0.23446
53	0.91593	70	0.51457	86	0.21759
54	0.88896	71	0.49410	87	0.20091
55	0.86249	72	0.47393	88	0.18442
56	0.83650	73	0.45403	89	0.16812
57	0.81096	74	0.43440	90	0.15200
58	0.78587	75	0.41503	91	0.13606
59	0.76121	76	0.39592	92	0.12029
60	0.73696	77	0.37706	93	0.10469
61	0.71311	78	0.35845	94	0.08926
62	0.68965	79	0.38007	95	0.07400
63	0.66657	80	0.32192	96	0.05889
64	0.64385	81	0.30400	97	0.04394
65	0.62148	82	0.28630	98	0.02918
66	0.69946	83	0.26881	99	0.01449
67	0.57776	84	0.25153	100	0.00000

表 8-2 是在大批量生产过程中，针对整个学习过程都是连续的没有出现中断现象的学习曲线而言的。然而在当今市场经济情况下，多品种小批量客户化定制生产已成为企业的主要生产方式，常常会出现生产某种产品的整个学习过程中断的现象。即在生产第一种产品时，出于市场信息等其他原因要更换生产另一种不同类型的产品，当另一种产品生产完后又继续生产原来这种产品。这就导致生产原来产品的学习过程中断，从而使原来应有的学习效果减退。第二次学习开始时生产原产品所花的时间会多于第一次学习结束时继续生产该类产品所花的时间。一种近似的计算方法是：在第一次学习生产第一件产品所需的时间与生产这种产品的标准时间之间连一条直线，并用公式描述这条直线方程为：

$$t = K - \frac{K - f}{m} X_1 \tag{8-6}$$

其中，t 为中断后恢复学习时，生产第一件产品所需的时间；K 为原生产第一件产品的制造工时；f 为生产这种产品的标准时间；m 为学习不中断条件下达到标准时间生产此产品所需的累积数；X_1 为中断学习后再次恢复学习时生产第一件产品的累积数。

8.3.3　步骤三:学习曲线的应用

正如 8.2 节所讲述的,学习曲线的应用包括:

(1) 运用学习曲线可帮助企业制订能力计划和成本计划,如图 8-5 所示。

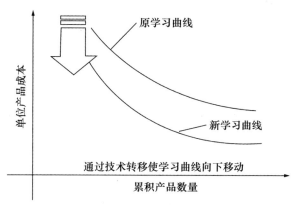

图 8-5　单位成本

(2) 运用学习曲线可以辅助企业制定销售价格;

(3) 运用学习曲线可以帮助企业选人、用人和制订人力资源管理计划;

(4) 运用学习曲线可以帮助企业制定合理的竞争战略,如图 8-6 所示。

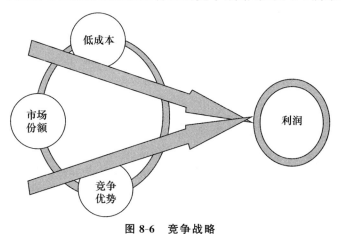

图 8-6　竞争战略

学习曲线如使用不当也是有一定风险的。管理人员往往容易忘记环境动态变化的特性,在这种情况下,环境变化中的不可测因素有可能影响学习规律,从而给企业带来损失。一个著名事例是道格拉斯飞机制造公司被麦克唐纳公司兼并。道格拉斯公司曾经根据学习曲线估计它的某种新型喷气式飞机成本能够降低,于是对顾客许诺了价格和交货日期,但是飞机在制造过程中不断地修改工艺,致使学习曲线遭到破坏,也未能实现成本降低,由此遭遇了严重的财务危机,不得不被兼并。

8.4 学习曲线的实例

8.4.1 实例一:学习率的计算

1. 背景

由莱特公式可知,想要求得生产第 X 台(件)产品所需工时,必须已知学习系数 a,而 a 与学习率 C 存在一定的关系 $\left(a=-\dfrac{\lg C}{\lg 2}\right)$。因此,若能确定学习率 C,则可求得学习系数 a。本实例对某机械厂生产某种机器的记录进行调查取得相应数据,得到其生产第 10 台所需工时为 3 000 小时,生产第 30 台所需工时为 2 000 小时。

2. 实施

利用上述调查得到的数据,我们可以通过步骤二(建立学习曲线)利用莱特公式得出:

$$\left.\begin{array}{l} Y_{10} = K10^{-a} = 3\,000 \\ Y_{30} = K30^{-a} = 2\,000 \end{array}\right\}$$

$$\frac{Y_{30}}{Y_{10}} = \frac{2\,000}{3\,000} = \left(\frac{30}{10}\right)^{-a}$$

$$0.67 = 3^{-a}$$

$$a = \frac{-\lg 0.67}{\lg 3} = \frac{0.174}{0.477} \approx 0.365$$

$$C = 2^{-a} = 2^{-0.365} \approx 0.78$$

故该产品的学习率为 78%。

3. 评析

本实例的主要目的是说明利用哪些数据,以及如何求得学习率。该方法称为直接测定法,由莱特公式 $Y=KX^{-a}$ 可知,K 为生产第 1 件产品的工时,可通过实际观测得到;a 为学习系数,是一个参数。对生产情况进行现场观测,求得参数 a 的估计值,再根据 $a=-\dfrac{\lg C}{\lg 2}$,从而求得学习率 C。

国外学者研究表明,学习率的范围为 50%—100%。当人工作业时间与机器加工时间比值为 1∶1 时,学习率约为 85%;当人工作业时间与机器加工时间比值为 3∶1 时,学习率约为 80%;当人工作业时间与机器加工时间比值为 1∶3 时,学习率约为 90%;当机器完全处于高度自动化状态加工零件时,无须人工作业配合,学习率为 100%,意味着加工一批零件的第 1 件产品与加工最后 1 件产品的工时相同。由此可见,人工作业时间占比越大,学习率越低,学习系数越大;反之,则学习率越高,学习系数越小。在实际的工程应用中,学习率为 75%—95%。

除此之外,还有历史资料法、经验估计法、合成法等。

8.4.2　实例二:运用学习曲线预测作业时间

1. 背景

为了帮助某厂制订某产品相应的能力计划,我们需要了解生产该产品的学习能力。这里我们通过前一个实例的方法求得该产品的学习率为 95%,并且了解到该厂生产第一件产品需要 10 个小时。我们设置了以下五个问题:

(1)生产第 51 件产品的工时是多少?

(2)生产前 100 件产品的平均工时是多少?

(3)假设产品的标准时间为 7 小时,要生产多少件产品才能达到标准时间?

(4)操作者需要多长时间才能达到标准时间?

(5)如果标准时间为 7 小时,第一次学习共生产了 50 件产品,中断两个星期以后又继续生产了 50 件产品,求第二批开始生产时,生产第一件产品(即累计第 51 件产品)的生产时间是多少?

2. 实施

首先按步骤一收集并记录我们所需的数据之后,根据步骤二(建立学习曲线)中的公式我们可以对上述问题进行求解,而本实例主要讲解如何预测作业时间以帮助企业制订能力计划。

(1)计算第 51 件产品的制造工时,由表 8-2 可知 $a = 0.074$,则根据莱特公式 $Y = KX^{-a}$ 直接算出:

$$T_{51} = KX^{-a} = 10 \times 51^{-0.074} \approx 7.48(小时)$$

(2)为了求得生产前 100 件产品的平均工时,我们可以假设在学习曲线下的一批 m 件产品的生产总工时为 T_m(即每台产品工时之和),则:

当产品数量足够大时,可假设 T 为连续函数,于是有:

$$T = \int_1^m KX^{-a} \mathrm{d}x = \frac{K}{1-a}(m^{1-a} - 1) \tag{8-7}$$

生产前 100 件产品的总工时为:

$$T = \frac{K}{1-a}(m^{1-a} - 1) = \frac{10}{1-0.074} \times (100^{1-0.074} - 1)$$

$$= \frac{10}{0.926} \times (100^{0.926} - 1) \approx 10.799 \times 70.12 \approx 757(小时)$$

生产前 100 件产品的平均工时为:

$$\overline{T} = \frac{T}{m} = \frac{757}{100} = 7.57(小时)$$

(3)已知产品的标准时间是 7 小时,$K = 10$ 小时,$a = 0.074$,将它们代入莱特公式得:

$$7 = 10X^{-0.074}$$

$$X \approx \lg^{-1} 2.093 \approx 124(件)$$

因此,需要生产 124 件才能达到标准时间。

(4)因为需要生产 124 件才能达到标准时间,所以由式(8-7)可得:

$$T_{124} = \frac{K}{1-a}(m^{1-a} - 1) = \frac{10}{1-0.074} \times (124^{0.926} - 1)$$

$$\approx 10.799 \times 85.80 \approx 926（小时）$$

如果一天工作 8 小时，则相当于工作 116 天才可达到标准时间。

（5）已知 $K=10$ 小时，$m=124$ 件，$X_1=51$ 件，$f=7$ 小时，将它们代入式（8-7）中，得到累计生产第 51 件产品所需的生产时间为：

$$t = K - \frac{K-f}{m}X_1 = 10 - \frac{(10-7)}{124} \times 51 \approx 8.77（小时）$$

前面所求解的在学习不中断情况下生产第 51 件产品的工时为 7.48 小时。两者相比可知，学习中断使得学习效果发生了减退，从而使生产第 51 件产品的工时比学习不中断时多了 1.29 小时。

3. 评析

本实例实现了运用学习曲线帮助企业制订能力计划和成本计划的目的。利用学习曲线预测作业时间，企业能提前预测生产该产品的能力，从而制订相应的能力计划，满足客户的订单或者帮助企业决定是否接受客户提出的订单申请。例如，我们可能知道某厂已生产机床 150 台，每台平均工时为 100 个小时，已知学习率为 80%，为了满足新客户的需求必须再生产 300 台机床，那么可以求得该厂需要再生产 17 178 个小时才能达到该需求。求解的具体步骤如下：

首先，由式（8-7）先求出第 1 台机床所需工时，已知学习率为 80%，学习系数为 0.322，则：

$$150 \times 100 = \frac{K}{1-a}(m^{1-a}-1) = \frac{K}{1-0.322}(150^{1-0.322}-1)$$

$$K \approx \frac{10\ 170}{29.88-1} = \frac{10\ 170}{28.88} \approx 352$$

然后求出生产 450 台机床所需的总工时为：

$$T_{总} = \frac{K}{1-a}(m^{1-a}-1) = \frac{352}{1-0.322}(450^{1-0.322}-1)$$

$$\approx 519 \times 62 = 32\ 178（小时）$$

最后求出追加生产 300 台机床的工时为：

$$T_{300} = T_{总} - T_{100} = (32\ 178 - 150 \times 100) = 17\ 178（小时）$$

8.4.3 实例三：运用学习曲线预测产品销售价格

1. 背景

由于单件产品的制造工时随着累积产品数量的增加而减少，因此单件产品的制造成本也随着产品数量的增加而降低。如果不考虑原材料价格的变动，追加订购产品的价格总会低于原订购产品的价格，在比较复杂的情况下，可运用学习曲线预测产品销售价格或作为确定产品销售价格的参考。具体步骤为：

（1）分析产品价格构成，分解构成学习曲线的部分；

（2）求出学习率；

（3）求出分段产品总成本和单位成本；

（4）在以上基础上，加上未构成学习曲线的成本项目和目标利润，即可得到产品价格,可作为报价的参考。

现在有甲方向乙方订购发动机 1 000 台,每台销售价格 20 000 元,现增加订购 2 000 台,厂商希望对新增的 2 000 台发动机确定一个合理的价格参考。

2. 实施

经过前期的调研我们记录了以下几个数据:

(1) 乙方准备了 1 000 000 元的设备费用,在最初的 1 000 台订购时已全部折旧。

(2) 在第一次订购时,每台发动机的材料为 5 000 元,但现在已涨为 6 000 元。

(3) 喷漆费用为每台 200 元,此项费用与产量无关,是一个不变的量。

(4) 乙方在第一次销售时没有获取利润,在这次追加订货时希望获得 15% 的利润。

(5) 学习率为 90%。

为了确定追加订货的价格,必须分析第一次订购时产品的单价。为此,要把第一次销售产品的单价分解为对学习曲线有影响的项目和对学习曲线没有影响的项目。其中,对学习曲线没有影响的项目有:

$$每台发动机分摊设备折旧费用 = \frac{1\,000\,000}{1\,000} = 1\,000\ 元$$

$$材料费 = 5\,000\ 元$$

$$喷漆费 = 200\ 元$$

三项费用合计为 6 200(1 000＋5 000＋200)元。

从而求出对学习曲线有影响的平均费用为:

$$20\,000 - 6\,200 = 13\,800(元)$$

(1) 由式(8-7)求出 K:

$$13\,800 \times 1\,000 = \frac{K}{1-0.152}(1\,000^{1-0.152} - 1)$$

$$13\,800\,000 = \frac{K}{0.848}(1\,000^{0.848} - 1)$$

$$11\,702\,400 \approx 349\,K$$

$$K \approx 33\,531$$

(2) 再求出 3 000 台的总金额,仍由式(8-7)求得:

$$C_{总} = \frac{33\,531}{1-0.152}(3\,000^{1-0.152} - 1) = \frac{33\,531}{0.848}(3\,000^{0.848} - 1)$$

$$\approx 39\,541 \times 887 \approx 35\,072\,867(元)$$

(3) 追加订购 2 000 台对学习曲线没有影响因素后的总金额为:

$$C_{2\,000} = C_{总} - C_{1\,000} = 35\,072\,867 - 13\,800\,000 = 21\,272\,867(元)$$

(4) 计算追加订购 2 000 台发动机的销售价格(单价):

① 已知设备折旧费在第一次订购的 1 000 台中全部摊销,因而这次追加订购 2 000 台设备的折旧费为 0。

② 追加订购时,材料费涨价,材料费为 6 000 元。

③ 每台发动机的喷漆费不变,仍为 200 元。

④ 剔除对学习曲线没有影响的因素后,追加订购 2 000 台发动机的累计平均价格为:

$$\overline{C}_{2\,000} = \frac{C_{2\,000}}{2\,000} = \frac{21\,272\,867}{2\,000} \approx 10\,636(元/台)$$

⑤ 在考虑追加订购2 000台发动机时希望有15%的利润。综合以上各项,追加订购的2 000台发动机的销售价格为:

$$(10\,636 + 0 + 6\,000 + 200) \times (1 + 15\%) \approx 19\,361(元/台)$$

3. 评析

本实例实现了利用学习曲线做出价格决策的目的,利用学习曲线预测产品的销售价格,使得企业能以一个合理的价格吸引顾客消费。

8.4.4 实例四:运用学习曲线建立动态绩效考评制度

1. 背景

当职工新进厂或调入一个新的工作岗位时,有一个熟练的过程。在对他们的产量进行考核时,如果单纯依据工时研究所制定的标准工时,规定每天或每月的标准产量,虽然在正常条件下,这种目标的规定是合理的,但在有学习效应的情况下,若采用这种单一的标准,在学习的初始阶段,操作者会觉得目标过高,没有激励作用,日久就会丧失学习的动力和兴趣。因此,在对新职工的工作进行考核时,应根据学习效应,建立一个动态的考核标准,使学习者经过努力就能达到;并且,依据此动态标准设定基本工资,增强激励作用,使学习者保持学习兴趣,尽快达到工时研究所规定的产量标准。

某企业一条装配线上有四个工作点,其流程如图8-7所示。

图8-7 装配线流程

其中以配线作业手工操作比重大、工作复杂,因此配线作业的学习效果会影响整条装配线的生产效率。本例选取配线作业为研究对象,建立一条适合所有新职工的学习曲线。

2. 实施

(1)根据步骤一我们需要记录数据,选取20名新进员工为测试对象,观察其20周的工作,并做记录。该20名工人均在正常的工作环境下工作,时间为正常工作时间扣除损失时间,具体内容如表8-3所示。

表8-3 配线作业工作记录表(1♯工人)

周次 n	产量 N_{ij}(千个)	工作时间 (小时)	损失时间 (小时)	实际工时 P_{ij}	生产效率 (千个/小时)
1	886	42	0	42	21.095
2	1 130	49	7	42	26.905

（续表）

周次 n	产量 N_{ij}（千个）	工作时间（小时）	损失时间（小时）	实际工时 P_{ij}	生产效率（千个/小时）
3	1 011	42	7	35	28.885
4	1 474	42	0	42	35.095
5	972	49	25	24	40.500
6	1 044	49	24.5	24.5	42.612
7	2 239	49	0	49	45.694
8	1 708	35	0	35	48.800
9	1 792	35	0	35	51.200
10	1 555	40	10.6	29.4	52.892
11	1 532	28	0	28	54.714
12	2 320	42.5	1.0	41.5	55.904
13	2 402	42	0	42	57.190
14	2 444	42	0	42	58.190
15	2 445	49	7.5	41.5	58.915
16	2 086	35	0	35	59.600
17	2 520	45	3	42	60.095
18	2 524	42	0	42	60.095
19	2 104	38	3	35	60.114
20	2 528	42	0	42	60.190

（2）计算每周整体的平均生产效率 K 的公式为：

$$K = \frac{\sum\limits_{i=1}^{20} N_{ij} P_{ij}}{\sum\limits_{i=1}^{20} N_{ij}} \quad (j = 1,2,\cdots,20)$$

计算结果如表 8-4。

表 8-4　配线作业每周平均生产率

周次	1	2	3	4	5	6	7	8	9	10
PPH	20.5	26.6	31	36.5	40	43	45.5	48.7	51.3	53
周次	11	12	13	14	15	16	17	18	19	20
PPH	54.5	55.8	57.2	58.1	58.9	59.5	60	60.1	60.2	60.2

注：PPH 为某一周的平均生产率；i 为工人人数，$i = 1,2,\cdots,20$。

（3）将该 20 名工人的平均周生产率绘于坐标图上，就得到配线作业的学习曲线，如图 8-8 所示。

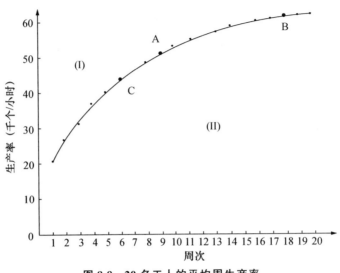

图 8-8   20 名工人的平均周生产率

图 8-8 可作为配线作业新职工的标准学习曲线,对其进行考核并进行生产控制:

（1）对于新进职工,以前无类似工作经验者,若在试用一个月后,其工作效率低于标准效率 10％以上,则应考虑不予雇用。

（2）对于新进职工,以前曾有类似的工作经验,其工作效率必须在标准学习曲线以上（Ⅰ区内）。

（3）若该企业预测到 9 月份将有 20 名工人调离配线岗位,这意味着企业应提前培训新工人,以便他们在老职工离岗后能立刻上岗,达到标准工作产量。从图 8-8 可见,周最高平均工作效率为 60.1 千个/小时,C 点处的平均生产率为 43 千个/小时,约为最高效率的 70％,而 C 点位于第 6 周,因此企业应在 9 月 1 日的前 6 周就对工人进行培训。

（4）进行生产控制。从图 8-8 可见,A 点即第 9 周的生产效率为 51.3 千个/小时,B 点仅比 A 点的生产率提高 16.96％,却花费了 8 周的时间,可见这段时间对学习效果起着至关重要的作用,应加强这段时间的指导、监督工作,尽量缩短从 A 点到 B 点的时间而缩短学习周期。

学习曲线应用广泛,可用于考察生产系统的稳定性、预测产品工时或成本、制定销售价格、进行生产控制等。企业在运用学习曲线的过程中,应视企业的具体作业和实际生产情况加以利用。具体来说应考虑以下几个因素:

① 产品创新。对于操作者而言,产品设计不断改进、新产品开发或产品寿命周期短是影响其生产效率的一个重要因素。如果产品更新太频繁,就会使操作者总是处于学习、熟练阶段,难以达到标准作业状态,从而影响生产效率的提高。

② 手工装配时间比重。学习现象实际是操作人员的行为改变过程,因此手工操作时间所占比重越大,学习效果越好。对于以手工操作为主的作业,学习曲线显得更为重要。

③ 产品重复性。在企业生产的产品中,重复作业的程度越高,学习效果越好,工时递减率就越快,工人就越早达到标准时间,从而缩短工时、提高生产效率。

④ 各项生产组织工作。对于一条生产线而言,完善的生产组织工作是十分重要的。

事前计划制订得越合理、各项生产准备工作越充分、生产组织越完善,学习曲线就越平稳。在生产过程中,如果出现意外事件、生产方式变更、原材料供应中断以及工具更换不及时等情况都会引起学习曲线的波动,影响学习曲线的正确性和适用性,因此学习曲线的运用,必须与良好的企业内部管理和高素质的人员结合起来。

3. 评析

本实例实现了运用学习曲线帮助企业选人用人和进行人力资源管理的目的。企业的传统绩效考评制度一般是静态的,只是单纯地依靠工时研究制定的标准工时确定每月的标准产量,在完全正常的标准状态下,这种办法较为合适。但在有学习效应发生的情况下,如若还采用这种单一的标准,则易产生在学习初期阶段因目标过高而没有激励作用,使学习者失去动力和兴趣。因此,企业应利用学习效应建立一个动态的绩效考评制度,使学习者提高学习积极性、激发工作热情、提高生产效率,从而降低单件产品的制造工时。

在前面讲述的由学习曲线原理所绘制的学习曲线图形,横坐标代表累积生产产品的产量,纵坐标代表累积平均工时,累积平均工时随着累积生产产品产量的增加有递减的趋势。但在实际使用上,横坐标若能改为时间(如日、周或月),纵坐标则为每日、每周或每月的效率。随着时间的推移,若能预测每日、每周或每月生产产品的产量,那么使用起来就非常方便。企业在编制产品生产计划和进行动态绩效考评时都可以此作为参考。

8.4.5 实例五:利用 Excel 建立波士顿经验曲线成本最优模型

1. 背景

某企业分别由甲、乙两车间生产 3 种产品,相关资料如表 8-5 所示。

表 8-5 产品资料表

	产品 A	产品 B	产品 C		
车间甲经验百分比(%)	80	90	60		
车间乙经验百分比(%)	60	80	99		
车间甲的 k 系数					
车间乙的 k 系数					
	产品 A	产品 B	产品 C		总成本
单件产品材料成本(元)	70	50	80		
车间甲生产数量					
车间乙生产数量					
总生产数量					
	产品 A	产品 B	产品 C	需要费用	最大费用
需要数量(个)	100	240	300		
首件产品费用(元)	6	6	5		
车间甲	6	6	5		180
车间乙	6	6	5		190

2. 实施

根据本问题给定的已知条件可知：车间乙对于产品 A 的生产技术学习效果较好，在该产品生产数量翻番时，生产该产品的制造费用下降达到 40%；同样，车间甲对于产品 C 的学习效果也比较好；而车间甲对于产品 B 和车间乙对于产品 C 的学习效果都较差，在生产数量翻了一番时，制造费用仅分别下降了 10% 和 1%。现要求考虑经验曲线的前提下，合理安排生产使总成本最低（在该题中，假设总成本＝制造费用＋材料成本）。

首先根据步骤一，在 Excel 中建立工作表，将上述相关资料输入表格中，如图 8-9 所示。

		产品A	产品B	产品C			产品A	产品B	产品C		总成本
1											
2	车间甲经验百分比	80%	90%	60%	车间甲生产数量						
3	车间乙经验百分比	60%	80%	99%	车间乙生产数量						
4	车间甲的K系数				总生产数量						
5	车间乙的K系数				需要数量	100	240	300			
6											
7		产品A	产品B	产品C	首件产品费用	6	6	5	需要费用	最大费用	

图 8-9　建立模型

（1）求 K 系数。单击 D7 单元格，输入公式＝－LOG10(D5)/LOG10(2)，复制公式至 D7：F8 单元格区域内。

计算得到的 K 系数结果，如图 8-10 所示。

	产品A	产品B	产品C
车间甲经验百分比	80%	90%	60%
车间乙经验百分比	60%	80%	99%
车间甲的k系数	0.32	0.15	0.74
车间乙的k系数	0.74	0.32	0.01
	产品A	产品B	产品C

图 8-10　K 系数计算结果

（2）规划求解。在 I5：K6 单元格区域输入 1，假设生产数量为 1，单击 I7 单元格，输入公式＝SUM(I5:I6)，复制公式至 K7 单元格即可。

单击 I11 单元格，输入公式＝I$10 * I5^(1－D7)，复制公式至 K11 单元格即可。

单击 I12 单元格，输入公式＝I$10 * I6^(1－D8)，复制公式至 K12 单元格即可。

单击 L11 单元格，输入公式＝SUM(I11:K11)，复制公式至 L12 单元格即可。

单击 M5 单元格，输入公式＝SUM(L11:L12)＋SUM(I7：K7 * D11：F11)。注意使用数组公式。

单击"工具"菜单，选择"加载宏"，在弹出的对话框中，做如图 8-11 的设置。

图 8-11 "加载宏"对话框

单击 M5 单元格,选择"规划求解",在弹出的对话框中,做如图 8-12 的设置。

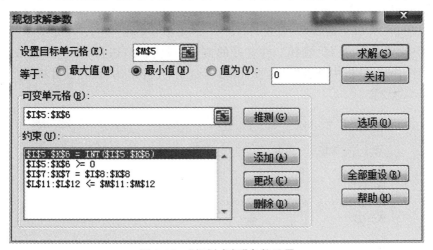

图 8-12 "规划求解"参数设置

I5:K6 单元格区域要求产量必须为整数,且要大于等于 0;生产总数量必须等于需要量;需要的制造费用必须小于等于最大需要费用。

单击"求解"按钮,第一次规划求解的结果如图 8-13 所示。

	产品A	产品B	产品C		总成本
车间甲生产数量	-4	52	156.957		#NUM!
车间乙生产数量	104	128	1.7735		
总生产数量	100	180	158.73		
需要数量	100	240	300		
首件产品费用	6	6	5	需要费用	最大费用

图 8-13 第一次规划求解的结果

将产品 A 的负数改为 0 后进行第二次求解，结果如图 8-14 所示。

	产品A	产品B	产品C		总成本
车间甲生产数量	0	48	170.773		#NUM!
车间乙生产数量	100	139	-0.1778		
总生产数量	100	188	170.60		
需要数量	100	240	300		
首件产品费用	6	6	5	需要费用	最大费用

图 8-14　第二次规划求解的结果

将产品 C 的负数改为 0 后进行第三次求解，结果如图 8-15 所示。

	产品A	产品B	产品C		总成本
车间甲生产数量	0	47	300		#VALUE!
车间乙生产数量	100	193	0		
总生产数量	100	240	300.00		
需要数量	100	240	300		
首件产品费用	6	6	5	需要费用	最大费用

图 8-15　第三次规划求解的结果

这样最终求出的最优解为总成本最低值为 43 412.8 元。

（3）动态查询。如果要查询车间甲从生产第 1 件产品到生产 250 件产品需要的费用，可用控件设置。

首先单击 N16 单元格，输入公式 ＝J10 * (1－E7) * O16^(－E7)，在菜单的空白处右击弹出的快捷菜单中，选择"窗体"，在打开的窗体工具箱中，选择"微调控件"，右击"微调控件"，在弹出的对话框中选择"设置控件格式"命令，在弹出的"设置控件格式"对话框中，做如图 8-16 的设置。

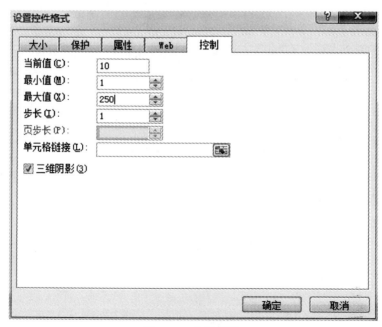

图 8-16　参数设置

这样,单击"微调控件",就可以在 1—250 个产品之间查询所需费用,如图 8-17 所示。

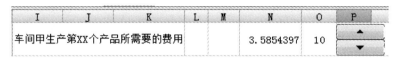

I	J	K	L	M	N	O	P
车间甲生产第XX个产品所需要的费用					3.5854397	10	▲ ▼

图 8-17　查询结果

由于考虑经济曲线求解的是一个非线性规划模型问题,因此在规划求解的过程中会发生一些特别的情况。如第一次求解的结果告诉我们"规划求解遇到目标或约束单元格中的错误值",即模型工作表所显示的内容出了问题,在某个可变单元格中出现了负值,而且在其他几个有关的单元格与目标单元格中都显示了出错信息。这时需要手工将出现的负值改为 0,再运行规划求解,直到出现最优解。

3. 评析

本实例给出了如何利用 Excel 建立波士顿经验曲线成本最优模型,通过该实例,学习如何快速地求解出最优成本并进行动态查询,以快速有效地获取相应的信息。

8.5　学习曲线的应用新动向

近年来对于学习曲线的应用,已经不仅仅局限在帮助制造企业制订能力计划和成本计划、帮助企业选人用人和进行人力资源管理、帮助企业制定合理的竞争战略、帮助企业进行定价决策等方向。在许多学者的研究中,对于学习曲线的应用方向产生了一些扩展。

（1）产品研究开发中的应用。由于市场竞争的加剧,产品生命周期缩短,这就要求企业缩短产品开发周期。这是基于时间的竞争策略所要求的,因此如何利用学习曲线来有效地提高生产开发效率与降低开发成本是一个值得研究的课题,然而目前国际上对此仍缺乏系统的研究。

（2）企业运作系统中的知识管理。目前企业强调学习型组织,对于学习,可分为正式学习与非正式学习。而传统经验型的学习曲线与这种复合学习环境下的学习曲线显然有区别,如何建立并运用这种新型的学习曲线是值得研究的课题。

（3）拓展学习曲线在非制造业中的应用。虽然在制造业的运作管理研究中,学习曲线已经得到深入的研究,但是在服务业,这方面的应用研究仍然有很大的空间。因此,拓展学习曲线在非制造运作中的应用也是一个新的方向。

（4）学习曲线表达形式的改造。虽然传统的一些表达函数已经有很好的应用效果,但从近年来一些企业数据模拟情况的分析结果来看,提出新的函数表达式或许也是必要的,至少行业之间的表达式是否有所不同也是值得思考的。学术界对学习曲线进行了拓展性研究,主要是修改模型参数,以适应不同的场合,而不是像早期那样仅仅用在产品生产数量与时间（或成本）的变化上。例如,产量改进的学习曲线,生产计划中的学习曲线,库存与生产批量决策中的学习曲线,企业调度与任务分配中的学习曲线,工程改造与技术更新中的学习曲线,等等。

本节介绍迎接 E（Electronic,电子）时代,改进学习曲线的实例。21 世纪是网络经济时代,面对 E 时代,学习曲线及学习效率的作用是否一如既往？答案是否定的。因为在 E 时代的环境下,市场瞬息万变,信息透明公开,传播速度快。信息技术的迅速发展使企业的外部环境以前所未有的速度发生着变化,为了提升核心竞争力,企业必须加快学习的脚步,迈入时代的前沿。正如 Arie de Geus 所言:"唯一能持久的竞争优势是你拥有比你的竞争对手学习得更快的能力。信息化企业一定要在各个阶层都学得快,并能够把学到的东西付诸实施。"互联网的发展可以用有组织的方式帮助人们获得、开发和存储知识,并且可以让公司内任何需要知识的员工都能用得上,形成企业知识分享。一方面,企业的知识分享借助信息技术,提高了企业收集、存储、组织和运用企业内知识资源的能力;另一方面,设立有利于知识分享和创新的企业激励机制,提高员工不断创造新的专业知识和技能,并将这些专业知识和技能提供给整个企业的员工,从而提高企业整体获取知识的能力。知识在企业内的扩散、吸收和不断应用的过程,导致企业生产成本、管理成本和交易成本的相对收缩。知识分享使企业学习曲线急速下滑,即累计同样数量的产出时,生产的边际成本可以下降得更快,企业可以更快地找到解决方案,更好地响应顾客的需求,从而形成企业知识优势(见图 8-18)。

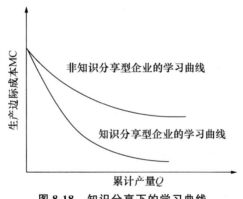

图 8-18　知识分享下的学习曲线

根据上面的内容,思考在 E 时代背景下,学习曲线还会发生什么变化？

在 E 时代,除了产量学习曲线加速变化,品质学习曲线也是值得警惕的。E 时代对品质提出了新要求,要求产品具有个性化、及时性等品质特征,因此 E 时代的品质学习曲线可能出现如下的趋势(见图 8-19)。

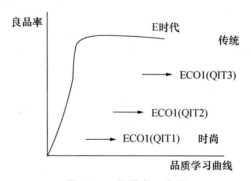

图 8-19　品质学习曲线

在 E 时代,产品一上市就要达到极高的优良效率,因为 E 时代的最终客户根本没有耐性等待,就像传统环境下的产品"如铁棒磨成绣花针"式的持续改善。从整个社会发展的角度来看,在手工阶段,虽然组织中的个人有很多生产方面的知识,但很少有人将这种能力转化为可公开传播的共享知识。在这种条件下,知识扩展速度较慢,相应的学习曲线较平缓。在 E 时代,信息技术和通信基础设施极大地推动了对某些知识的编码与量化,信息系统的应用将"知道怎样做"和"知道是谁"等一些原本分散在组织中各成员"大脑里"、难以编码的隐性知识固化在程序里,从而在数字代替手工的范式转变过程中形成了更快上升的学习曲线。网络化不仅降低了知识的转移成本,也使得企业间的相互学习成为可能,越来越多的企业建立战略联盟的意图是从降低成本到组织学习。网络化使得企业可以从内部和外部两个源泉收集、增加、存储和传播知识,从而使得企业成为一个高效的学习机构,其学习曲线也达到一种前所未有的速度和宽度(见图 8-20)。

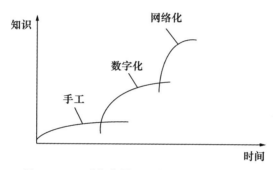

图 8-20　E 时代背景下不断加速的学习曲线

如图 8-20 所示,从手工化到数字化再到网络化,学习对象的范围从部门内部扩展到整个企业再扩展到企业间,学习速度越来越快,学习曲线越来越"陡峭"。为了能在变化越来越剧烈的竞争环境中求得长久的生存和发展,企业必须以最快的速度攀登学习曲线并达到尽可能的"高峰",同时尽快完成从旧的学习曲线到新的学习曲线的大跃进。

在 E 时代,由于只是分享,学习的来源发生了相应的变化,不再局限于原来的"干中学",而是扩展到"从科技进步中学""通过培训学习"等形式。总的来说,这些学习不外乎两个来源,即企业内部和企业外部。

综上所述,在 E 时代背景下,学习曲线出现了由知识分享而导致的下滑、不断加速等变化。因此,企业更要适应时代的要求,不断调整符合自身状况的学习曲线、改变观念、进行成本创新,才能发挥真正意义上的学习曲线作用。

习题

1. 对于一条学习速率为 80％的曲线,如果生产第一件产品需要 8 个工时,那么如何运用实例二中的方法求解以下两个问题:

(1) 生产第 61 件产品所需的工时。

(2) 产品生产的标准时间为个工时,要生产多少件产品才能达到标准时间?

2. 某企业生产某产品 2 000 件,累计平均工时为每件 60 小时,学习速率为 90％。现准备再生产 3 000 件,借鉴实例二中的方法求需要多少工时才能完成。

3. 设甲公司向公司订购某产品 2 000 个,每个销售价格为 1 000 元。现再增加订货 2 000 个,增加的这 2 000 个产品的销售价格应为多少? 可以根据实例三(利用学习曲线预测产品销售价格)的方法求解。

4. 企业生产四轮拖拉机 100 台,已知第 100 台的工时消耗为 80 小时,学习率为 80%。如再生产 10 台,试着利用实例二中的方法预测这 10 台的平均工时应定在一个什么水平上较合理。

5. 产品的学习率为 70%,累计生产到第 200 台的工时为 50 小时/台,写出此产品学习曲线方程。尝试根据步骤二建立学习曲线,并且根据实例五思考如何利用 Excel 求解学习曲线。

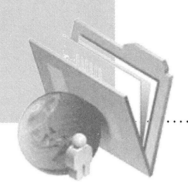

第 4 部分

标 准 作 业

第9章 标准作业

9.1 标准作业的定义

第二次世界大战后,在帮助日本重建期间,美国将标准化的方法传授给日本企业。其中日本的丰田汽车公司,将这一来自汽车制造行业的理念充分发挥,形成了自己独特的标准化理念。丰田公司的总裁张富士夫曾经说过,"丰田的标准化工作包含 3 个基本要素:生产间隔时间(以顾客要求的速度完成一项工作所需的时间);执行工作的步骤顺序或流程顺序;个别操作员未完成此标准化工作,手边需要的存货量。标准工作就是以标准工时、作业顺序、标准手持量这三项要素来制定的"(见图 9-1)。丰田汽车公司自 20 世纪 70 年代至今取得了巨大的成功;制造行业尤其是汽车制造及其相关行业对丰田模式的学习,使得标准作业的理念在制造业中广泛地推广开。

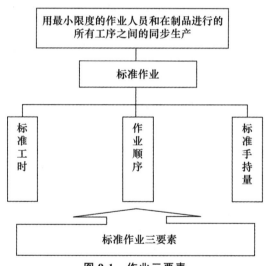

图 9-1 作业三要素

在对生产线进行平衡时,人是非常重要的环节,我们应该充分考虑人的因素,考虑操作人员的技能和适应能力。在当前的市场环境和社会环境中,一线员工流动率是非常高的,为了保持低成本,企业通常会采用动态用工及结构性用工,要想保证高质量及快速应变的竞争力,标准作业就显得尤其重要。

所谓标准作业,就是在调查分析作业系统的基础上,将现行作业方法的每一操作程序和每一动作进行分解,以科学技术、规章制度和实践经验为依据,以安全、质量效益为目标,对作业过程进行改善,从而形成一种优化作业程序,逐步达到安全、准确、高效、省力的作业效果。创新改善与标准化是企业提升管理水平的两大轮子。创新改善是使企业管理水平不断提升的驱动力,标准化则是防止企业管理水平下滑的制动力。没有标准化,企业不可能维持较高的管理水平。

9.2 标准作业的目的

实施标准作业与未实施标准作业的企业有什么不同?

未实施标准作业的车间,作业环境比较杂乱,作业人员的行为比较随意,而实施了标准作业的车间,作业人员工作严谨、规范,生产活动秩序井然。

根据上述介绍我们可以清楚地了解到,标准作业的目的是将作业人员、作业顺序、工序设备的布置、物流过程等问题进行最有效的组合,以达到生产目标。它是以人的动作为中心、以零浪费的操作顺序进行生产的方法。它是管理生产现场的依据,也是改善生产现场的基础。

标准作业不仅使生产现场人员的操作可重复、有效率,而且有助于指导工人工作和管理人员对工作流程的明晰化。清晰稳定的工作流程使得生产现场工作中存在的问题能够及时地暴露出来,不仅对保证产品质量具有重要的意义,还有利于现场的持续改善和流程的不断优化与改进。标准作业就是用来开发、确认和改善流程的工具。流程告诉员工做什么、什么时候做,以及按照怎样的顺序完成工作。我们可以发现标准作业适用于企业运营中的各个环节,全面推行标准作业,可以为企业的经营管理实现以下几个目的:

1. 降低单元生产成本

标准作业将作业过程划分为一个个时间值基本相等的工作单元,将复杂、费时、费力的劳动转变为简单易行的平行作业过程,加快了产品的下线速度,相应地降低了单件产品的成本。

2. 提高效率,增加就业岗位

效率提高了,工作岗位怎么反而会增加呢?下面通过一个简单的实例看一下这两者的关系。某企业专门从事四缸、六缸发动机的生产,在没有进行作业单元划分之前,缸体上数十个螺纹孔的钻、扩、铰、攻丝分别有四个人在做。在进行时间研究时,研究人员发现,半成品常常会堆积在攻丝工位,后续的加工人员已经习惯了等待。经过研究,决定将攻丝这道工序交给两个工人来做,他们分别对不同直径的孔进行攻丝作业,这样时间就缩短了一半,效率提高了,工作岗位增加了一个。

当然对于一个实施标准作业的企业而言,在标准作业实施的过程中,增加的岗位远非这一种。增加工作岗位是提高员工专业化水平的一个很重要的途径。

3. 提高产品质量,提高客户满意度

采用标准的作业方法,摒弃违规操作,将每一个零部件的生产、安装都做到符合标准,从而提高了产品质量,客户的满意度自然就提高了。

4. 降低库存管理成本

在实施标准作业以后,生产运作人员在制订生产计划、编写生产进度计划时就能更精确地计算出所需要的原材料以及外购件的数量,避免了为防止生产中断而盲目增加库存的情况发生。

5. 提高员工满意度与工作积极性

在实施标准作业之后,员工的工作量大大增加,这是一个不争的事实,但是员工的满意度与工作积极性也会随之提高。这是因为,对于一般的一线员工来说,能够通过更多的劳动换取更多的物质报酬;并且,对于每天超额完成任务的员工来说,他们能清楚地知道自己将获得多少奖励。

9.3　标准作业的步骤

标准作业面向的对象一定是按照相同的作业可重复进行的稳定的生产流程。首先重复的生产流程能够保证有足够的时间对相应作业进行研究,其次制定完整的作业指导文件会对即将从事此项作业工作的员工有积极的指导意义。如果每次操作动作都发生极大变化,将会大大提高制定标准作业的难度;即使制定了标准作业,对新员工也不会起到实质性的指导作用。

9.3.1　步骤一:确定节拍时间

节拍时间(Take Time,TT)是顾客需求最终产品的速率所决定的产品生产时间间隔,一般通过每天或每班次顾客需求产品的数量与计划工作时间计算获得。节拍时间并不等同于周期时间(Cycle Time,CT)。周期时间是操作工人或管理人员完成一个流程实际耗费的时间,是工业工程师通过现场测定或对作业流程使用预定时间动作标准法进行分析后获取的现场实际作业时间。

制定标准作业的最终目的是设法使得周期时间能够同步于顾客需求的节拍时间。另外,对比获取的节拍时间数据与周期时间数据,可以及时判定生产系统的运转状态是否正常。

由于销售数据通常是以日或周(个别产品按小时)为基本时间计算单位的,顾客的需求数量通常只精确到日需求量甚至周需求量,因此将顾客需求产品的速率经由生产计划转变为实际班次的需要生产数量是十分必要的。实际上,在企业的销售过程中,顾客订单的变化是比较大的,可能无法获得较为稳定的日(周)销售数据,但可以依据以往的产品发送记录获得实际的顾客需求,将不稳定的顾客需求通过适当的模型转化为稳定的、持续的需求过程。

同样需要注意的是,由于生产节拍反映的是顾客实际需求产品的速率,因此每班次的工作时间应该包括机器故障时间、换产时间,以及其他非计划内的间歇时间。始终需要明确的是,基于节拍时间计算获得的是"顾客实际需求某产品的速率"。在获取实际的班次需求数量后,就可以通过班次的有效工作时间计算出生产节拍。

首先,确定选定的工作流程每班工作时间,需要排除所有的非工作时间,如例行休息时间;然后,可通过已有销售数据或销售预测计算单班顾客需求的产品数量。

通过如下工时计算节拍时间(TT):

$$TT = 每班工作时间(定时) \div 每班生产台数(顾客需求的必要数量)$$

或者:

$$实际 TT = \frac{每班工作时间(定时) + 许可的加班时间}{顾客需求的必要数量(每班生产台数)}$$

例如,某公司实行两班制(8 小时×2),每班会有两次 10 分钟的休息过程,根据以往的销售数据,确定公司一班需完成的生产数量为 460 个产品,则生产节拍确定为:

$$每班工作时间 = 8 × 3\,600 - 20 × 60 = 27\,600(秒)$$

$$TT = \frac{27\,600}{460} = 60(秒)$$

因此,该产品流程生产节拍为 60 秒。

节拍时间的获取对于标准作业的制定是非常重要的,标准作业的制定过程将始终以该时间为依据划分作业流程,建立作业工艺。当操作人员根据作业工艺进行实际操作后,工业工程人员要据此测定工人实际作业时间,即获取周期时间。

9.3.2　步骤二:确定标准作业顺序

在确定标准作业顺序时要获得工程师和专家的支持,标准的作业顺序可以通过研究已有的加工或装配工艺获取。若不存在现成的加工或装配工艺,则可以观察经验丰富的操作人员的作业过程,以确定需要制定标准作业的工位的实际作业顺序。

例如,对于发动机罩板转移工位,其作业顺序确定后为:

(1) 工件沿传动皮带移动时,目视工件是否有缺陷标记,将其装在返修夹具或合格夹具上;

(2) 操作者从工件"1 位置"(将工件划分成几个位置区域,"1 位置"和"2 位置"分别为某一区域)将工件取起;

(3) 另一只手抓取工件"2 位置";

(4) 转身对准工位器具架的限位,每放 10 件,操作者推工件"2 位置",将零件推入限位底部,同时摆正工件;

(5) 装满 10 件后,将限位放下,以免工件滑出;

(6) 当器具架装满后,提示叉车司机将装满工件的器具架运走。

在制定作业顺序的过程中,考虑了传送带与发动机罩板专用托架之间的位置关系;将质量检查纳入作业顺序过程中,为了避免产生潜在的质量缺陷,在作业顺序中规定了手持发动机罩板抓取位置;在将发动机罩板放入专用托盘时,规定了操作的具体细节,以避免潜在的不安定因素带来的损伤和破坏,同时利于工件的转移和运输。

9.3.3　步骤三:观测时间

(1) 通过现场仔细观察,掌握现场的实际作业顺序和作业方法,确定作业项目。在现场仔细观察某个作业的整个流程时,可以观察到每一个操作者都在进行一系列很具体、细微的工作步骤,称为"工作要素"。它们是完成整个循环作业必不可少的。工作要素的划分可参照作业测定中工作单元的划分。

(2) 把作业项目填写在时间观测纸上,熟悉实际项目表和实际作业时间的对应关系。

(3) 观测时间时要选定合适的观测点,从而能完整地观测整个作业过程。时间观测过程中不能停表,将各项作业结束时时间数字如实地填在时间观测表上(见表 9-1),每个作业项目划分为多个工作要素,纵向的工作要素组成一个完整的循环过程。

表 9-1　发动机罩板转移作业时间观测表

工位:发动机罩板转移											研究者:	日期	第　页 共　页
作业 名称	NO.	操作者									重复次数 最多最短 时间	机器 循环 时间	备注:
		工作要素			观测时间								
发动机罩板转移作业	1	工件沿传输皮带移动时,目视工件上是否有缺陷标记,判断装载返修器具或合格器具上											
	2	操作者抓住工件"1 位置"将工件抬起											
	3	另一只手抓住工件"2 位置"											
	4	转身对准工位器具的限位,每放 10件,操作者推工件"2 位置",将零件推入限位底部,同时摆正工件											
	5	装满后,将限位放下,以免工件滑出											
	6	将工位器具架装满后,提示叉车司机将装满的工位器具架运走											
		总计											

在观测过程中,各作业要素对应的时间观测值要根据实际对应的秒表读数填写。每个工作项目的观测次数约 10 次。需要注意的是,观测过程中,对于例外的作业内容、时间发生、观测过程出现意外等情况需要特别记录;注意将人、机器作业时间分别记录。

1. 整理计算每个循环的时间

周期时间(CT)指一个人在工作流程中完成全部动作进入下一循环的时间(包括步行时间,但不包括空手等待时间)。

循环发生的检测、换刀、处理空箱等作业的时间,不纳入周期时间。根据记录数据计算每次作业项目循环的时间值。

在实际作业过程中,周期时间(CT)与节拍时间(TT)并不是完全相同的。

当周期时间<节拍时间时,实际作业时间小于顾客需求速度,在设定的流水线节拍下会产生操作者等待的现象;非流水线作业情况下容易产生在制品库存,造成工序间的产品积压。造成这种现象的原因可能是作业划分不彻底或操作者过多等。然而,合理设计周期时间与节拍时间之间的比例,使得周期时间略短于节拍时间,对于缓解两班次或三班次生产的企业在物料供应中断或设备故障的情况下的产品需求压力是十分有效的。

当周期时间>节拍时间时,实际作业时间大于顾客需求速度,工序之间发生作业延迟现象。上道工序的作业延迟导致下道工序的机器、操作者出现不同程度的等待,使得工序之间在制品库存量不得不维持在较高的水平。

当周期时间=节拍时间时,实际作业时间完全符合顾客需求速度,是合适的作业方式。经过初步划分并经过观测的作业要素累加构成的循环时间可能与节拍时间有较大差别，通过后续的标准作业组合使得作业周期时间与节拍时间近似相等。

2. 确定作业项目的循环时间

该时间并不是取 10 次测量结果的平均值，而是取重复次数最多的最短时间，反映了工人进行此项作业的实际水平。

3. 确定各工作要素的作业时间

根据测量数据获取循环过程中各个工作要素的作业时间，同时根据“选取重复次数最多的最短时间”原则确定各工作要素的拟定作业时间。在完成各要素时间的计算后，相加并与先前确定的作业项目循环时间进行比较验证，保证二者相等。

时间观测操作具体细节如下：

1. 时间观测者需经过严格的训练才能熟练地测时

时间观测纸及填写例如图 9-2 所示：

时间观测纸

对象工序	在黑板上写字	观测月日	85–11–1	分解号	1月1日
		观测时间	PM2:00	观测者	张某某

No	作业项目	1	2	3	4	5	6	7	8	9	10	11	12	13	14	15	要素作业时间	着眼点（准备时间）
1	从椅子上站起来	0 –	45 7	30 8	15 7	304 9	46 6	34 7	21 7	9 8	54 8	43 9					7	
2	走到黑板旁	10 10	56 11	40 10	26 11	15 11	58 12	45 11	32 11	19 10	705 11	53 10					11	
3	拿粉笔	12 2	58 2	48 3	29 3	17 2	401 3	47 2	35 3	21 2	8 3	56 3					2	
4	写字	22 10	107 9	53 10	40 11	26 9	(M)	56 10	45 10	30 9	19 11	807 11					9	
5	放下粉笔	25 3	10 3	57 4	43 3	29 3	15	501 4	48 3	33 3	23 4	10 3	( )				3	
6	走到椅子旁	35 10	19 9	206 9	53 10	38 9	24 9	11 10	58 10	33 11	32 9	20 10					9	
7	坐到椅子旁	38 3	22 3	8 2	56 3	40 2	27 3	14 3	601 3	46 2	34 2	23 3					3	
	1个循环时间	–	44	46	48	44	47	47	47	45	48	49					44	

步骤一、二：决定
步骤三：测定
步骤六：算出
步骤七：确定、核准
步骤四：算出
步骤五：决定

图 9-2 时间观测用纸

2. 时间观测及归纳方法

作业者的作业必须是重复且相同顺序的作业。在没有建立标准作业的生产线，作业者可能不是反复作业，所以，测时前必须给作业者制定好重复且相同的作业顺序。

如果是以改善为目的观测时间，最好选择一个最熟练和一个不熟练的员工分别观测。

熟练的员工动作敏捷,会给我们许多启示;不熟练的员工容易让我们观察到问题所在。如果是以制定标准时间为目的,选取的观测者最好是效率在平均水平以上的员工。

(1)作业时间的测定及归纳方法。

步骤 1:仔细观察作业内容,掌握作业顺序、作业方法,确定作业项目,并填写时间观测纸。其中需要注意的是:① 作业项目分得越细,越有利于平衡作业;② 作业项目分得越细,越有利于确定改善着眼点,改善成果越易显露出来;③ 每个项目最好都小于 10 秒。

步骤 2:确定观测位置(观测者能清楚地看到作业者整个作业过程的地方),并且对观测点进行相应的记录。所谓观测点,就是该作业项目结束的瞬间。其中需要注意的:① 手工测时观测的作业项目时间可能为 2—3 秒;② 项目时间大多在 2 秒以下时,需要利用录像的功能来实现测时。

步骤 3:观测时间。其中需要注意:① 开始观测后,中途不能停表,将各作业项目结束时的秒表数值读出,填入时间观测纸;② 观测循环必须在 10 次左右;③ 例外的作业内容(如检查、换刀、换产、处理空箱等)和时间在其发生时逐一记录;④ 秒表读数填在虚线上方;⑤ 作业项目过多(20 个以上)时,可以两人合作测时;⑥ 测时的时候,注意力要高度集中。由于不注意没有测到的项目,马上跳过,记录下一个作业项目结束的时间。

步骤 4:求出每个循环的时间。即最后一个项目右侧时间值减去左侧时间值,用红笔填入循环时间栏。

步骤 5:确定周期时间(CT)。其中需要注意:① 选择循环时间中可能连续作业的最小值填入作业循环时间栏的最下行(不选择异常值);② 如果每个循环里都存在空手等待时间,将空手等待时间从选定值中减去。

步骤 6:求出各作业项目的时间。即用下行的时间值减去上行的时间值,将结果填入下行(用红笔填入)。

步骤 7:确定各作业项目时间。注意:① 此时间应是值得信赖的最适当时间;② 作业项目的合计时间应与周期时间(CT)值一致(不能改变周期时间(CT)值)。

(2)设备加工时间的测定。用秒表测定机械从启动到返回原位置的自动加工时间。观测 2—3 次。

3. 汇总时间观测结果

汇总时间观测结果如图 9-3 所示。

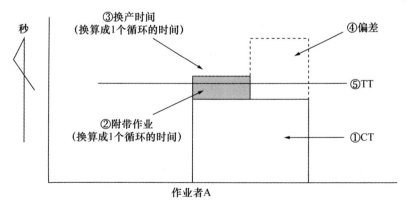

图 9-3 汇总时间观测结果

（1）周期时间（CT）（所测得的可能连续作业的最短时间）。在一个班次作业时间内的不同时段可能测出的周期时间（CT）数值不同，其变化一般如图9-4所示。理想的观测时机应选择上午10:00左右和下午15:00左右。

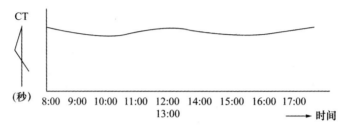

图9-4　不同时段的CT变化曲线

（2）附带作业（包括检查品质、换刀等，换算成1个循环的时间填入）。如果所测得十几个循环内没有测到随机存在的附带作业（如换刀），则需在其发生时单独测时，然后再换算成一个循环的时间加进去。

（3）换产时间（换算成1个循环的时间填入）。一般情况下，观测过程中不会测到换产作业，故需在其发生时单独测时，再换算成1个循环的时间。

（4）偏差。所谓偏差，就是所测循环时间里最长循环时间与周期时间（CT）的差。偏差大小是经常变化的，附带作业时间、换产时间也是经常变化的，这里标出的数值应是最小值，但必须能反映存在的问题。

（5）TT（标准工时或必要时间）。计算出TT时间值，用红线划出。如果所测得1个循环时间里生产2件，则需在TT2的位置用红线划出。

通过汇总时间观测结果，可以明显看出生产线的作业者在作业过程中存在的时间浪费问题。

4. 观察现场时需要注意的事项

（1）观察现场的目的：① 减少设备故障、短停机及作业时间的偏差，站在能够看清楚生产线实况的地方观察，以现地现物掌握什么是真正的问题，与改善联系起来；② 减少不良品，以现地现物掌握什么是真正的问题，抓住现行犯，与改善联系起来。

（2）"站着看"的方法如表9-2所示。

表9-2　"站着看"的方法

区分	设备故障、短停机、作业时间偏差	不良品
人	不能按标准作业 ① 装卸零件麻烦 ② 附带作业	翻修作业
物	加工的零部件停滞积压	不良品展示台的零部件
设备	① ANDON点灯 ② 设备的运转（异响、颤抖、热度） ③ 工序间搬运的麻烦 ④ 换产的麻烦 ⑤ 看各段时间的变化	① ANDON点灯 ② 检查决定品质的设备中的关键部位 ③ 看各段时间的变化

（3）"站着看"的注意事项：① 要有站到掌握真正原因的耐性和气力；② 从工作开始到结束应仔细看（见表 9-3）；③ 联系到改善活动（以动作表示）。

表 9-3　"站着看"的注意事项

区分	眺望	看	观看	细看
内容	旅行	参观学习	观察、调查	拿在手里看
评价	×	×	×	○

9.3.4　步骤四：制定工序能力表

"工序能力"是指生产系统内部各工序制造生产的过程中，各工序及生产线或生产设备加工零件的生产能力。"工序能力表"包含操作者的手工操作时间、机械的自动加工时间，以及包括交换刀具在内的不同产品之间的换产时间等。对作业项目进行分解并观测获得详细的作业时间，将不同作业项目的时间填入工序能力表，并分别计算其加工能力。

$$每班加工能力 = \frac{每班的工作时间}{完成一个完整作业流程时间 + 换产时间平均值}$$

$$换产时间平均值 = \frac{每班该项作业的总换产时间}{每班该项作业所要进行的数目}$$

换产时间（Setup Time）是指机器从生产一种产品向生产另一种产品转换所要耗费的时间。例如装配生产线换产时间可能包括专用工具更换、备品备件更换时间；冲压设备换产时间包括更换模具、调整程序的时间。某钻床的工序能力如表 9-4 所示。

计算表中列举的攻螺纹作业流程的加工能力，计算过程为：

每班操作时间＝460（分）＝27 600（秒）

加工时间＝14（秒）

表 9-4　工序能力表

科长	工长	工序生产 能力表	品号		17111-38010		型式		22R	部门	姓名
			品名		进气支管		个数		1		

序号	工序名称	设备编号	基本时间						切换作业		工序能力	备注
			手动时间		机器时间		完成时间		切换个数	切换时间		
			分钟	秒	分钟	秒	分钟	秒				
1	附加面加工	MIR1764		3		25		28	100	60	965	
2	钻螺栓孔	DR2424		3		21		24	1 000	30	1 148	
3	攻螺纹	TP1101		3		11		14	1 000	30	1 967	
4	质量检查 （螺纹螺距）			5				5			5 520	
		合计		14								

替换丝锥的时间＝30（秒）

调整间隔＝967（件）

$$设备加工能力＝\frac{27\,600}{\left(14+\dfrac{30}{967}\right)}≈1\,967.1（件）$$

所以，攻螺纹设备 TP1101 的单班加工能力为 1 967 件。

9.3.5 步骤五：编制标准作业组合票（表）

在初步确定标准作业顺序、获得周期时间、同时核算得到生产节拍时间后，可以开始着手编制标准作业组合表。可以直观地看到操作者和机器工作的时间过程，明确各工序手工作业时间和步行时间，用于考察节拍时间内一个操作者能承担的工序范围。如果分配的周期时间刚好等于节拍时间，那么是较为合理的过程。

比较操作者经过一次循环作业返回到起始点的作业时间是否与循环时间相吻合，以判断该作业组合是否合理。

9.3.5.1 标准作业组合票的填写步骤

（1）在作业时间的时间轴上画出节拍时间（TT）值的线。

（2）估计一个人承担的作业范围；工序能力表的手动合计栏中的时间值包括步行时间，将该时间值与节拍时间比较，估计操作者的作业范围。

（3）按步骤（2）估计的作业范围，在作业组合票中的作业内容栏逐项填写手工作业的内容。

（4）在时间栏里填写手动作业时间、设备自动加工时间和步行时间，数据从时间观测表实际记录值中获取。

（5）确定作业内容。手动作业用实线、设备自动加工时间用点划线、步行时间用波折线，在时间轴上依次画出。作业、步行和机器运转三类活动可能是同时进行的。在同一张表格上有多种不同的作业内容表示形式，为便于认识，可以将不同的作业内容表示线用不同的颜色表示。

（6）检查作业组合的可行性，确定作业顺序。根据组合后的周期时间与节拍时间的关系，反复进行重新组合作业，最终保证作业组合的周期时间与节拍时间相等。

9.3.5.2 标准作业组合票的实例

标准作业组合票的实例如表 9-5 所示。

其中，组合线图手工作业时间用实粗线表示，自动加工时间用虚线表示，步行时间用波折线表示，不同的生产情况（具体表现为 TT 和 CT 时间的大小对比）的组合线图绘制的注意事项，以下为对各个情况的说明：

情况 A：存在空手等待时间。

表 9-5 标准作业组合票示例

品名			标准作业组合票		日期	产量/班	
生产线					部门	节拍	

作业顺序	作业内容	时间			作业时间							
		手	机	步	5	10	15	20	25	30	35	
1	取工件	2										
2	C7620装卸工件，自检	6	14	2								
3	CJK6432装卸工件，自检	6	12	2								
4	装卸工件，返回C7620			4								
	合计	14	26	8								

图中标注：步、装卸工件、自检、机械加工、返回作业开始位置

CT＜TT 时，在回到最初开始作业的地方用"⟷"注明，如图 9-5 表示。

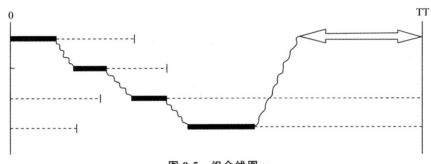

图 9-5 组合线图一

工序途中发生空手等待时间时，在发生空手等待的地方用"⟷"注明，标在虚线（表示自动加工）的下边，如图 9-6 所示。

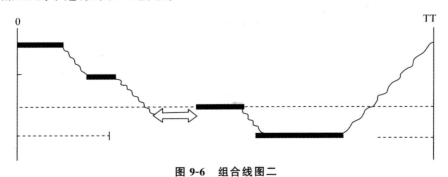

图 9-6 组合线图二

情况 B：自动加工时间的虚线返回方法。

CT=TT 时，将自动加工时间虚线划到 TT(CT)线的地方，不足时从该行 0 点继续划出补足，如图 9-7 所示。

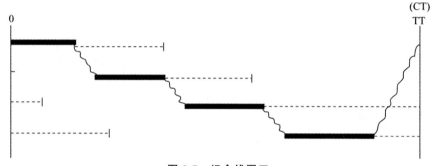

图 9-7　组合线图三

CT<TT 时，将自动加工时间虚线划到 TT 线的地方，不足时从该行的 0 点继续划出补足，如图 9-8 所示。

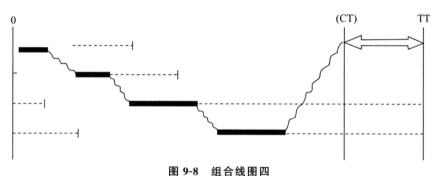

图 9-8　组合线图四

CT>TT 时，将自动加工时间虚线划到 CT 线的地方，不足时从该行的 0 点继续划出补足，如图 9-9 所示。

图 9-9　组合线图五

情况 C：步行启动。

向下一个工序步行过程中按动机械启动开关时，在步行时间波折线上标上小圆圈，如图 9-10 所示。

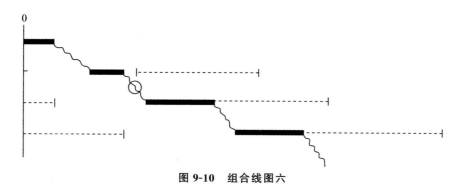

图 9-10　组合线图六

同时启动复数机械时,应将各机械的自动加工开始时间点对齐,如图 9-11 所示。

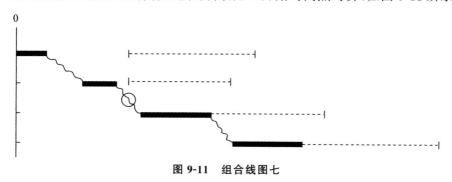

图 9-11　组合线图七

情况 D:在同一个工序内进行不同作业或无步行时,应该将作业内容分别记入,并用实直线连接,如图 9-12 所示。

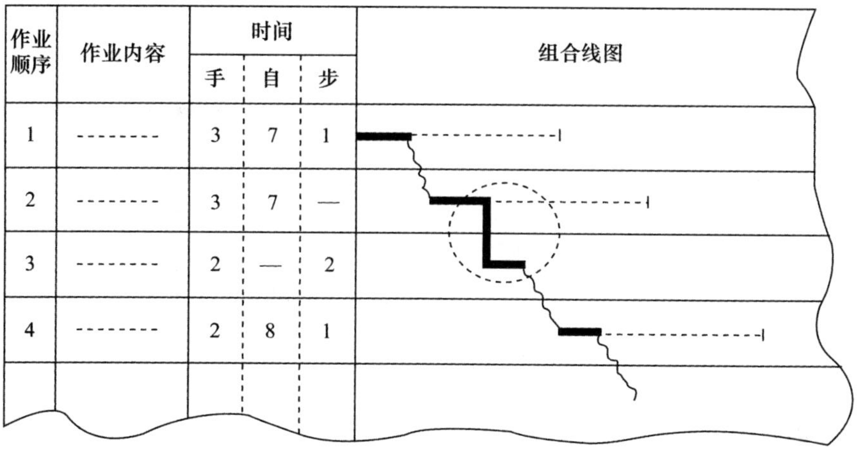

作业顺序	作业内容	时间			组合线图
		手	自	步	
1	--------	3	7	1	
2	--------	3	7	—	
3	--------	2	—	2	
4	--------	2	8	1	

图 9-12　组合线图八

情况 E:返回前一工序。

当一个循环中存在返回到前一工序作业的时候,回到该作业顺序行记入。这时,应在同一行内分别注明作业顺序号、作业时间,如图 9-13 所示。

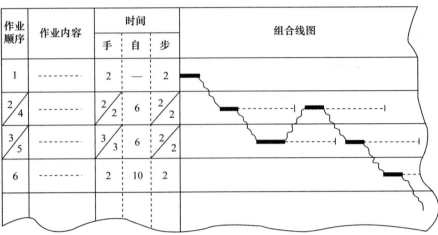

作业顺序	作业内容	时间			组合线图
		手	自	步	
1	-------	2	—	2	
2 / 4	-------	2 / 2	6	2 / 2	
3 / 5	-------	3 / 3	6	2 / 2	
6	-------	2	10	2	

图 9-13　组合线图九

情况 F:步行中的作业。

对于 1 秒以上的作业应将作业内容填入作业内容栏,并加上括号。其作业时间注明在时间栏中,如图 9-14 所示。

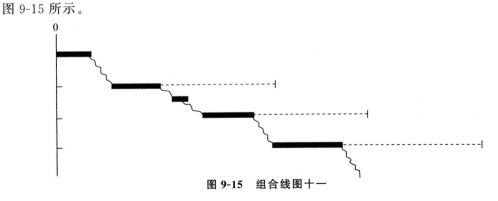

作业顺序	作业内容	时间			组合线图
		手	自	步	
1	-------	2	—	2	
2	-------	3	15	4	
3	-------	(3)	—		
4	-------	4	18	2	

图 9-14　组合线图十

对于不足 1 秒内的作业,只在时间栏中以黑直线"▅▅▅"注明,而不填入作业内容栏,如图 9-15 所示。

图 9-15　组合线图十一

情况 G：类似于点焊工序的复机械作业。

很难将人的动作和机械的动作分开表示时，在实线上用括号表明动作的个数，如图 9-16 所示。

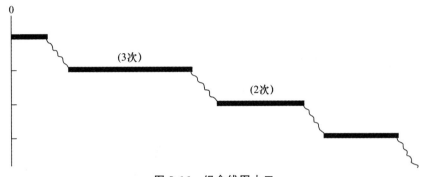

图 9-16　组合线图十二

人的动作和机械的动作可以分开表示时，应明确分开表示，如图 9-17 所示。

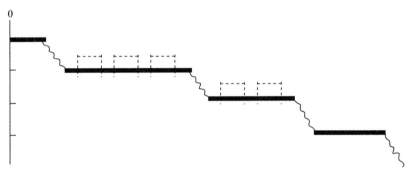

图 9-17　组合线图十三

情况 H：自动且连续加工中的手工作业。

自动且连续加工中的手工作业应用实线标明，如图 9-18 所示。

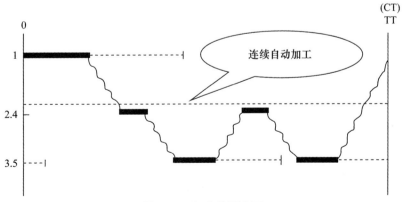

图 9-18　组合线图十四

情况 I：无步行的连续作业。

在进行车辆组装等作业时，由于手工作业时间长，且内容也不相同，所以应将内容详细分开，分别填入作业内容栏。其组合线图的表示法与"同一工序内的不同作业"表示方法相同，如图 9-19 所示。

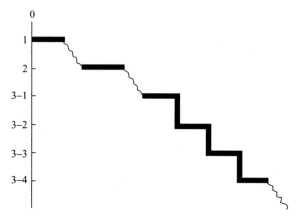

图 9-19　组合线图十五

也可以用下面的表示方法，如图 9-20 所示。

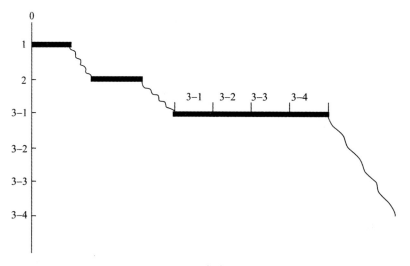

图 9-20　组合线图十六

情况 J：共同作业。

有共同作业时，在作业内容栏的手工作业内容的后面加上括号表示。

情况 K：2 人前后追逐作业。

2 人前后追逐作业的时候，将其填入一张组合票内，并且原则上用 1 个循环表示，如图 9-21 所示。

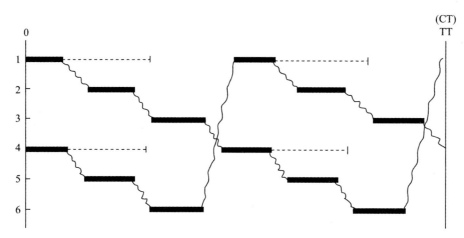

图 9-21　组合线图十七

　　情况 L：同一加工工序内用复数机械设备加工。

　　例如：在同一工序内，由于机械设备加工能力不足而用 2 台设备加工时，造成步行距离、作业时间的不同，所以应分 2 个循环填写。这时，该工序的作业顺序号、作业内容、作业时间都改行填入。其他工序的作业顺序号、作业内容、作业时间应在同一行内分别注明。同时，TT 乘以 2，如图 9-22 所示。

作业顺序	作业内容	时间			组合线图	
		手	自	步		TT×2
1／5	— — —	2／2		2／3		
2	— — —	3	24	3		
6	— — —	3	21			
3／7	— — —	3／3	12	2／2		
4／8	— — —	2／2		2／2		

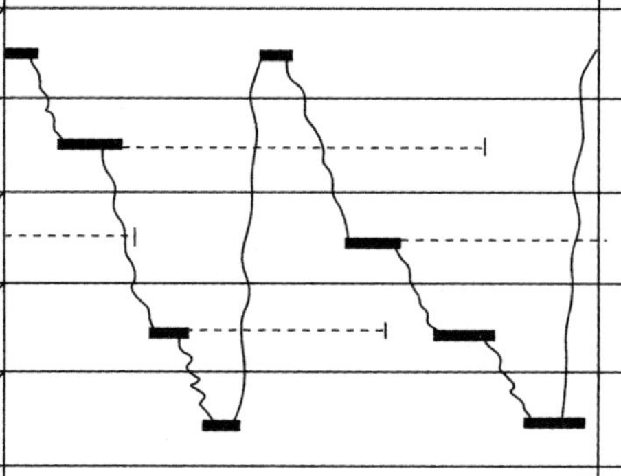

图 9-22　组合线图十八

　　情况 M：机械设备加工特点决定了必须同时加工复数零件。

　　例如：在同一工序内，由于机械设备的加工特点决定了每次必须同时加工 2 件。这时，该工序的作业顺序号、作业内容、作业时间只填一行。其他工序的作业顺序号、作业内容、作业时间应在同一行内分别注明。同时，TT 乘以 2，如图 9-23 所示。

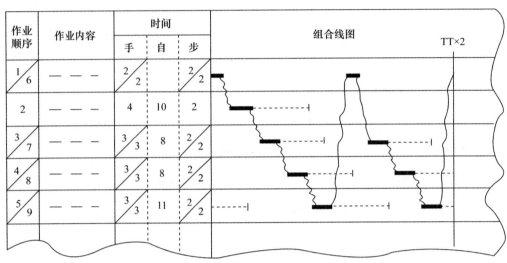

作业顺序	作业内容	时间			组合线图	TT×2
		手	自	步		
1/6	———	2/2		2/2		
2	———	4	10	2		
3/7	———	3/3	8	2/2		
4/8	———	3/3	8	2/2		
5/9	———	3/3	11	2/2		

图 9-23　组合线图十九

9.3.5.3　确定作业顺序的步骤

步骤一：在作业时间的时间轴上用红色笔划上 TT 时间值的线。

步骤二：估计一个人承担的工序范围。尽量使手工作业时间和 TT 大致相等，从工序能力表按顺序算出手工作业时间的估计，来估计一个人承担的工序范围。同时，估计步行时间并加进去。

步骤三：在作业内容栏里，将手工作业的内容逐行地填入。

步骤四：在时间栏里，填入手工作业时间，自动加工时间线划在时间轴表中。

步骤五：确定最初的作业，将手工作业时间线、自动加工时间线划在时间轴表中。

步骤六：确定第 2 个作业。通常，下个工序的作业为第 2 个作业，但有时工序的顺序和作业的顺序相反。换工序时，如果产生步行的话，用波浪线注明。同一个工序内有复数机械，或有同时加工复数零部件的设备，或有共用工序的机械时，应该充分考虑后再决定作业顺序，避免因自动加工时间长造成作业者空手等待。

步骤七：检查作业的组合是否成立。自动加工时间虚线碰上 TT 的时间轴时，从 0 点继续画剩下的时间虚线。但如果这条时间虚线与手工作业的时间实线相重合时，说明在 TT 时间内该作业组合不能成立，需要改变作业顺序或进行改善。

步骤八：进行了预定的作业组合后，返回到最初的作业栏。

步骤九：检查作业量是否适当。如果返回到最初的作业点时与红线（TT）正好相逢，说明该作业组合是适当的。如果作业在 TT 红线之前结束的话，说明作业量少。相反的情况说明作业量多，在一定时间内不能完成生产任务。无论出现哪种情况，都有必要重新考虑变更作业组合。

步骤十：填入作业顺序。

作业组合确定后，根据确定的作业顺序填入顺序号。

最后，组长、班长要亲自试验一下作业顺序。如果组长、班长能够在 TT 内轻松完成作业的话，就可以教授作业人员了。标准作业组合票制作典型示例如图 9-24、9-25、9-26 所示。

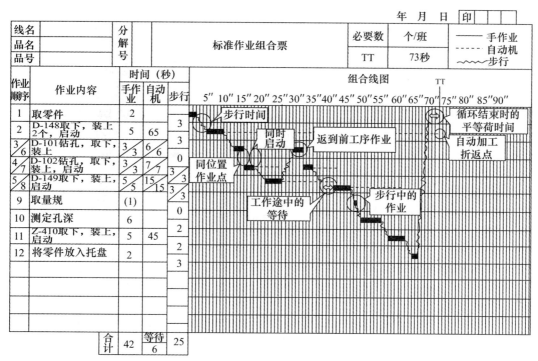

图 9-24　标准作业组合票制作例一

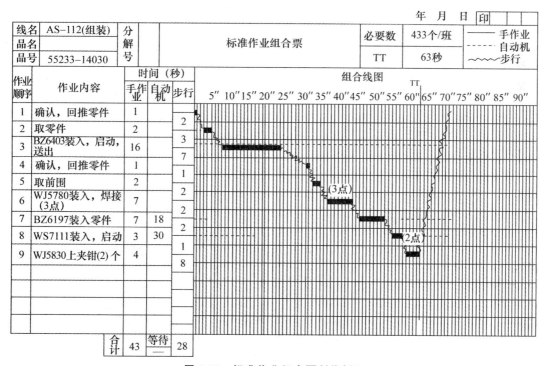

图 9-25　标准作业组合票制作例二

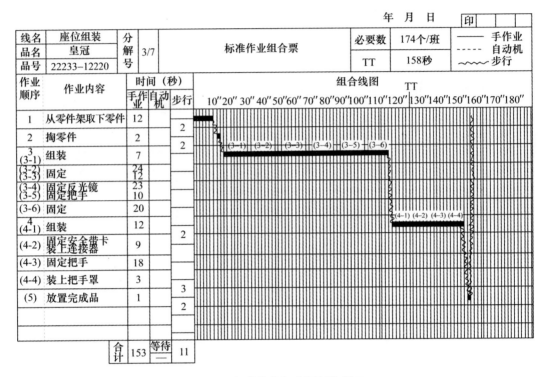

线名	座位组装	分解号	3/7	标准作业组合票		必要数	174个/班	—— 手作业 ---- 自动机 ～～ 步行
品名	皇冠							
品号	22233-12220					TT	158秒	

年　月　日　　印

作业顺序	作业内容	时间（秒）			组合线图　TT
		手作业	自动机	步行	10″20″30″40″50″60″70″80″90″100″110″120″ TT 130″140″150″160″170″180″
1	从零件架取下零件	12		2	
2	掏零件	2		2	(3-1) (3-2) (3-3) (3-4) (3-5) (3-6)
3 (3-1)	组装	7			
(3-2) (3-3)	固定	24 12			
(3-4)	固定反光镜	23			
(3-5)	固定把手	10			
(3-6)	固定	20			
4 (4-1)	组装	12		2	(4-1) (4-2) (4-3) (4-4)
(4-2)	固定安全带卡 装上连接器	9			
(4-3)	固定把手	18			
(4-4)	装上把手罩	3			
(5)	放置完成品	1		3 2	
合计		153	等待 —	11	

图 9-26　标准作业组合票制作例三

9.3.6　步骤六：制定标准作业票（卡）

"标准作业组合票"重新组合了测定事件的作业项目内容，在理论上实现了周期时间与节拍时间相吻合。标准作业内容的组合转化为操作人员的实际作业过程，需要建立作业指导文件来指导工人的实际操作，即"标准作业卡"。标准作业卡用来记录作业内容、作业顺序和作业时间，同时根据作业顺序中的步行步骤，用实线表明操作者的作业路线，在现场目测，记录每个操作者的作业范围。

标准作业卡对于管理者来说是管理生产现场的工具，对于操作者来说则起到发现工位问题点和指导操作的作用。标准作业卡以图的形式表示每个操作者的作业范围，包括整个生产线设备配置、操作者的周期时间、作业节拍、作业顺序、标准中间在制品库存、物流方向、检查品质频度、注意安全等内容。标准作业卡制作完成后，挂在作业工位的明显之处，让员工了解生产线的作业状况，并作为改善、管理、指导的工具。另外，管理人员能够通过标准作业卡直观地评价和监督现场人员。标准作业应该由生产现场的监督者制定、维护，反映了监督者的意图。标准作业不是固定不变的，随着产量的增减、作业或设备的改善，标准作业要相应变化，以达到持续改善的效果。

标准作业卡的基本示例如表 9-6 所示。

标准作业组合票和标准作业卡也可以组合为一张图表，清楚地标记具体作业过程，如表 9-7 所示。

表 9-6　标准作业卡示例

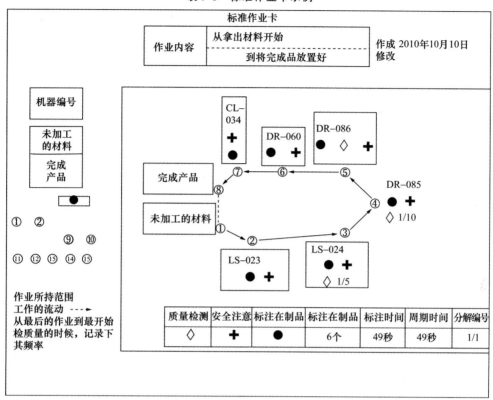

表 9-7　标准作业组合票和标准作业卡结合

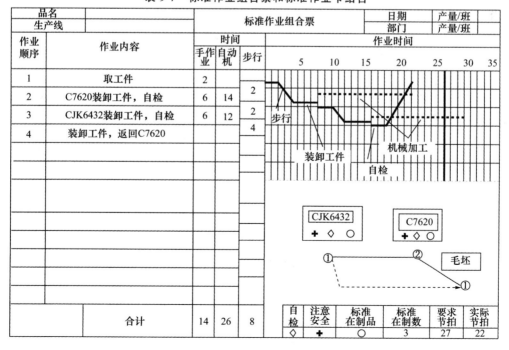

9.4 标准作业的实例：油泵生产标准作业的实施

本案例从制定标准作业的步骤出发,通过确定节拍时间、标准作业顺序、观测时间、制定工序能力表、制定标准作业组合票(表)、制定标准作业票(卡)的具体步骤确保油泵生产标准作业的实施。

9.4.1 背景

产品编号:35372-1600

产品名称:油泵

加工顺序(见图 9-27)。

材料 ⇒ LS023 ⇒ LS024 ⇒ DR085 ⇒ DR086 ⇒ DR060 ⇒ CL034 ⇒ 成品
　　　　①　　　②　　　③　　　④　　　⑤　　　⑥

图 9-27 加工顺序

工序①:切削基准面;

工序②:切削端面;

工序③:钻 Ø10 孔;

工序④:钻 Ø5 孔;

工序⑤:钻 Ø20 孔;

工序⑥:清洗。

设备平面布置如图 9-28 所示:

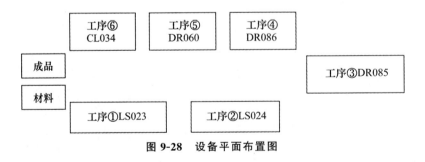

图 9-28 设备平面布置图

9.4.2 实施

9.4.2.1 确定节拍时间

公司每班会有两次 10 分钟的休息过程,根据以往销售数据确定,公司一班需完成的生产数量为 560 个产品,则生产节拍时间为:

$$每班工作时间 = 8 \times 3\,600 - 20 \times 60 = 27\,600(秒)$$

$$TT = \frac{每班工作时间}{每班生产必要数量} = \frac{27\,600}{560} \approx 49(秒)$$

9.4.2.2　标准作业顺序

标准作业顺序可参考 9.4.1 节背景。

9.4.2.3　时间观测

取钻 Ø20 孔工序为例,时间观测纸及填写如图 9-29 所示。

对象加工		钻 Ø20 孔		时间观测用纸											观测月日	12-6	分解号	1月1日
															观测时间	PM3:00	观察者	张某某
N0	作业项目	1	2	3	4	5	6	7	8	9	10	11	12	13	14	15	要素作业时间	着眼点（准备时间）
1	拿起油泵	0	33	64	97	131	162	195	126	158	191						1.5	
		—	2	1	2	2	2	2	1	1	1							
2	放入油泵	3	35	67	100	133	164	197	129	161	194						2.6	
		3	3	2	3	3	2	2	3	3	3							
3	机加工（等待）	28	59	92	126	156	190	122	155	186	219						25	
		25	24	25	26	23	26	25	26	25	25							
4	取出油泵	30	61	93	128	158	191	124	156	188	221						1.7	
		2	2	1	2	2	1	2	1	2	2							
5	放下油泵	31	63	95	129	160	193	125	157	190	223						1.6	
		1	2	2	1	2	2	1	1	2	2							
6																		
7																		
8																		
一个循环时间		—	32	32	34	31	33	32	32	33	33						32	

图 9-29　时间观测结果

9.4.2.4　制定工序能力表

1. 工序能力的计算

其中,基准面切削作业流程的加工能力,计算过程为:

每班操作时间＝460（分）＝27 600（秒）

加工时间（手作业时间＋自动机时间）＝33（秒）

交换时间＝120（秒）

调整间隔（交换个数）＝600（件）

$$设备加工能力＝\frac{27\,600}{33+\dfrac{120}{600}}≈831.3（件）$$

所以基准面切削作业的机台 LS023 的单班加工能力约为 831 件。

2. 测时

分别测出生产线内各工序手工作业时间、机械自动加工时间及更换一次刀具的时间（注意：所测得的时间应是能够完成的最短时间）。

3. 调查刀具加工个数

从加工工艺表中调查各工序更换刀具的加工个数。

4. 工序能力表的填写

工序能力表的填写示例如图 9-30 所示。

工序能力表			品号	35372-1600	生产线名	MH-0221		年 月 日 印 单位	姓名
			品名	罩、油泵				2-23系	张三
序号	工序名称	机号	基本时间			刀具		加工能力 (788)	备注 图示时间 手作业 —— 自动机 ----
			手作业时间	自动机时间	完成时间	交换个数	交换时间		
1	基准面切削	LS023	分 5秒	分 28秒	分 33秒	600	120	831	5秒 28秒
2	端面切削	LS024	3	25	28	600	120	978	3 25
3	钻Φ10孔	DR085	5	19	24	500	300	1121	5 19
4	钻Φ5孔	DR086	6	21	27	500	300	1000	6 21
5	钻Φ20孔	DR060	7	25	32	500	300	846	7 25
6	清洗	CL034	5	30	35	—	—	788	5 30
4	5	6	7	8	9	10	11	12	13
		合计	31		14				

图 9-30　工序能力填写示例表

说明：

① 品号、品名——填写要加工的零部件编号、名称。

② 生产线名——填写生产线名称（编号）。

③ 单位——填写所属部门及制表人姓名。

④ 序号——填写加工工序的顺序号。

⑤ 工序名称——填写该工序的加工名称。注意：同一工序由复数机械设备加工时，（如加工一个工序需要 2 台机械设备）以每台机械为单位填写其能力；1 台机械设备同时加工复数零部件时，应注明（如 2 件/次）。

⑥ 机号——填写每台设备的机械编号。

⑦ 手作业——填写作业者在该机械旁进行手工作业的时间。

⑧ 自动加工——填写机械开始启动到完全停止的时间。

⑨ 完成时间——填写每个工序完成加工零部件的时间。注意：同时加工 2 件以上时，将其时间用括弧括上；同一工序里使用 2 台以上机械时，其完成时间按每台机械填入，

而不求整个工序的平均完成时间。

⑩ 换刀个数——填写每换一次刀加工多少个零部件。

⑪ 换刀时间——填写每次换刀需要的时间(该时间是最短的时间)。

⑫ 加工能力——计算并填写每班定时工作时间内每个工序能够加工的最大能力。

注意:计算加工能力时,结算结果取整数;加工能力项目栏的括弧里填入整个生产线中拖后腿工序的加工个数。

⑬ 图示时间——用线图(见图 9-31)表示手工作业时间、自动加工时间和完成时间的关系。

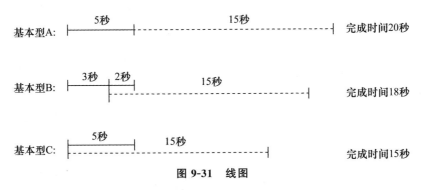

图 9-31　线图

⑭ 合计——计算并填写手工作业时间之和。

⑮ 年月日——填写制表日期。

9.4.2.5　制定标准作业组合票(表)

明确各工序的手工作业时间及各工序之间的步行时间,用于考查 TT 内一个作业者能够承担的工序范围是多大。如果所分配作业量的组合时间刚好等于 TT,那就是理想的。如果大于 TT,就表示无法生产出必要的数量,必须以加班的方式来完成。如果小于TT,就表示会生产过剩或者有等待现象发生。组合太长或太短都需加以改善。另外,填入自动加工时间来考查人和设备的组合是否可能。

标准作业组合票填写示例如图 9-32 所示。

说明:

① 生产线名——填写生产线名称(编号)。

品号——填写所加工的零件编号。

品名——填写所加工的零件名称。

② 分解号——它表示生产线里有几个作业者、该作业者是其中的第几个人(例如:1/1 表示一个作业者;2/3 表示 3 个作业者中的第二个)。

③ 编制年月日——填入制作日期、制作人、制作人所属部门。

④ 必要数——计算出每班生产必要数,填入。

$$每班必要数 = \frac{月生产必要数}{月工作日数 \times 班数}$$

⑤ TT——计算出 TT 并填入,同时用红笔将 TT 时间值在作业时间栏中自上而下划出。

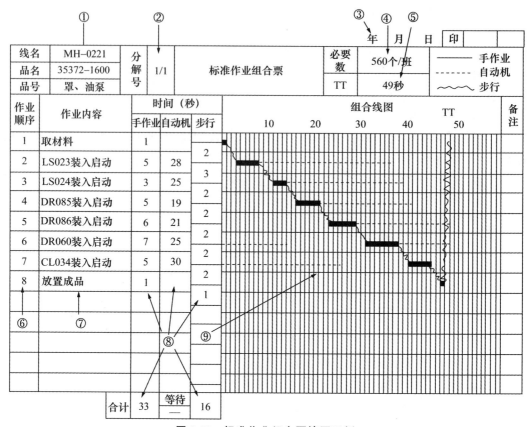

图 9-32　标准作业组合票填写示例

$$TT = \frac{1 日运转时间（定时）}{1 日生产必要数}$$

⑥ 作业顺序——填入作业的顺序号。注意：不是工序能力表中的顺序号

⑦ 作业内容——填入作业内容、机械编号。

⑧ 时间：

手工作业——从时间观测表的要素作业时间栏中抄下手工作业时间。对步行中进行的手工作业时间，应给该栏数字加上括号。

自动加工——从工序能力表中抄下各机械的自动加工时间。没有自动加工时，在该栏里注上"—"。

步行——从时间观测表的要素作业时间栏中抄下为取放零部件、工具或向下个工序移动而产生的步行时间。计算步行时间时，不区分是否持有零部件。步行时间不足1秒时，四舍五入。没有步行时，该栏应为空栏。

合计——将手工作业时间和步行时间的合计填入合计栏，并将空手等待时间也填入合计栏。无空手等待时间时，填"—"。注意，计算合计时间时，不要加上括号的时间值。

⑨ 组合线图——手工作业时间用实粗线表示，自动加工时间用虚线表示，步行时间用波浪线表示。

9.4.2.6 制定标准作业票(或标准作业卡)

标准作业票的填写例如图 9-33 所示。

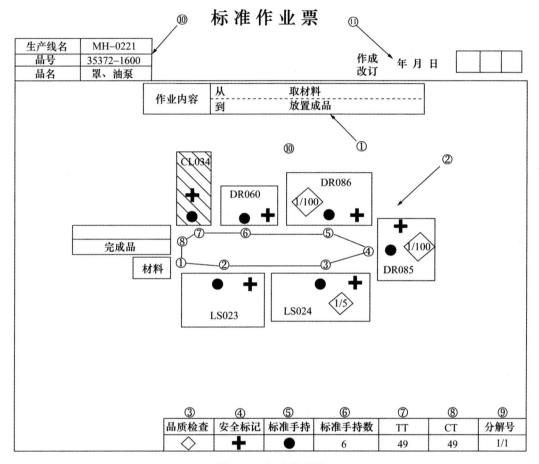

图 9-33 标准作业票

说明:

① 作业内容——填入标准作业组合票中的最初和最后的作业内容,标明作业范围。最初的作业内容填入上段,最后的作业内容填入下段。

② 工序配置——按大约比例绘制机械设备配置图,注上机械编号。

• 根据标准作业组合票上的作业顺序注上作业顺序号,用实线连接起来。

• 将最后的作业顺序号与最初的作业顺序号用虚线连接。

• 在作业顺序号围成的圈内将作业者用"⌒"表示。

• 给瓶颈工序涂上红色(从工序能力表中查出)。

③ 检查品质——对于需要检查品质的工序,将检查品质记号及检查频度记入。例如:◇1/5表示每 5 件检查 1 次。

④ 注意安全——对于自动机械及应注意安全的机械(工序),应将安全十字记号填入该机械图中。

⑤ 标准中间在库——为持续进行反复作业而必需的标准中间在库用记号"·"填入工序配置图中各机械加工结束后停止的位置。

注意：

- 材料、成品不属于标准中间在库。
- 两个作业者之间要增加一个标准中间在库。

⑥ 标准中间在库——计算标准中间在库的数量，记入该栏。

⑦ TT——将标准作业组合票中的 TT 值填入该栏里。

⑧ CT——按照作业顺序生产时的一个循环时间的纯作业时间，将该时间值填入栏里(不包含空手等待时间)。

⑨ 分解号——将构成整个生产线的作业者人数(分母)和第几个作业者(分子)用"N/N"形式填入该栏。

⑩ 线号、品号、品名——填入生产线编号、产品编号、产品名称。

⑪ 制成、改订年月日——填入新制作或改订的日期。

9.4.3 结果

通过上述标准作业将作业人员、作业顺序、工序设备的布置、物流过程等问题进行了恰当的组合，达到了生产目标。与此同时，标准作业还帮助作业组降低了单元生产成本、提高了生产效率、提高了产品质量、增加了客户满意度、降低了库存管理成本、增加了员工满意度与工作积极性。

在今后的作业过程当中，还可以对现有的一些不足之处，进行持续的改善。

9.5 标准作业的应用新动向

标准作业程序是标准作业中一个重要的应用新方向，是实施作业程序标准化应遵循的相关规定。作为标准作业的一个具体应用和实施的分支，标准作业程序同时具备了技术标准和工作标准的特点。标准作业程序是指用流程图描述岗位操作中的隐患和风险、排查措施，界定操作顺序、协作关系和关键环节控制要点，量化操作参数，提示注意事项，将岗位操作规范化、图片化，便于操作人员理解和掌握。标准作业程序主要的规范对象是具体的工业和工程活动。它首先明确活动目的和工作顺序，然后将整个工作过程细化，使其中的每一个步骤标准化，同时明确每一步骤中可能存在的风险和违反操作规范可能带来的不良后果。

标准作业程序设计和实施包括以下五个步骤：

1. 设计程序计划

在制定标准作业程序之前应首先挑选对象，即选择针对企业生产过程中的哪些部分制定相应的标准作业程序。这要求相关工作人员掌握企业整体生产情况，包括生产活动概况、涉及的操作方法和流程、存在的安全隐患等，对于操作不规范、过程复杂及安全隐患较多的部分，应该首先重点制定标准作业程序。在确定对象后，要编制各对象的工作时间表，明确标准作业程序的制定时间期限、员工教育培训时间和具体实施时间等。这些应尽可能与企业的现有资源和实际需求相一致。

2. 制定作业程序

对选定的目标进行操作流程分析，寻找其中的缺点和不足，判断生产过程是否过度经验化、操作过程和方式是否过于危险。在此基础上，组织专家和有经验的员工对现有操作流程进行增删、整合和修改，并对风险隐患较大的操作过程做出危险预警标注，并说明降低危险的方法和危险发生时的自救和应急措施等。

3. 导入作业程序

在具体实施标准作业程序之前，首先要做好员工的思想动员工作，让企业员工了解实施标准作业程序的作用和意义，尽可能地消除抵制情绪。这部分工作的实施对象最好先从中层管理者开始，因为他们的个人素质和理解能力一般较强，也与作业一线的工人接触较多，这使得他们与工人之间的交流更容易，便于工作的开展和执行。针对中层管理者，可以通过与公司上层领导和相关专家进行座谈、参观推行标准作业程序已有成效的公司或部门等方式，管理者加强中层管理者群体对标准作业程序的认识；还可以邀请他们参加标准作业程序的审查和修改，提高其对标准作业程序的切身体验。之后，要求中层管理者组织各自部门学习推广，并着力向广大一线工人传达上级指示和精神，最大限度地扫清思想障碍。在实施标准作业程序之前，应对实际操作人员进行教育培训。这部分工作十分关键，它决定着标准作业程序能否成功实现。企业应当印制足够数量的标准作业程序文本，使操作工人做到人手一册，并配备相应数量的讲解员，安排固定的授课时间进行具体讲授。其中，关键的操作步骤应该实地讲解，使一线操作人员有切身体会，从而更深刻地理解和记忆。

4. 实施作业程序

标准作业程序的实施，意味着操作人员在生产活动中需要遵守标准作业程序的要求和规定。在具体实施之前，应当保证标准作业程序的制定、员工的思想动员及相关培训等工作都已完成。在实施全程中，企业应该保持较强的监管力度，对于危险性较大的作业区，尽可能配备相应的责任人进行监督、辅导，必要时可以采取奖惩措施以保证实施效果。

5. 考评实施效果

标准作业程序的实施完成并不代表推广工作的结束，企业还应制定相关的考核评价体系。这不仅有利于对标准作业程序的监督反馈，还有利于程序本身的进一步修改和完善。企业通过考核标准作业程序执行后的生产过程和成果，可以检验员工是否严格按照标准进行操作。这样可以起到有效的监督作用，同时有利于及时发现员工的思想问题。

此外，企业应该认识到标准作业程序是一个复杂的系统工程，从最初制定到最后完善是一个动态的开放过程。在此过程中，企业需要不断地修改程序，找出其中不完善甚至不正确的地方。考核评价有利于发现并检验执行过程中的问题究竟是由于操作人员的违规行为还是操作标准本身的不合理造成的。在此基础上，有助于企业找到相关问题的根源和解决办法，并在客观上为完善标准作业程序提供支持。

？ 习题

结合实例一，请思考标准作业在生产油泵的过程中发挥了哪些优点。针对标准作业在该过程中起到的作用进行点评。

第 5 部分

现 场 管 理

第10章 目视管理

10.1 目视管理的定义

目视管理是利用形象直观、色彩适宜的各种视觉感知信息组织现场生产活动,以达到提高劳动生产率目的的一种管理方式。它是以视觉信号为基本手段,以公开化为基本原则,尽可能地将管理者的要求和意图让大家都看得见,借以推动自主管理、自我控制。所以,目视管理是一种公开化和以视觉显示为特征的管理方式,也可称为看得见的管理。

在日常工作中,通过目视管理,使各种管理状态、管理方法清楚明了,达到"一目了然",从而让操作人员容易明白、易于遵守,自主性地理解、接受、执行各项要求,这将给企业安全生产带来极大的好处。

10.2 目视管理的目的

实施目视管理,可达到以下目的:

1. 使管理形象直观,有利于提高工作效率

在机器生产条件下,生产系统高速运转,要求信息的传递和处理既快又准。目视管理可以发现视觉信号的工具,使信息迅速而准确地传递,无须管理人员现场指挥就可以有效地组织生产。

2. 使管理透明化,便于现场人员互相监督,发挥激励作用

实行目视管理,对生产作业的各种要求可以做到公开化、可视化。例如,企业按计划生产时,可以利用标示、看板、表单等可视化工具管理相关物料、半成品、成品等的动态信息。又如,根据不同车间和工种的特点,规定穿戴不同的工作服和工作帽,很容易使那些擅离职守、串岗聊天的人处于众目睽睽之下,促使他们自我约束,逐渐养成良好习惯。

3. 延伸管理者的能力和范围,降低成本,增加经济效益

目视管理通过生动活泼、颜色鲜艳的目视化工具(如管理板、提示板、海报、安全标志、警示牌等),将生产现场信息和管理者意图迅速传递给有关人员。尤其是借助了一些目视化的机电信号、灯光等,使一些隐形的浪费状态变为显形状态,使异常造成的损失降到最低。

4. 目视管理有利于产生良好的生理和心理效应

目视管理综合运用管理学、生理学、心理学和社会学等多学科的研究成果,科学地改善与现场人员视觉感知有关的各种环境因素,调动并保持员工的积极性,从而降低差错率,减少事故的发生。

10.3 目视管理的步骤

目视管理问世至今已在许多国家中推行。近年来,国内的企业纷纷引进目视管理这一管理方法,但只作为一种制度对企业并无太大意义,只有企业最高管理者重视、全体员工一致推动,才能使之真正发挥作用,提高企业的管理水平。因而,企业应根据自身的具体情况,真正落实好目视管理在企业的引进与推广。

目视管理的推广步骤如图 10-1 所示。

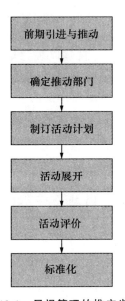

图 10-1 目视管理的推广步骤

其中,前期引进与推动包括做出引进决策、确定引进方法和创建推动环境。

10.3.1 步骤一:前期引进与推动

目视管理应根据企业的需要及具体情况引进。之后,经全体员工认可并共同努力地推动,才能达到预期的目标。

10.3.1.1 目视管理的引进决策

推行目视管理,首先要得到最高管理层的重视,其次要员工一致认可并切实执行,这是推行目视管理的关键所在。

在企业中,做出目视管理引进决策的方式主要有以下两种:

(1)最高管理层的主动引进。作为一种科学的管理方式,目视管理的要求与其他制度不同,必须从最高管理层做起。它的实施必须由最高管理层的"总目标"开始,如果没有最高管理层的支持,其实施很难取得成功。只有最高管理层制定出整个企业的 5S 总目标,中层及基层主管才能据此设定部门目标及个别目标。因此,企业要引进目视管理,必须获得最高管理层的支持。

（2）部门主管建议引进。最高管理层直接决定引进目视管理是最好的，但在有些情况下，也可以由部门主管建议最高管理层引进。目视管理若要由部门主管发起、推广，则必须先说服最高管理层。最高管理层只有在透彻了解目视管理后，才能给予部门主管有力的支持，从而推动目视管理在企业的顺利实施。

为了使最高管理层接纳建议，部门主管在提出建议时可从以下两方面着手：

（1）投其所好。在提出建议时，部门主管要突出最高管理层所关心的问题，努力强调目视管理的优点。一般而言，高层管理者比较关注企业的生产成本和利润。

（2）举例说明。实例与数字最能影响人心。为了顺利引进目视管理，部门主管最好能收集本企业与目视管理相关的资料，并配合实际案例，这样更具说服力。例如，对垃圾箱进行分类，让员工按类别扔垃圾，这种做法使企业回收了很多有价值的物品。

当然，部门主管还可以列举其他企业引进目视管理的成功案例，也可以使用数字进行比较，说明引进目视管理以降低成本的具体效果。

10.3.1.2　目视管理的引进方法

引进目视管理要考虑企业自身的具体情况，并根据实际情况确定目视管理的引进方法。企业若准备引进目视管理，则应按以下步骤进行。

1. 分析企业内部环境

企业内部环境直接影响目视管理的引进和推动，在分析时应重点考虑以下因素（见图10-2）：

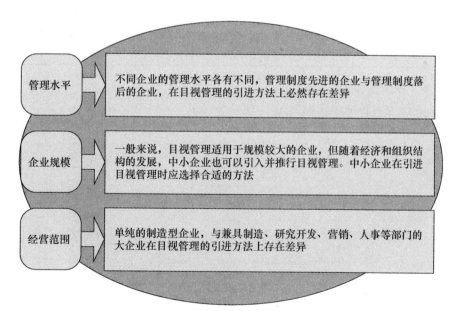

图 10-2　分析企业内部环境的重点考虑因素

2. 确定目视管理的引进方法

目视管理的引进方法如表 10-1 所示。

表 10-1   目视管理引进方法

引进方法	含义	适用情况
纵向引进	设定某部门实施目视管理	最高管理层对目视管理存在疑虑,企业经营范围较广而不宜全面铺开
横向引进	从经营管理层、监督层、作业层等各个层级中选择一个进行试行	目视管理在企业中不宜全面推行

10.3.1.3 创建目视管理的推动环境

1. 培训

企业在实施目视管理时,事前的教育培训准备工作对目视管理的实施极为重要。培训方式主要如表 10-2 所示。

表 10-2   培训方式

培训方式	具体做法
公开演讲	将全体员工组织起来,由董事长或总经理演讲,强调企业引进目视管理的理由,并指明基本方针
专家授课	企业聘请专家、学者讲课,强调在目视管理下,主管应有的做法及如何有效推行,并说明目视管理的优点
座谈会	企业聘请专家、学者或实务经验者主持座谈会,高层管理者可参加,借此交换彼此对目视管理的看法,并提出意见供大家讨论
编印培训教材	企业可参考有关资料,编印员工培训教材。员工通过自我学习,了解目视管理的具体内容

2. 加强企业内部宣传

加强企业内部宣传的手段如图 10-3 所示。

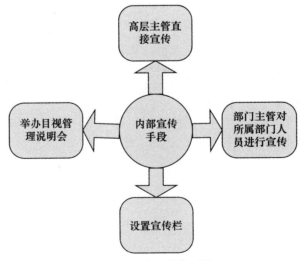

图 10-3   内部宣传手段

10.3.2　步骤二：确定推动部门

企业应指定能担负起推动目视管理责任的专门部门。

1. 推行委员会

在引进和推动目视管理时，企业通常会设立推行委员会。推行委员会作为推行目视管理的辅助部门，对改善推动工作有较大的帮助。

2. 人力资源管理部门

企业在引入新观念、新制度时，可以指定人力资源管理部门作为推动单位。因为人力资源管理部门负责企业的教育及培训，更容易彻底理解"目视管理"这类新观念。

3. 制度管理部门

目视管理是组织经营管理的一环，通常由管理部门引进、推行、宣传及监督。

4. 企划部门

企划部门为推动工作进展，平时会主动吸纳信息资源，并跨部门进行协调。企划部门也许并未充分了解个别职能的知识，但是在处理问题的方法、观点分析及目标归纳方面非常高明。这能使各部门都觉得只有和企划部门合作，才能更好地确定本部门的目标。

10.3.3　步骤三：制订活动计划

推行委员会在组织人力制订目视管理活动计划、办法、奖惩条例及宣讲等事宜后，应通过各种渠道进行宣传，让全体员工了解目视管理的作用和目的。

在目视管理实施之时，企业要让生产现场的管理者、作业人员明确哪些项目必须管理，并依管理的重要性与紧迫性制作必要的目视管理看板、图表及标志。必须进行目视管理的项目可分为以下几类，如图 10-4 所示。

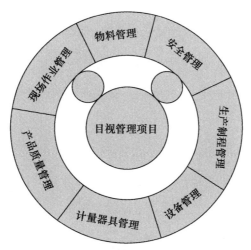

图 10-4　目视管理项目的构成

10.3.4　步骤四：活动展开

企业在制订了目视管理计划后，就要全面开展目视管理活动。在开展活动的过程中，选择合适的目视管理工具是十分重要的,即根据目视管理对象的特征选择相应的看板、标志、管理图表等。

10.3.4.1　建立目视管理体系

针对全部工作场所,按工作场所的工作和人员的不同,建立一目了然的目视管理体系,企业可以明晰个人的作业内容、作业量及作业计划进度等。企业通过目视管理体系,能确实把握现状,迅速发现问题,继而采取有效对策。

10.3.4.2　选择目视管理工具

目视管理的实施需要利用海报、看板、图表、标志等各种工具;而要正确传递信息,使全体人员了解正常或异常状态,了解评价事态的标准及采取行动的标准,就必须根据所设定的管理项目选择相应的目视管理工具。

常用的目视管理工具主要包括以下几种。

1. 管理看板

(1)看板的放置。企业通过生产看板、作业指示板、日程管理板、作业进度管理板等设置或标示现场,可使相关人对目前生产的品种、生产进度、落后原因等情况一目了然;或者在作业人员容易看见及取用的地方公布作业程序、作业要点的作业标准书及作业要领书等。

(2)看板的使用。将管理看板设置于生产现场或办公室,对制订的日程计划进行管理。准备红色、蓝色、绿色等不同颜色的磁铁片,对生产进度状况实施目视管理。明确日程管理板使用说明,并对现场督导人员实施充分的教育。

2. 电光标志板、警示灯、安灯

将电光标志板或警示灯应用于生产线是极其有效的管理方法。例如,在生产线上设置呼叫灯,当物料用完或要换线、换模时,作业人员能很方便地开灯通知搬运工或外部换模工。

在装配生产线的作业人员头顶设置电光式的标志板,当异常发生时,只要作业人员按下按钮,标志板上的电灯就会亮起,生产线的状况即可一目了然。另外,也可以在机械设备停止时,挂上表示换模、待料、机械故障等原因的标志板或设置自动亮起来的警示灯。

安灯是一个可视化的管理工具,让人们一眼就能看出工作的运转状况,并且在任何有异常状况时发出信号,指示需要采取的措施。此外,安灯也可以通过计划与实际产量的对比来反映生产状态。典型的安灯是一个置于高处的信号板,信号板上有多行对应工位或机器的灯。当传感器探测到机器出现故障时,就会自动启动相应的灯;或者当工人发现机器故障时,可以通过"灯绳"或按钮来启动信号灯。这些信号灯可以让现场负责人迅速做出反应。另外一种典型的安灯是在机器上方的有色灯,用红色表示出现问题,或用绿色表示正常运转。

3. 管理图表

(1)管理图表的作用。管理图表是目视管理中最常用的管理工具,它可以很清楚地传达进步或退步、水准如何、正确与否等信息,使管理人员明确掌握自己所负责业务的目标、计划与实绩。管理人员通过管理图表工具能正确掌握异常与问题点,缩短理解的时间,从而迅速采取适当的对策。管理图表以工作现场(含生产与事务)的产量、品质、成本、交期、安全和士气这六大活动项目为对象。

（2）管理图表的项目。生产现场的主要目标是减少半成品、成品、备品等库存及缩短前置时间，即借现场促进活动的展开，谋求企业根本的体制改善，最终实现成本降低及利益增加的目标。因此，管理图表的主要项目包括生产过程管理、现场作业管理、产品质量管理、物料管理、安全管理、设备管理、计量器具管理、成本控制（以旧换新明细表）等。

（3）管理图表的内容如表 10-3 所示。

表 10-3　管理图表的内容

管理主要项目	• 业绩管理：管理工作场所的主要工作成果 • 进度管理：管理工作项目的进度状况 • 行动管理：管理各项工作场所或个人的动态 • 技能管理：管理各工作场所有关个人技能、知识的提升
管理分项项目	• 容易延误的工作项目 • 状况不明的工作项目 • 难以及时发现问题的工作项目 • 经常发生事后管理的工作项目 • 如果不向相关人员逐一查询，就弄不清楚的工作项目
管理范围	• 全公司或全厂 • 各部门 • 各班组
其他	• 个人，如产量、品质等排行榜等 • 部门与个人并用 • 各现场，如产品、制单编号等

（4）管理图表的编制要求（见表 10-4）。管理图表要确立明确的使用方法，否则设计再合理的管理图表也无从发挥预期的作用。

表 10-4　管理图表的编制要求

要求	内容
明确管理目的	指明各级管理项目的具体内容
涉及的管理人员	包括由谁执行、由谁决定管理时机，以及由谁确定填写项目
明确使用方法	主要包括图表形式、填写的依据资料和计算公式
做好管理追踪	把握问题点，召开会议进行协调，检讨对策与实绩

10.3.5　步骤五：活动评价

评价目视管理活动推行的实际效果必须经过评价考核。

10.3.5.1　设定活动评价管理指标

企业开展某项活动时，必须制定评价活动实绩或成果的管理指标，作为生产或事务现场的行动基准。这样，管理者便可依据管理指标设定的目标，积极地指导下属达成部门的目标。

设定管理指标时,必须遵循表10-5所示要求。

10.3.5.2 设计查核表

1. 查核表的设计标准

为了评价目视管理活动成果或维持已有成果,企业相关人员需经常使用不同类别的查核表,如Qcc(品管圈)查核表、5S查核表、安全查核表等。如果查核表设计的项目过多、手段或者方法不当、各项目的评比不当、查检周期过于频繁或太松、判断基准不明确等,将使查核人员无法客观地评价活动成果。这很容易打击参与者的信心,使他们产生挫败感。活动就可能难以有进展。

表 10-5　管理指标要求

要求	含义
必须与企业经营方针保持一致	管理指标必须将经营阶层的基本方针转化为具体而明确的项目,借此设定挑战性指标
管理指标应具体化	依据自己部门的现况、问题点、水准,设定具体的目标值
管理项目要明确	以工作现场的产量、品质、成本、交期、安全和士气六大活动项目为对象,分别设定管理指标

管理人员在设计查核表时应明确问题点及改善着眼点。在开始目视管理活动之前,查核必须掌握的问题点,并具体列出目视管理的推行项目,同时按优先顺序、分期分段的要求,设计具体可行的评核表或查核表(见表10-6),以检讨、确认有关活动项目是否实施及做到一目了然。

表 10-6　目视管理查核

日期：　　年　月　日

管理类别	查核项目	很了解 5分	了解 4分	一般 3分	不大了解 2分	不了解 1分
进度管理	• 与生产日程相比,进度是否落后 • 目前的生产实绩 • 今天的计划进度情况 • 明天的生产计划					
质量管理	• 批量检验的结果 • 昨天产品的不良数、不良率 • 不良的具体表现及原因 • 目前有多少不良品					
物料管理	• 各种物料的具体位置、数量、规格等 • 物料的库存量 • 各种原材料、零部件的库存是过多、正常还是缺货					

（续表）

管理类别	查核项目	很了解5分	了解4分	一般3分	不大了解2分	不了解1分
现场作业管理	• 按标准作业进行作业 • 具体作业、制程、机器设备的异常及不良的发生情况 • 标准工时					
工具管理	• 各种工具、测量器具的存放位置、数量 • 各种工具、测量器具的保全状况					
安全管理	• 工厂平面布局的安全 • 生产车间的机器设备处于正常运行状态 • 使用的电气设备符合安全标准 • 员工进行作业时做好安全防护					
合计						

2. 查核表的分数设计

（1）当满分为 10 分时，根据表 10-7 进行评价。

表 10-7　查核表的分数评价（一）

序号	等级	分数	评价内容
1	优	10 分	非常好、非常清楚
2	佳	8—9 分	好、清楚
3	良	5—7 分	普通、还算清楚
4	劣	1—4 分	差，不清楚

（2）当满分为 20 分时，根据表 10-8 进行评价。

表 10-8　查核表的分数评价（二）

序号	等级	分数	评价内容
1	优	20 分	非常好、非常清楚
2	佳	13—19 分	好、清楚
3	良	8—12 分	普通，还算清楚
4	劣	0—7 分	差，不清楚

10.3.5.3　定期赴现场评价

在开展目视管理活动之后，评审人员必须定期巡查生产现场，测定活动各阶段的实施状况与开展进度，同时指出其优缺点。这样有利于受评者努力维持优点、改正缺点，灵活运作管理循环（PDCA），提高目视管理的水准。

评审人员在巡查现场时，可依据表 10-9 内容进行有针对性地重点评价。

表 10-9　目视管理巡查判定重点

序号	判定重点
(1) 办公区	
1	桌面文具、文件摆放是否整齐有序
2	物品是否都是必需品
3	垃圾是否及时倒掉
4	办公桌、电脑及其他办公设施是否干净无尘
5	人员是否仪容端庄,精神饱满,都在认真工作
(2) 安全	
1	危险品应有明显的标志
2	各安全出口的前面不能有物品堆积
3	灭火器应在指定位置放置并处于可使用状态
4	消防栓的前面或下面不能有物品放置
5	易燃品的持有量应在允许范围以内
6	所有消防设施设备应处于正常运作状态
7	有无物品伸入或占用通道
8	空调、电梯等大型设施设备的开关及使用应指定专人负责或制定相关规定
9	电源、线路、开关、插座是否出现异常现象
10	严禁违章操作
11	对易倾、易倒物品应采取防护措施
12	是否有火种遗留
(3) 现场	
1	工作台上的消耗品、工具、治具、计测器等无用或暂时无用物品应取走
2	生产线上不应放置多余物品且无掉落的零件
3	地面不能直接放置成品、零件以及掉落的零部件
4	不良品应放置在不良品区内
5	作业区应标明并区分
6	工作区域内物品放置应有整体感
7	不同类型、用途的物品应分开管理
8	私人物品不应在工作区域出现
9	电源线应管理好,不应杂乱无章或抛落在地上
10	标志胶带颜色要明确(绿色为固定,黄色为移动,红色为不良)
11	卡板、塑胶箱应按平行、垂直放置
12	无须使用的治具、工具、刃具应放置在工具架上
13	治具架上长期不用的模具、治工具、刃具和经常使用的物品应区分
14	测量工具的放置处应无其他物品
15	装配机械的设备上不能放置多余物品
16	作业工具放置的方法是否易放置
17	作业岗位不能放置不必要的工具
18	治具架上不能放置治具以外的杂物
19	零件架、工作台、清洁柜、垃圾桶应在指定标志场所按水平直角放置
20	消耗品、工具、治具、计测器应在指定标志场所按水平直角放置
21	台车、棚车、推车、铲车应在指定标志场所水平直角放置

（续表）

序号	判定重点
22	零件、零件箱应在指定标志场所水平直角整齐放置
23	成品、成品箱应在指定标志场所整齐放置
24	零件应与编码对应，编码不能被遮住
25	空箱不能乱放，应整齐美观且要及时回收
26	底板类物品应在指定标志场所水平直角放置
27	落线机、样本、检查设备应在指定标志场所水平直角放置
28	文件的存放应按不同内容分开存放并详细注明
29	标志用胶带应无破损、无起皱、呈水平直角状态
30	标志牌、指示书、工程标志应在指定标志场所水平直角放置
31	宣传白板、公布栏内容应适时更换，应标明责任部门及担当者姓名
32	休息区的椅子在休息之后应重新整理
33	清洁用具用完后应放入清洁柜或指定场所
34	通道上不能放置物品
35	不允许放置物品的地方（通道除外）要有标志
36	各种柜、架的放置处要有明确标志
37	半成品的放置处应明确标示
38	成品、零部件不能直接放置在地面
39	不良品放置区应有明确规定
40	不良品放置场地应用红色等颜色予以区分
41	不良品放置场地应设置在明显的地方
42	修理品应放置在生产线外
43	零件放置场所的标志表示应完备
44	塑胶箱、捆包材料上应标明品名
45	让作业人员不需走路或弯腰就能放置作业工具
46	放置位置方便作业人员工作
47	作业工具放置处应有余位
48	治具、工具架上应有编码管理及有品目标示
49	在架子前应能清楚辨明架子上面的编码
50	治具、工具架应导入不同颜色标志区分
51	治具是否按使用频率放置，使用频率越高的放置越近
52	治具、工具应按成品类别成套放置
53	成品的放置应该按机种型号区分
54	成品放置场地的通道和放置场所应画线表示区分
55	成品上应有编码（号码）、数量的表示
56	包装材料和成品的堆放高度应做出规定
57	治具架应采取容易取出的放置方法
58	不能使用未被认定的不良测量工具（精密度检查用颜色标贴表示）
59	测量器具应采取防尘、防锈的放置方法
60	私用杯子应按规定放置于杯架上
61	放置测量器具的托盘下面应使用橡胶之类的缓冲材料
62	地面应保持无灰尘、无碎屑、纸屑等杂物

（续表）

序号	判定重点
63	墙角、底板、设备下应为重点清扫区域
64	地面上浸染的油污应清洗
65	工作台、文件柜、治具、柜架、货架、门窗等应保持无灰尘、无油污
66	设备、配件箱应保持无灰尘、无油污
67	地面应定时清洗，保持无灰尘、无油污
68	工作鞋、工作服应整齐干净，不乱写乱画
69	装配机械本体不能有锈和油漆的剥落，盖子应无脱落
70	清洁柜、清洁用具应保持干净

10.3.5.4 举行表扬大会

在开展目视管理活动的过程中，除了评价实施状况，管理人员还要举行表扬大会，让全体员工体会目视管理活动所有参与者的成果，从中吸取教训，并向优秀参与者学习。表扬应公平、公正、公开，并通过合理的查核表显示。

10.3.6 步骤六：标准化

对于经过评价后效果良好的目视管理活动，企业应该予以总结，进而标准化、制度化，这样才能指导员工进行标准作业，有效避免老问题的再次发生。

10.3.6.1 标准化的要点

标准化推进要点如图 10-5 所示。

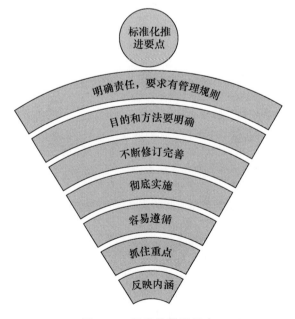

图 10-5　标准化推进要点

10.3.6.2　标准化的步骤

1. 确认标准化的范围或对象

企业不可能也没有必要对企业的所有事务制定标准。因此,在对某项事务进行标准化前,企业有必要确认这项标准化的必要性。确认的要求是:如果没有制定标准,某项事务就会陷入混乱,那就必须对其进行标准化。例如,一些重要设备,如果没有操作标准挂在旁边,操作人员就很容易出现误操作。

2. 制定标准

在选定了要进行标准化的对象或范围后,就要制定相应的标准。标准一般由图 10-6 所示几个项目构成。

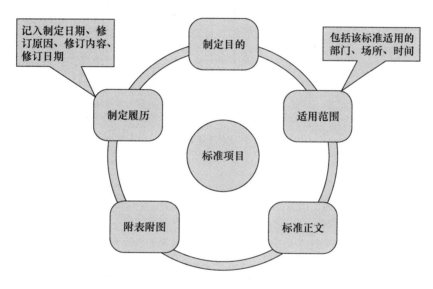

图 10-6　标准项目构成

各种形式的标准在不同的情况下可能有不同的名称和形式,如作业指导书、工艺流程图、操作规程等,但目的都是相同的,即为了更规范地执行任务。

3. 执行标准

企业应正确彻底地执行标准,且在执行中还要抱着发现问题的心态。

(1) 正确彻底地执行标准。若不付诸实施,再完美的标准也毫无用处。为了贯彻已制定的标准,企业首先需要让员工明白:作业指导书是进行操作的最高指示,它高于任何人(包括总经理)的口头指示。

(2) 抱着发现问题的心态执行标准。标准是根据实际的作业条件及当时的技术水平制定出来的,可能是当时最好、最容易、最安全的作业方法。但随着实际作业条件的改变和技术水平的不断提高,标准中规定的作业方法可能会变得与实际不适合,这就要求员工抱着发现问题的心态去执行标准,并不断完善标准。

员工在执行过程中,如果发现标准存在问题或者找到更好的操作方法,不应自作主张地改变现有做法,而应按以下步骤进行:① 立即向上级报告自己的想法,或者在上级开展现场检查时与其进行交流;② 确定提议的确是一个好方法后,修订标准;③ 根据修订后的标准改变操作方法;④ 根据实际情况调整。

4. 修订标准

发生图 10-7 所示情况时,企业应对标准进行修订。

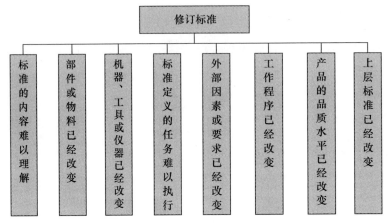

图 10-7　标准修订情况

10.3.6.3　让员工按标准作业

企业制定了标准后,要想办法让员工自觉执行并成为习惯。

1. 灌输遵守标准的意识

在日常的管理过程中,企业要向每一位员工反复灌输"标准人人都要遵守"的理念。

2. 开展培训

按标准进行作业的目的是实现"不良为零、浪费为零、交货延迟为零"目标,从最高管理层到现场人员都要彻底理解其意义,并展开教育培训。

3. 班组长现场指导,跟踪确认

做什么、如何做、重点在哪里是班组长指导员工的重点。在教会员工之后,班组长还应跟进一段时间,以确定员工是否真正掌握标准,执行结果是否稳定。

4. 宣传揭示

一旦设定了标准的作业方法,就要在企业的宣传板上予以展示,让全体员工知道、理解并遵守。标准作业方法要挂在显眼的位置,让作业人员能注意到,并且便于与实际作业相比较。作业指导书要放在作业人员随手可以拿到的地方。把标准放在谁都可以看得到的地方,这是目视管理的精髓。

5. 严厉批评并矫正违反作业标准的行为

一旦发现员工有不遵守标准作业要求的行为,上级(班组长)要立即予以严厉批评,并责令马上改正。

10.4　目视管理的实例

10.4.1　实例一：丰田汽车集团实施目视管理

10.4.1.1　背景

以丰田汽车集团协力厂 X 公司为例，探讨其成功推动目视管理的过程。X 公司和中心厂所规划的物流与目视管理流程如图 10-8 所示。从进料至出货设立目视管理系统，借此系统可全面掌控各生产线单位的生产状况，当出现异常状况时，不仅能在现场及时显示，在控管中心同时出现各种状况灯号，还能立即处理异常。该研究个案探讨的第一阶段看板式目视管理包括物料仓库、密封料涂布、玻璃组立、天窗组立、S/S 组立、玻璃养生、W/S 嵌合、自动检查等工作站。

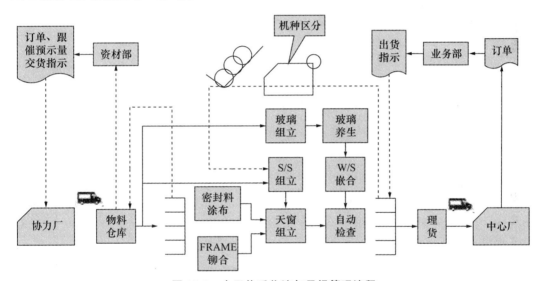

图 10-8　中卫体系物流与目视管理流程

10.4.1.2　实施

1. 成立推动目视管理的组织

X 公司推动目视管理的组织为专案任务型，其任务组织如图 10-9 所示。管理责任者由董事长亲自担当，全员参与整个活动。

2. 现场调查与活动日程

X 公司第一阶段的活动日程，为配合该集团中卫体系辅导团队的活动规划，以半年为改善活动时间，第一阶段活动日程如表 10-10 所示。活动一开始，首先是了解现况，借由查核表，采用盘点方式，确切了解目前日常管理的项目内容及实施状况，包括：在库量是否超常？零组件交货是否正常进行？刀具、电极头是否依照所定的标准更换？现场物架是否明确标示？数量是否正确？等等。借由查核表，确实、充分掌握目前现场的日常管理内容。

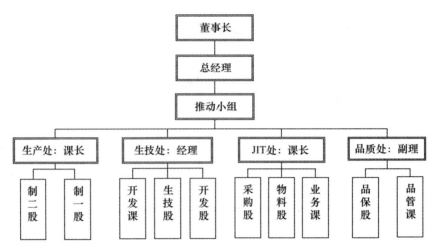

图 10-9 目视管理推动组织

表 10-10 目视管理推动日程计划

项目/月份	6月			7月			8月			9月			10月			11月		
	10	20	30	10	20	30	10	20	30	10	20	30	10	20	30	10	20	30
目视管理组织成立																		
现场调查活动日程																		
宣传教育训练																		
目视管理规划设计																		
改善检讨与标准化																		
成果发表																		

注：●--→ 表示预定进度，●—→ 表示实际进度。

3．宣传教育训练

为了让全员了解活动的重要性，实施阶层别的教育训练（见表 10-11）。期望通过改善活动的展开来培育会"挑战课题"的优秀人才，并经由教育训练让参与成员明白改善的真谛，以改变现场管理架构思想，凝聚全员的共识，为共同目标而努力。

表 10-11 阶层别教育训练内容

实施对象	教育项目	小时数
作业者	5S 活动基础	6
	目视化管理概论	3

（续表）

实施对象	教育项目	小时数
监督者	5S 活动基础	6
	目视化管理概论	6
	改善手法	8
管理者	5S 活动基础	6
	目视化管理概论	6
	改善手法	8

4. 目视管理活动规划设计

本活动的目标先由基层预定，再经由全公司参与部门的干部会议，配合公司的年度目标而决定。此活动的四大方向与预定目标包括：制程品质不良率由 36 ppm 降至 28 ppm，物料在库天数由 5 天降为 3.5 天，成品在库天数由 1 天降为 0.5 天，整体生产效率由 88% 提升为 94%。

推行目视管理活动的规划设计包括两大主轴：

（1）生产线状态的目视化。生产线异常状态的显示，包括品质、生产线、设备、在库、物流等异常即时信息的显现。生产线管理，不外乎 Q（Quality，质量）、C（Costing，成本）、D（Deadline，截止期）、S（Safety，安全）、M（Morale，道德）。例如，品质部分是指在当前状态之下，品质好或坏，用何种方式即可让眼睛看见其状态。在团队全员的集思广益下，寻找可能的解决策略，以下是此活动对于制程异常处理工具的使用与相应解决策略的描述：

① 品质不良的目视化。在每日生产当中，所发生的不良品可以很明确地显示出来，并给予明确化的处理或明确应对策略，使任何人能明确地了解品质异常的状况及其处置方式，所用的工具就是不良展示台或管理看板。

② 工程内异常在工程的迟延或进行中及工程异常的状态下显示，可通过可动率计数器、灯号的变化让整个管理现况显现。

③ 在设备异常管理方面，也就是将设备异常显著化，点检部位、范围都给予明确化。工具则是利用 PM 管理板、灯号标示、定位标志。例如，当设备异常时，则需从设备点检过程中检查给油点是否正确，这时可通过定位标志位置来显示位置是否正常。又如，设备油压状态的显示，此油压表在何种范围内是正常值且需在油压表内部管制的上下界限，让油压表落于何种状态是正常状况，以上方式有利于点检，且所用工具能否让异常显在。在库管理方面，每日的产出是否多余、是否存在异品投入，都要有明确的管理。可采用看板投入箱、进入禁止板、灯号等管理。

④ 换模时间、准备顺序、计划保全的时机及各职层别的职责，也都必须明确表示，并对执行项目做目视化管理。以上工具的应用，不外乎是能够让眼睛看得到的管理，当异常出现后，能够迅速显现出来且方便作业者予以改善。

（2）管理台（板）的运用。管理台（板）道具有日常管理板、品质管理板、不良品展示台、生产管理板、PM 管理板、新制品进度板。其运用方式如下：

① 品质管理台。其目的有两点:一是合格品的证明,在监督者经过检查的工件的同时,监督者和管理者能够通过目视的办法监督实施检查的状况;二是即使万一在后道工序发生不良品,也能够凭残置品进行详细调查。通过合格卡和以颜色区别的印记,一眼就能看出各级别任务的实施状况,及时反映现时点品质状况。

② 生产管理板。目的是记录阻塞产量达成的要因(机器故障、欠品、不良、换模、换刀、作业延迟问题等)的内容及时间,分门别类去解决,以维持并提高生产线的生产效率。一眼就能看出每条生产线的生产计划(实际)、标准作业票、每天的运转率、不良率等有关生产情况。

③ PM 管理板:当无法一一对生产线的全部设备做检点时,依设备的重要性将重点设备标识出来,借此把必须点检的设备也归列出来。当重点设备被区分出来之后,设备点检的位置、点检的频度、点检的内容或非做不可的点检,都要在此做决定。

④ 不良品展示台。目的是展示不良品实物,是在对作业者进行到底有什么问题、会给产品带来什么影响等更深入、更具体的教育时使用的,是放置实物的平台。发生严重的不良时,将不良内容反映于不良品实物展示台,可提高作业者品质意识,并确认教育、培训的效果。

10.4.1.3 结果

研究者对 X 公司的目视化管理成功案例整理如表 10-12 至表 10-19 所示。

表 10-12　大宗物料储存区改善

改善主题:大宗物料储存区(物料仓库)	
改善前	改善后
• 物料名称标示于地面或未标示 • 收容数无标示	• 机种件名挂于物料架上 • 标示最高收容数

表 10-13　供应商物料纳入时间目视化改善

改善主题:供应商物料纳入时间目视化(生产课、物料仓库、品质处)	
改善前	改善后
• 物料纳入时间难掌控 • 物料人员工时难掌控 • 品检人员工时难掌控	• 品检人员依计划时间检验 • 物料人员自主掌控工作项目/时间 • 计划生产排程易掌控

表 10-14　生产线速度改善

改善主题:生产线速度(所有现场生产线工作站)	
改善前	改善后
• 已生产数量须询问作业者 • 生产计划须每日排定	• 可由白板看出已生产数与待生产数 • 依营业部前回出货之数量生产

表 10-15　线外组立库存量改善

改善主题：293w 线外组立库存量（各组立区）	
改善前	改善后
• 线外组立库存量不足 • 排定生产线外组立不明	• 库存状态可以立即掌握 • 主管掌握当日组立进度

表 10-16　物料仓库改善示例

改善主题：遮阳板盖底料篮（物料仓库）	
改善前	改善后
• 遮阳板盖底料篮无法标示品名 • 通箱收容数未标示	• 堆家和接铁板，放入标签标示品名 • 通箱收容数（50PCS）标示

表 10-17　自动铆合机电控箱改善

改善主题：自动铆合机电控箱（FRAME 铆合）	
改善前	改善后
• 电控箱无标示用途 • 电控箱开关顺序无标示	• 标示油压马达机械手臂铆合台电控 • 电控箱开机顺序标示——由右自左 • 电控箱关机顺序标示——由左自右

表 10-18　玻璃养生台车数改善

改善主题：玻璃养生台车数（玻璃养生工作站）	
改善前	改善后
• 养生台车无标示机种、品名	• 养生台车上标示机种（上方） • 养生台车数量标示日期（下方）

表 10-19　玻璃养生台车区地面标示改善

改善主题：玻璃养生台车区地面标示（玻璃养生工作站）	
改善前	改善后
• 库存区放置不明 • 目视管理不明确	• 目视管理明确 • 台车定位位置明确

　　X 公司与配合中心场所推动第一阶段的目视管理改善活动，经由推动成员的协调与努力，通过教育训练与现场工作人员的极力配合，充分落实了推动目视管理应有的步骤，使整个改善活动发挥了显著功效。X 公司实施目视管理前后的改善效益，依制程品质不良率、成品与物料在库量及生产效率整理如表 10-20 与图 10-10 所示。此项改善活动给 X 公司带来的效益包括制程品质不良率降低 22.2%、物料在库降低 30%、成品在库降低 50%、生产效率提升 6.8%。

表 10-20　目视管理改善前后效益

项目	改善前	改善后	目标值	效益提升率	评核
制程品质不良率	36 ppm	28 ppm	25 ppm	(36−28)/36＝22.22%	未达目标
物料在库	5 天	3.5 天	4 天	(5−3.5)/5＝30%	超越目标
成品在库	1 天	0.5 天	0.5 天	(1−0.5)/1＝50%	超越目标
生产效率	88%	94%	93%	(94−88)/88＝6.8%	超越目标

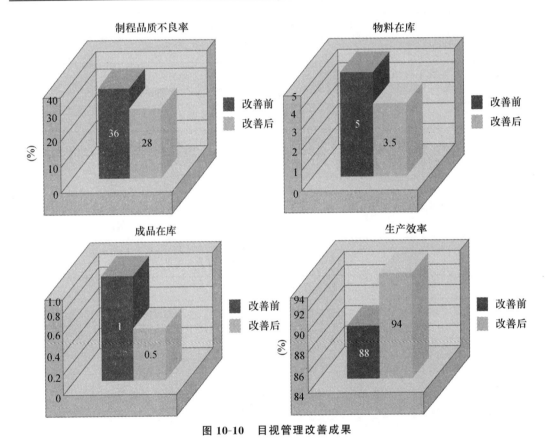

图 10-10　目视管理改善成果

此外,建议 X 公司对评价良好的目视管理活动进行标准化、制度化,借以充分指导员工参与目视管理活动作业并予以遵守,促进目视管理活动的全面落实。

10.4.2　实例二:物流仓储企业目视管理应用

10.4.2.1　背景

在物流仓储企业内部,许多管理人员抱怨员工文化素质低、管理工作不好开展、储存物资品种繁杂、缺乏高效和直观的管理方法。事实上,只要工作方法得当,物流仓储企业的管理工作能做得更好,物流仓储企业的各项职能可以得到充分发挥。本实例探讨如何将目视管理方法应用在物流仓储企业库区作业及办公场所的管理中,以达到有效提高物流仓储企业综合保障能力的目的。

10.4.2.2　实施

1. 库房及作业场所的目视管理

物流仓储企业与一般企业的目视管理实施基本步骤一样,主要的步骤及方案如下:

(1) 制订活动计划。作为目视管理的行动指南和实施方向,一套完善的计划是推行目视管理必不可少的工具,包括目视管理活动计划、目视管理办法、奖惩条例、宣传事宜等。具体来说可以从三个方面制订计划:

① 作业方面:要确定颜色管理的相关标准,如工具、零件定置场所的色彩;划定区域线,如特殊物品(特别是弹药、油料等危险品)的存放区域;绘制人员配置图;危险区域的标志;相关标志、仪表和看板。

通过这些目视管理工具可以看到物流仓储企业对于作业场地、人员配置、作业路线、作业数量要求的明确规定。当操作人员工作时,不需要过多的现场指导,只要根据已经订好的计划进行,这样就大大提高了效率。

② 工具方面。对于工具的管理方面,物流仓储企业强调的并不是很多。然而,工具管理又恰恰是目视管理在物流仓储企业实施中的一个重要方面,其主要内容包括以下两项:检查工具的定置管理;量具仪器色别管理,如检测器具精度在规定值内、外的颜色区别。

③ 装备方面。现在,机械化、信息化装备在物流仓储企业中大量使用,给物流仓储企业的各项工作提供了便利;但同时,对于这些装备的管理和维护也越来越繁重。在装备管理中应用的目视管理方法有:加注油料品种标志识别,如加油口的颜色或形状标示不同;相关装备操作动作的顺序指引;危险动作部位色别管理,如紧急停止开关的颜色标示;仪表安全范围色别管理,如安全范围内、外的颜色区分。

(2) 开展目视管理活动。首先,开展教育培训,传播目视管理相关知识。当然,还可以通过宣传栏、板报等多种形式进行宣传教育。比如:

① 设计并张贴海报、标语。实际上,目视管理是为物流仓储企业营造一个良好的工作氛围。

② 规划责任区。责任区的划分关系到目视管理的效果,要做到在最大限度提高工作效率的基础上尽可能地兼顾公平,还要注意责任区划分要简单明确,便于管理。

③ 规划库房、设备、作业场所等的标示、管理看板和图表。

④ 制定目视管理活动评价标准。在确定评估考核方法的过程中需要注意的是,应在不同的系统内因地制宜地使用合适的标准。

⑤ 进行现场巡视、指导和评审。

⑥ 活动总结和改善。问题是永远存在的,每次考核都会遇到问题,因此目视管理是一个永无休止、不断提高的过程。

2. 办公场所的目视管理

与库房及作业场所不同,办公场所目视管理主要是信息的公有化、业务的标准化和简单化,以迅速、准确地为作业现场提供信息,并有效解决问题。其基本方法与上述方法类似,只是具体内容有所区别,主要管理内容体现在以下四个方面:

(1) 相关文件、单据及文具的管理。对于收发业务量较大的物流仓储企业,每天都有大量文件及单据需要处理。目视管理对物流仓储企业的文件及办公用品管理工作提出了更高的要求,主要内容包括文件、单据和办公用品的分类标识、保管场所及定位标识。

（2）行动管理。通过完善的计划,使办公人员能随时了解什么时候该干什么,具体内容包括月或周工作计划等。

（3）业务管理。业务工作是物流仓储企业各项工作的重中之重,对于办公场所,业务的明确化是办公人员高效工作的前提。因此,应当尽量做到业务标准的手册化。

（4）管理活动的开展和检查监督。办公场所管理属于日常管理,在开展活动时,要随时检查纠正,做到边教边管。特别是人员管理,要加大目视管理的力度,可以通过佩戴胸牌、臂章进行管理,能对个人起到约束、激励作用。另外,还可与考评相结合,给人以压力和动力,达到催人进取、推动工作的目的。

10.4.2.3 结果

实施目视管理,能够解决作业现场及办公场所中易出现的混乱情况,使得作业效率得到提高。本案例中无论是作业场所还是办公场所,目视管理有效地管理、控制和激励员工的行为,使得许多管理工作能得以开展,在一定程度上提高了物流仓储企业的综合保障能力,很好地说明了目视管理是一种低成本、易掌握、行之有效的现场管理方法。

此外,在物流仓储企业中实施目视管理的同时,也不能忽视其他管理方法的运用。要善于博采众家之长,在实践过程中不断完善目视管理的方法、技巧,使其能够与时俱进、逐渐成熟。

10.5 目视管理的应用新动向

随着社会的发展,所有方法在应用上都强调与时俱进,目视管理也不例外。早期的目视管理依靠人为管理,比较烦琐,无法实时反馈和总结问题;随着信息化的加深,目视管理也逐步走上了信息化,ANDON 系统就是目视管理信息化的一个新应用。

当前卷烟工业企业卷包机台的现场报修机制大多是由操作工采用通话工具向维修工进行报修和反馈,存在以下问题:通信信号不好或接听不及时,出现问题责任不明确;电话报告信息不准确;报修时间信息无准确记录;无法进行数据统计分析。

为此引入 ANDON 系统,使作业人员及督导人员能直接接触到现场情况,并快速解决问题;同时通过安灯报修机制的建立,构建完整的故障管理体系。

卷烟厂卷包车间每一台卷接机和包装机各有一个机台终端,终端为 Windows7 系统触摸屏,一般用在数据采集系统、质量系统（SPC）和辅料呼叫中。利用该终端开发卷包机台 ANDON 报修是近年来卷烟厂试图做到“现场零无序、过程零浪费、质量零缺陷”,提高管理水平的一个尝试和探索。在硬件上利用原有的终端和网络,加装员工 IC 卡读卡器,开发触摸式 ANDON 系统。

1. ANDON 系统快速报修机制

ANDON 系统快速报修机制如图 10-11 所示。

2. 基于 ANDON 报修机制的故障管理体系的主要功能

基于 ANDON 报修机制的故障管理体系的主要功能有:

（1）IC 卡读卡器,用于操作工、维修工登陆 ANDON 系统。

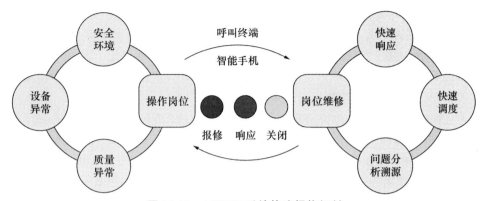

图 10-11　ANDON 系统快速报修机制

（2）操作工在发现异常与故障时快速上报，报修灯闪亮。

（3）异常与故障信息快速传至对应维修工。

（4）维修工现场处理过程，响应灯闪亮。

（5）维修完成，维修结果评价，关闭灯闪亮。

（6）完善和丰富故障诊断树体系，构建故障分析案例库和维修案例库。

3. ANDON 系统的创新尝试

相对于传统的 ANDON 系统，做了以下创新尝试：

（1）整合应用，简化操作。利用原有终端，整合了多种应用，员工使用 IC 卡一键登陆、一键报修，简化操作。

（2）暴露问题，服务拉动。系统可以按照五种 ANDON 方式输出，ANDON 触摸屏、电脑终端、车间电子大屏、转灯报警（工位警示灯）和手机终端有机结合，在第一时间充分暴露现场问题，避免报修无人理、滞后延时、职责不清等问题。

ANDON 工具明确了工序岗位之间的关系，改变了生产部门与服务部门之间的倒挂关系，拉动了职能部门的服务，提高了职能部门的服务质量和服务意识，促使企业形成了市场拉动生产、生产拉动服务、服务拉动管理的良性机制。

（3）规范操作，良性循环。建立多维缺陷标准库，规范异常故障上报，在此次 AN-DON 系统建设中整合了 3 个代码体系——故障代码、工艺质量异常代码、环境安全代码，形成多维缺陷诊断树，辅助和指导维修工快速维修和处理问题。多维缺陷诊断树体系如图 10-12 所示。

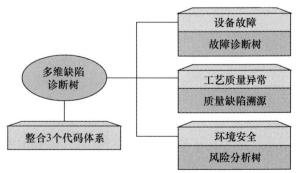

图 10-12　多维缺陷诊断树体系

根据多维诊断树快速确定故障部位、现象,操作工只需轻点触摸屏即可,一是简化操作,二是异常故障描述规范标准,便于事后统计分析。

此次 ANDON 建设对维修相关的 SOP 作业标准进行了电子化。ANDON 系统在触摸屏上根据典型异常故障显示对应的电子化 SOPS、SOP,维修工可现场查看图纸和标准化作业步骤,大大提高了故障诊断速度和维修效率。

(4)优化故障管理体系。长期以来,设备管理的故障案例收集与分析机制没有得到应有的重视,管理薄弱,而故障管理是设备管理的基础工作。在此次 ANDON 系统建设中探索改变现有"经验管理"的方法途径,利用数据分析方法、科学管理工具建立设备故障管理模式,实现故障管理闭环,称为 ROOF(基于风险预控的零故障管理)模式(见图 10-13)。

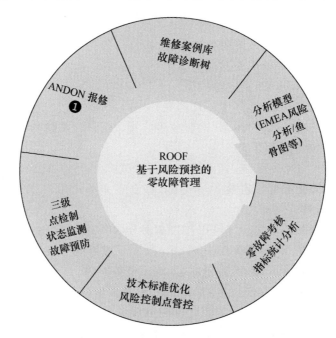

图 10-13　ROOF(基于风险预控的零故障管理)模式

4. 具体运行方法

以 ANDON 快速报修机制作为切入点,打通故障、异常、隐患的快速解决闭环,以 ANDON 报修机制为基础、手段和工具进行全面而准确的数据收集和整理、分析,建立规范的故障管理体系,自动更新、积累故障体系树和故障案例。

(1)ANDON 报修将采用机台呼叫终端,进行现场呼叫和快速响应,记录源头的故障信息;维护人员依据诊断结果做出维修方式决策,决定纳入故障维修或保养计划进行处置。规范故障数据收集、分析过程,实施故障追溯、他机类比点检和故障预防,通过主动维护措施从根本上消除故障;通过信息平台,集成设备异常整改、故障维修、备件更换等信息,形成单机故障履历。

(2)分析设备重点功能单元故障频率、停机时间、备件更换周期等,对设备保养、点检、润滑、状态检测等技术标准进行优化和完善,提升预防性维护标准的有效性和精确性。

(3)规范和优化故障管理流程。卷烟厂优化后的故障管理流程如图 10-14 所示,将故障管理体系由四个关键环节构成,即安灯报修、故障处置、故障考核与分析、故障案例库。在处理流程中自动采集故障数据,直接产生真实的运行效率、MTBF、故障率等 KPI 指标。进入深层次的分析和总结,维修过程全部记入维修案例库和技术档案。

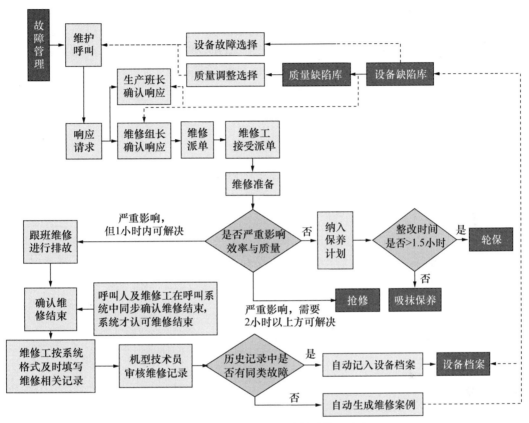

图 10-14　卷烟厂优化后的故障管理流程

　　ANDON 是加强工厂车间生产过程管理的一种方式,相关信息做到目视化,信息传递做到快捷化,工序过程透明化,是提高生产组织效率的一种手段。早期 ANDON 只是采用一个拉绳开关,无法细化是什么问题,无法定位,延长了处理问题的时间。其无法采集、记录、统计分析 ANDON 事件,无法给管理层提供数据支持,不适应企业的需要,早已被淘汰。随着自动化控制技术、无线通信技术和网络技术的飞速发展,给 ANDON 系统带来了很大的发展空间。本实例基于最新无线物联网超级 ANDON 系统的基本思想,将其运用在卷烟厂 ANDON 报修机制的建设,采取多路信号输出,细分 ANDON 事件,显示出具体设备故障问题,实现分项告警、实时刷新和显示、自动化控制以及各种告警、数据记录、统计分析和多种管理软件(如 MES/ERP 等)相融合。

　　通过 ANDON 报修机制的建设,将问题可视化,实现故障数据及时采集和处理、分析,为故障管理体系的建设,尤其是故障案例、故障树体系的累积奠定了基础,为故障的管理、分析实现了闭环和管理落地。故障管理系统的建立,同时支撑了快速报修的准确性,使得报修与故障体系建设形成了有效的循环与积累。同时,可以理顺生产操作岗位、设备维修岗位、技术和管理岗位间的协同关系，打破专业和岗位壁垒，按最优流程和资源配置，在基层班组形成"分工配合、顺畅沟通、自主解决"的扁平化的自主维护循环。基于 AN-DON 报修的故障管理体系建设，切实提高了设备的运行效率、故障停机率，为实现烟草行业再上高水平、创建优秀卷烟工厂的目标提供了坚实的基础保障。

本实例充分利用 ANDON 系统将信息、问题、工序目视化、透视化的特点与现代信息管理系统的准确性和共享性相结合，有效建立了 ANDON 报修机制。这种基于现有技术针对某一方面需求进行优化集成创新的思想值得我们借鉴，也为目视管理的发展奠定了新的基础。

 习题

1. 结合实例一，谈谈目视管理推动过程中值得借鉴的地方。

2. 举例谈谈你认为实例一所提及的公司应如何对改善良好的目视管理活动进行标准化。

3. 结合实例二，谈谈如何在不同场合更好地运用目视管理方法。

4. 结合实例二，你认为目视管理可以与其他哪些管理方法结合使用，从而更好地发挥作用。

第 11 章　定 置 管 理

11.1　定置管理的定义

定置管理是对生产现场中的人、物、场所三者之间的关系进行科学地分析与研究,使之达到最佳结合状态的一门科学管理方法。它以物在场所的科学定置为前提,以完整的信息系统为媒介,以实现人和物的有效结合为目的,整理、整顿工作场所,清除生产中不需要的物品,把需要的物品放在规定位置上使其随手可得,促进生产现场管理文明化、科学化,达到高效生产、优质生产、安全生产。

通过定置管理进行科学的整理、整顿,在生产过程中建立健全物流信息管理系统和合理的生产工艺流程,充实完善必要、实用的工位器具与运送装置,使物流系统处于受控状态,实现人、物、场所等在时间和空间上的优化组合,从而达到文明操作、高效运行,减少工件的磕碰划伤与锈蚀,提高劳动效率,达到安全生产、文明生产的目的,有利于建立数据指标,实现有效考核,使现场管理、文明生产实现经常化、规范化与制度化。

现今,随着技术的发展,定置管理开始逐渐与计算机网络、系统仿真等技术相结合,以帮助解决生产现场问题。基于计算机系统的定置管理系统,其开发和应用将是未来定置管理发展的重要方向。2014 年,我国质检系统首个实验室定置管理系统上线试运行。该系统以办公实验场所管理、仪器设备管理、试剂标准样品管理、玻璃器皿易耗品管理、档案管理、样品管理、人员管理等七大模块为导向,开展现场定置管理,充分利用电子化、网络信息化的功能,实现了静态和动态的有效结合,对优化实验室资源配置、降低运行成本、提高工作效率等方面起到了良好作用,最终将实现实验室人、物、地点一体化的定置管理目标,具有较好的推广应用价值,也给其他定置管理系统的开发应用提供了良好借鉴。

11.2　定置管理的目的

在实际运用中,定置管理要求实现以下几点:有图必有物,有物必有区,有区必有牌,有牌必分类,按图定置,按类存放,账物一致。

* 有图必有物。定置管理图内所表示的物类区域。
* 有物必有区。物有所归,划区管理堆放,区域明确。
* 有区必有牌。信息标准化,标牌颜色、大小、文字、数字大小和字体,全厂统一并纳入规范。
* 有牌必分类。每一类物品按所处的工艺状态标明专门标识。将生产现场物品分为 A、B、C、D 四类,其中 A 类为紧密结合之物,B 类为转化之物,C 类为固定之物,D 类为废物。

• 按图定置。实行定置管理必须认真研究分析,绘出定置管理图,用定制管理图标示区域。

• 按类存放。各类物品在管理区域内定置,做到各就各位,不得占用通道。

• 账物一致。在生产现场的物流过程中不断实施定置管理,始终保持定置,使物品的台账或定置图与实物相符。

11.3 定置管理的步骤

定置管理一般包含六大步骤,具体如图 11-1 所示。

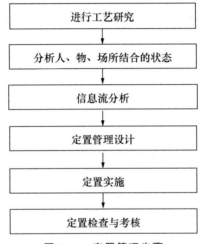

图 11-1 定置管理步骤

11.3.1 步骤一:进行工艺研究

工艺研究是开展定置管理的起点,是对生产现场现有的加工方法、机器设备、工艺流程进行详细研究,确定工艺在技术水平上的先进性和经济上的合理性,分析是否需要和采用更先进的工艺手段及加工方法,从而确定生产现场产品制造的工艺路线和搬运路线。工艺研究是提出问题、分析问题和解决问题的过程,包括以下三个步骤:

1. 对现场进行调查,详细记录现行方法

查阅资料、现场观察,详细记录现行方法,为工艺研究提供基础资料,要求记录详尽准确。由于现代工业生产工序繁多、操作复杂,如用文字记录现行方法和工艺流程,势必显得冗长烦琐。在调查过程中,运用工业工程中的工艺程序分析、流程程序分析的标准符号和图表来记录,则可一目了然。现场调查内容可参照表 11-1。

表 11-1 现场调查内容

序号	调查具体内容	序号	调查具体内容
1	人、机操作情况	7	生产现场物品搬运情况
2	物流情况	8	生产现场物品摆放情况

（续表）

序号	调查具体内容	序号	调查具体内容
3	作业面积和空间利用情况	9	质量保证和安全生产情况
4	原材料、在制品管理情况	10	设备运转和利用情况
5	半成品库和中间库的管理情况	11	生产中各类消费情况
6	工位、器具的配备和使用情况		

2．分析记录的事实，寻找存在的问题

对经过调查记录下来的事实，运用工业工程中的"方法研究""时间研究"和"5W1H""ECRS"技术等方法进行分析：

（1）人与物的结合情况。

（2）现场物流及搬运情况。

（3）现场信息流情况。

（4）工艺路线和工艺方法情况。

（5）现场场地利用情况等。

（6）员工操作情况。

（7）安全防范措施等。

3．拟定改进方案，进行对比分析

提出改进方向后，定置管理人员要对新的改进方案做具体的技术经济分析，并和旧的工作方法、工艺流程和搬运线路做对比。在确认为比较理想的方案后，才可作为标准化方法予以实施。

11.3.2 步骤二：分析人、物、场所结合的状态

进行工艺研究后，需要对定置管理对象进行人、物、场所结合的状态进行分析。此步骤具有两方面的意义。

（1）在生产过程中，只有人与物的结合才能有效开展工作。

工作效果如何，则要根据人与物的结合状态来定。人与物的结合是定置管理的本质和核心。定置管理要在生产现场实现人、物、场所三者最佳结合，首先应解决人与物的有效结合问题，这就必须对人、物结合的状态进行分析。

在生产现场，人与物的结合有两种形式，即直接结合和间接结合。直接结合是指需要的东西能立即拿到手，不存在因寻找物品而发生时间的耗费。例如，加工的原材料、半成品就在自己岗位周围，工、检、量具、贮存容器就在自己的工作台上或工作地周围，随手可得。间接结合是指人与物呈分离状态，为使其结合需要标识的指引。标识的全面性和准确可靠程度会影响人和物结合的效果。例如，通过档案索引，文员可以找到以前存档的文件。很明显，对于经常使用的物品，应使其处于直接结合状态；对于不常使用的物品，应有明确的标示和索引。

按照人与物有效结合的程度，可将人与物的结合归纳为 A、B、C 三种基本状态：

A 状态：表现为人与物处于能立即结合并发挥效能的状态。例如，操作者使用的各种工具，由于摆放地点合理、固定且处于完好状态，当操作者需要时能立即拿到或做到得心

应手。

B 状态:表现为人与物处于寻找或尚不能很好发挥效能的状态。例如,一个操作者加工一个零件,需要使用某种工具,但由于现场杂乱或忘记了该工具放在何处,结果因寻找而浪费了时间。又如,由于半成品堆放不合理,散放在地上,加工时每次都要弯腰,一个一个地捡起来,既影响工时,又增大疲劳强度。

C 状态:是指人与物没有联系的状态。这种物品与生产无关,不需要人与该物结合。例如,生产现场中存在的已报废的设备、工具、模具,生产中产生的垃圾、废品、切屑等,这些物品放在现场不但会占用作业面积,而且影响操作者的工作效率和安全。各状态的划分如表 11-2 所示。

表 11- 2 状态划分

要素	A 状态	B 状态	C 状态
场所	良好的作业环境。如场所中工作面积、场所通道、加工方法、安全设施、环境保护应符合规定	需要不断改进的作业环境。如场所环境只能满足生产需要而不能满足人的生理需要,或相反	应消除或彻底改进的环境。如场所环境既不能满足生产需要,又不能满足人的生理需要
人	劳动者的心理、生理均处在充沛旺盛状态;技术水平熟练,能高效连续作业	需要改进的状态。人的心理、生理、情绪、技术四要素中部分出现波动低潮状态	不允许出现的状态。人的四要素均处于低潮或某些要素(如身体、技术)处于极低潮等
物	正在被使用的状态。如正在使用的设备、工具、工件等处于随手可取、可用状态	寻找状态。如现场混乱,库房不整齐,需要使用的东西要浪费时间逐一寻找的状态	与生产和工作无关,但处于生产现场的物品状态。需要清理,即应放弃的状态
人、物、场所的结合	三要素均处于良好与和谐、紧密结合、有利于连续作业的状态,即良好状态	需改进状态。三要素在配置结合程度上有待改进,未充分发挥各要素潜力	要取消或彻底改造的状态。如严重影响作业,不利于现场生产与管理的状态

因此,定置管理就是要通过相应的设计、改进和控制,消除 C 状态,改进 B 状态,使它们接近 A 状态,并长期保持下去。

(2) 物与场所的结合是根据场所的状态及生产工艺的要求,把物品按其特性,科学地固定在特定位置上,促进人与物的最佳结合。

场所的状态是指场所的基本职业卫生和安全条件及其具备的基本生产功能,具有良好、一般、较差三种状态。良好状态指场所的作业面积、工艺布局、通风设施、光照、噪声、温湿度、粉尘等都能满足物品存放与流动要求,符合人的生理及作业安全要求。一般状态只能满足某个方面的要求。较差状态既不能满足生产要求,也不符合卫生和安全要求;需要彻底改造。

场所还可以划分为永久性场所、半永久性场所、流动性场所和临时性场所。永久性场所如生产车间、库房、原材料堆放场等,常用坐标表示;半永久性场所指不经常移动的场所,如货架、工具箱等,常用编号表示;流动性场所如移动性工位器具、运货小车等,一般按顺序编号;临时性场所如临时货场等要用围栏、绳索围起来,必须有明确标示。

实现物与场所的结合,要根据物流的运动规律,科学地确定物品位置,基本定置方法有固定位置、自由位置、半自由位置三种基本形式。

固定位置是指物品的场所固定、存放位置固定、标识固定。这种定置形式适用于周期性巡回流动和重复使用的物品,如操作工具、容器、运输器械、图纸等。采用固定位置便于合理布局场地,取放便利,但场地利用率低。

自由位置一般是指在几个场所内有多种物品存放,每一种物品的存放场所及位置要根据生产情况和一定规则确定,适用于不回归、不重复使用的物品,如原材料、零部件、成品等。这些物品的特点就是按工艺流程的顺序规定,不停地从上一道工序供需到与其相连的下一道工序供需流动,一直到最后生产出成品出厂。这些物品的定制标识采用可移动的牌架或可更换的插牌标识。

半自由位置是指物品存放区域固定,具体的存放位置不固定,适用于品种较多的物品定置。

物品在存放时要重点考虑安全、质量保证、空间利用率、方便取出、搬运等因素。

11.3.3　步骤三:信息流分析

信息媒介就是人与物、物与场所合理结合过程中起指导、控制和确认等作用的信息载体。由于生产中使用的物品品种多、规格杂,它们不可能都放置在操作者的手边,如何找到各种物品,需要一定的信息予以指引;物品流动时的流向和数量都要有信息予以指导与控制;为了便于寻找和避免混放物品,也需要有信息予以确认。因此,在定置管理中,完善而准确的信息媒介是很重要的,它影响人、物、场所的有效结合程度。

人与物的结合,有以下五种信息媒介物:

(1)物品的位置台账。它表明“该物在何处”,查看位置项目表,可以了解所需物品的存放场所。

(2)定置管理图。它表明“该处在哪里”,在定置管理图上可以看到物品存放场所的具体位置。

(3)场所标识。它表明“这儿就是该处”,是指物品存放场所的标识,通常用名称、图示、编号等表示。

(4)现货标示。它表明“此物即该物”,它是物品的自我标示,一般用各种标牌表示,标牌上有货物本身的名称及有关事项。

(5)形迹管理。它表明“此处放该物”,就是把工具等物品的轮廓画出来,定位标识,让人一看就明白如何归位的管理方法。工具柜每层刻出工具形状的凹槽,可以清楚地知道工具的摆放位置,对工具的清点也一目了然。

在寻找物品的过程中,人们被第一种、第二种媒介物引导到目的场所。因此,我们也称第一种、第二种标识为“引导媒介物”。再根据第三种、第四种和第五种媒介物确认需要结合的物品。因此,我们也称后三种媒介物为“确认媒介物”。人与物结合的这五种媒介物缺一不可。

对现场信息媒介的要求是:

(1)场所标识清楚;

(2)场所设有定置管理图;

（3）物品台账齐全；

（4）存放物品的序号、编号齐备；

（5）信息标准化，每区域所放物品有标识牌显示。

建立人与物之间的链接信息，是定置管理这一管理技术的特色。能否按照定置管理的要求，认真地建立、健全链接信息系统，并形成通畅的信息流，有效地引导和控制物流，是推行定置管理成败的关键。

11.3.4 步骤四:定置管理设计

定置管理设计就是对各种场地（厂区、车间、仓库）及物品（机器、货架、箱柜、工位器具等）科学、合理定置的统筹安排。它实际是在遵循设计原则的前提下，绘制一幅带有定置管理特点和反映定置管理要求的"管理文件"与目标的图形，称为定置管理图，简称定置图。定置图的种类如图 11-2 所示。

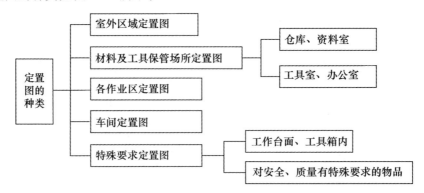

图 11-2　定置图的种类

1. 定置管理设计的分类

定置管理设计可以分为物品定置设计、人员定置设计、区域定置设计。物品定置设计可按物品状态分为 A、B、C 三类，也可按存放状态，考虑物品形状、重量、安全要求、质量要求，确定物品摆放状态及是否需要容器、支架、垫板等。人员定置设计主要是要求作业人员现场位置相对稳定，按规定时间工作，按规定道路通行。区域定置设计可分为厂区、车间、库房、办公室等定置设计，划分责任区，绘制定置图，明确标示。下面列举不同区域的定置管理内容。

（1）生产厂区的定置内容。根据工厂占地，合理设计厂区定置图，对场所和物件实行全面定置；对易燃、易爆、有毒、易变质、容易发生伤人和污染环境的物品及重要场所、消防设施等实行特殊定置；对绿化区域和卫生区实行责任定置；确定物品（成品、半成品、材料、工具）的停放区域；对垃圾、废品回收点定置；对车辆停放定置；按定置图要求，清除无关的物品。

（2）车间定置内容。根据车间生产需要，合理设计车间定置图；对物品临时停滞区域定置；对工段、班组及工序、工位、机台定置；对工具箱定置；设备定置；检查现场定置。

（3）库房定置内容。设计库房定置图，悬挂在库房的醒目处；对易燃、易爆、有毒及污染环境、限制储存物品实行特别定置；限期储存物品要用特定的信息表示接近储存期；账簿前页应有序号、物品目录及存放点;特别定置区域,要用标准符号和无标准符号表示;物品存放的区域、料架号、序号必须和账卡物目录相符。

(4)办公室定置内容。设计各类文件资料流程;办公桌定置;文件资料柜定置;卫生及生活用品定置;急办文件、信息特殊定置;座椅定置表示主人去向。

2．定置管理设计时应遵循的基本准则

(1)整体性与相关性原则。要按照工艺要求的内在规律,从整体和全局观念协调各定置内容之间的关系,使定置功能达到最优化。

(2)适应性和灵活性原则。环境是变化的,要研究定置适应环境变化的能力。

(3)最大操作便利和最小不愉快原则。减轻操作者的疲劳程序、保证其旺盛的精力、愉快的工作情绪,以提高生产效率。

3．定置管理设计工作主要包括定置图设计和信息媒介物设计

(1)定置图设计。定置图是对生产现场所在物进行标示,并调整物品以改善场所中人与物、人与场所、物与场所相互关系的综合反映图,包括室外区域定置图,车间定置图,各作业区定置图,仓库、资料室、工具室、计量室、办公室等定置图和特殊要求定置图(如工作台面及对安全、质量有特殊要求的物品定置图)。

定置图的绘制原则如表 11-3 所示。

表 11-3　定置图绘制原则

序号	原则
1	现场中的所有物品均应绘制在图上
2	定置图绘制以简明、扼要、完整为原则,物形为大概轮廓,尺寸按比例,相对位置要准确,区域划分要清晰鲜明
3	生产现场暂时没有但已定置并决定制作的物品,也应在图上标示出来,准备清理的无用之物不得出现在图上
4	定置物可用标准信息符号或自定信息符号标注,并在图上加以说明
5	定置图应按定置管理标准的要求绘制,但应随着定置关系的变化而修改

定置图的具体要求如表 11-4 所示。

表 11-4　定置图具体要求

序号	具体要求
1	各生产车间的定置图应放置在车间入口处,定置图应标明生产车间的状态、机床的位置、通道和已定置物品的区域
2	定置图中的区域划分要有明确的标志,对于不适合用定置图标明的,可规定若干位置,在定置图中标明,不应该出现死角
3	定置图绘制的机器设备一律用虚线,应定置的物品(如料架、柜子、工具箱)及流动物品(如电焊机、运输车辆等)一律用实线,定置区域用双点线
4	定置图应在说明栏中注明图例的含义,以及工作区、机床、仓库或料架、柜子、工具箱等各类区域的数量
5	定置图中应标明设计人、审核人、日期及批准人的签章

(2)信息媒介物设计。信息媒介物的设计范围包括:生产现场各种区域、通道、活动

器具和位置信息符号的设计,各种货架、工具箱、生活柜等的结构和编号的标准设计,物品台账、物品(仓库存放物)确认卡片的标准设计,信息符号设计和图示板(示板图)、标牌设计,制定各种物品的进出、收发办法的设计等。

在推行定置管理中,进行工艺研究、各类物品停放布置、场所区域划分等都要使用各种信息符号表示,以便形象地、直观地分析问题和实现目视管理,各企业应根据实际情况设计和使用有关信息符号,并纳入定置管理标准。在设计信息符号时,如有国家规定的如安全、环保、搬运、消防、交通等,应直接采用国家标准。其他符号,企业应根据行业特点、产品特点、生产特点进行设计。设计符号应简明、形象、美观。

定置看板图是现场定置情况的综合信息标志,是定置图的艺术表现和反映。

标牌是指示定置物所处状态、标志区域、指示定置类型的标志,包括建筑物标牌,货架、货柜标牌,原材料、在制品和成品标牌等,它们都是实现目视管理的手段。

各生产现场、库房、办公室及其他场所都应悬挂看板图和标牌,看板图中内容应与蓝图一致。看板图和标牌的底色宜选用浅色调,图面应清洁、醒目且不易脱落。各类定置物、区(点)应分类规定颜色标准。

11.3.5　步骤五:定置实施

定置实施是理论付诸实践的阶段,也是定置管理步骤中的重点,包括以下三个步骤:

1. 清除与生产无关之物

生产现场中凡与生产无关之物都要清除干净。清除与生产无关的物品应本着"双增双节"精神,能转变利用便转变利用,不能转变利用则可以变卖,转化为资金。

2. 按定置图实施定置

各车间、部门都应按照定置图的要求,将生产现场、器具等物品进行分类、搬、转、调整并予以定位。定置的物品要与图相符,位置要正确,摆放要整齐,储存要有器具。可移动物(如推车、电动车等)也要定置到适当位置。

3. 放置标准信息名牌

放置标准信息名牌要做到牌、物、图相符,设专人管理,不得随意挪动,以醒目和不妨碍生产操作为原则。

总之,定置实施必须做到:有图必有物,有物必有区,有区必挂牌,有牌必分类;按图定置,按类存放,账物一致。其中,分厂(车间)定置图是最重要的。设计定置图时应注意:

(1) 对场所、工序、工位、机台等进行定置诊断,根据人—机工程学确定是否符合人的心理、生理需要与满足产品质量的需要,做到最大的灵活性和协调性,最便利的操作和最少的不愉快,以及切实的安全和防护保障。

(2) 定置图设计按统一标准。

(3) 设计定置图时应尽量按生产组织划分定置区域。

(4) 设计定置图应以设备作为整个定置图的参照物。

(5) 定置图完成后可进行信息标准化工作。

分厂(车间)定置管理包括分厂场地的定置,分厂(或车间)各工序、工位和机台的定置,工具箱的定置,库房的定置,检查现场的定置五个部分。分厂(车间)定置管理要求如

图 11-3 所示。

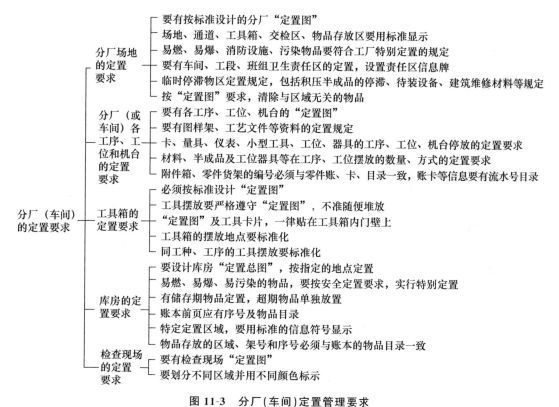

图 11-3　分厂(车间)定置管理要求

11.3.6　步骤六：定置检查与考核

定置管理的一条重要原则就是持之以恒。只有这样,才能巩固定置成果,并使之不断发展。因此,必须建立定置管理的检查、考核制度,制定检查与考核办法,并按标准进行奖罚,以实现定置管理的长期化、制度化和标准化。

定置管理的检查与考核一般分为两种情况:一是定置后的验收检查,检查不合格的不予通过,必须重新定置,直到合格为止;二是定期对定置管理进行检查与考核。这是要长期进行的工作,它比定置后的验收检查工作更为复杂、更为重要。

定置考核的基本指标是定置率,它表明生产现场中必须定置的物品已实现定置的程度,其计算公式为:

$$定置率 = \frac{实际定置的物品个数(种类)}{定置图规定的定置物品个数(种类)} \times 100\%$$

例如:检查车间的三个定置区域,其中合格品摆放 15 种零件,有 1 种没有定置;待检区摆放 20 种零件,有 2 种没有定置;返修区摆放 3 种零件,有 1 种没有定置。则该场所的定置率为:

$$定置率 = \frac{(15+20+3)-(1+2+1)}{15+20+3} \times 100\% \approx 89.47\%$$

11.4 定置管理的实例

11.4.1 实例一：卷包车间生产机台现场定置定位管理

11.4.1.1 背景

良好的现场管理水平直接影响工作质量、工作效率、工艺质量等诸多方面，是保证生产安全有序、产品质量稳定的重要因素。在卷包车间现场管理工作中，如何提高现场管理水平，做到工作井然有序、切合实际，并培养员工良好的工作习惯，一直是现场管理工作的难点。卷包车间之前的生产现场管理是依靠班组及车间人员的现场巡查、员工的个人素养对现场进行维护，各类物品要求放置整齐，设备、橱柜及地面保持干净即可。这样的弊端就是各个机台的现场物品及工具的放置位置因员工的习惯和素养不同会有所不同，现场管理没有统一的标准，员工也没有统一的参考，物品容易丢失，最终影响生产和工作效率。为了改变这种现状，按照可视化一目了然、透明有效的管理原则，卷包车间对生产现场机台各类物品进行定置定位和标识，并通过板报、PPT、现场整顿等方式对员工进行培训教育，让每个员工都了解现场各类物品的摆放标准，从而改善生产现场的环境，把现场定置定位的管理理念灌输到每个员工的头脑中。

11.4.1.2 实施

1. 设置定置定位小组成员组织，包含小组人员简介及职员分工

（1）制订定置定位实施计划，明确各项工作实施的具体时间、进度状况、执行情况。

（2）对小组成员进行培训，让小组成员进一步理解定置定位的含义。

2. 定置定位的范围

（1）了解生产工艺流程，确定生产所需的辅料种类及数量（以托盘为单位），对各类辅料托盘进行定置定位。定位应以生产时方便取用为原则，所定位置不应对现场其他要素造成影响。

（2）落实不同机台生产所需的必需品，如水杯、个人物品、工具、记录本、辅助用品、抹布、清洁用具等。对这些物品进行统计和分类，分清楚要和不要。分出的必需品根据使用频次及员工采用方便原则分配进相应橱柜，并在外面打上标识。必要时可对橱柜进行改良或重新定制，橱柜内物品放置情况如图11-4所示。

（3）对生产现场的配套设施（如橱柜、椅子、梯子、小推车、垃圾桶等物品）进行定置定位，并编上机台号。

3. 对定置定位进行试运行

（1）以宣传、培训等方式号召车间全体员工积极参加，了解定置定位的标准和管理要求，以便在平时的生产过程中能做好定置定位的相关工作。

（2）跟踪现场定置定位运行情况，听取员工反馈，了解定置定位的内容是否科学、实际、符合规范标准，对现场改善和员工工作是否有积极意义。

（3）根据卷包车间人多、设备多、区域广的特点，划分现场5S管理区域，各班按规定区域开展工作，重点对所在5S责任区域内的定置定位管理对象进行识别调研，为车间讨

图 11-4　橱柜内物品放置情况

论优化方案提供主要参考,真正做到责任分区、全员参与。

(4) 制定激励措施,带动全体员工积极发现问题和暴露问题、查找问题并作为进步的起点。认真分析问题,不断改善问题以推进定置定位管理工作的有效开展,准确把握和控制管理过程中容易忽略的细节。

(5) 统计分析存在的问题,并组织相关人员进行评审,制定解决问题的相应措施和进行责任分工,对现场定置定位进行改良,确定切合符合现场实际情况的定置定位方案。

4. 定置定位的要求

(1) 原辅材料进入生产机台时应放在固定位置,码放整齐。

(2) 各类工具、物品等使用后及时放回柜内相应位置,并保持柜内干净整洁。

(3) 生产现场配套设施使用后应在固定位置摆放整齐,并保持配套设施的整洁和完整。

5. 定置定位管理的实施

(1) 制定管理规范及考核机制。将定置定位管理纳入 5S 现场管理,制定考核办法及相关检查、考核表。

(2) 职责。分管领导及车间现场管理员负责各岗位定置定位管理监控;班组管理人员负责各岗位定置定位管理;操作工在生产操作过程中遵守定置定位管理要求。

(3) 定置定位的检查。班组管理人员每日随时检查岗位物品摆放情况,现场管理员对车间物品的定置定位进行不定期的检查,并对违规人员进行考核;车间每周组织人员对各物品定置定位进行全面检查,将检查结果填入检查记录表,并对违规人员及所在班组进行考核。

11.4.1.3　结果

该厂定置定位管理更好地规范了各类物品在生产过程中的控制管理。以相关现场管理规定和考核机制为支撑,通过班组管理人员及现场管理员对生产现场的检查及考核,对卷包车间现场定置定位工作进行日常检查和维护,发现问题及时整改并考核,使员工的工作更加规范化、标准化,从而形成管理闭环。自 2010 年开展现场定置定位管理之后,生产机台现场得到了很好的改善,各类物品按照相应位置放置,员工使用后放回原处,养成了良好的工作习惯和素养,工具及辅助用品的取用一目了然、方便快捷,不会因人员变动或其他客观因素而产生物品遗失或工具找不到等现象,提高了工作效率,使生产工作更加井然有序,车间整体的现场环境也得到了很大的提高。卷包车间生产机台现场定置定位管理办法在平时的运行中还需灵活应用,与车间的其他管理规定有机地结合起来,在遇到新问题时可出台相应的规定或办法来完善卷包车间现场定置定位管理。通过不断完善、优化管理制度与维护现场相关配套硬件措施,保障现场定置定位工作向着规范化、精细化的方向发展。

11.4.2 实例二:建筑施工现场安全信息定置管理

11.4.2.1 背景

建筑工程施工现场是一个动态、复杂、影响因素多的场所,它有着人流、物流量大,信息交汇的特点,是各种意外安全事故的多发区和高发区。在当今建筑工程施工中,采用定置管理原理的科学定制技术,收集、加工、设计和处理建筑工程施工现场安全信息,完善施工现场安全管理制度,提高施工现场安全管理效益,不但提高了建筑施工效率,而且有效地避免了因管理混乱而引发的安全事故。

11.4.2.2 实施

1. 安全信息分类

落实好施工现场信息管理工作,使得施工现场经常呈现出一个生产秩序好、工作环境清爽的局面,给施工人员带来了新面貌,也给人们留下了最直接的好印象,是反映工程企业和单位管理水平、员工精神面貌的重要手段。因此,在目前的施工现场管理工作中,我们必须做好安全信息的分类工作。在分类中,通常是根据所描述信息的特点以及构成信息的主要因素进行分析,而便利、快捷的加工信息类型能有效地体现建筑施工现场管理质量,还能提高施工效益。

2. 信息收集

信息收集是为了更好地掌握和使用信息,而对信息的聚合和集中是信息处理的基础,也是信息使用的前提。信息来源包括施工现场生产系统的信息和文件类载体的信息。文件类载体的信息包括:政府、工会和建筑部门有关安全生产的方针、政策、法令、规程、标准、工作部署和通报通知等;社会上有关建筑类的科技期刊、文献资料;外单位类似工程的经验、事故实例、事故隐患、未遂事故,建筑安全技术发展方面的技术成果、施工工艺、新型材料;建筑企业内部安全生产的规章制度、安全操作规程、安全台账等。施工现场安全生产系统信息流包括物流、人流、场所的安全信息。

3. 信息加工处理

信息加工处理是指把收集来的大量原始信息进行筛选和判别、分类和排序、计算和研究、著录和标引、编目和组织、储存和转换而使之成为二次信息的活动。加工后的信息将更便于检索和使用。根据信息处理方式的不同,主要分为手工处理建档和计算机信息管理系统建库。安全台账是安全管理中最基本的信息处理工作,现场安全管理应建立完善的安全台账,以便有效地利用安全信息指导现场安全管理。

4. 管理设计

施工现场有很多信息标志,如安全通道、安全标示、安全警示材料标示牌,这些都属于安全信息定置设计的内容。它主要包括现场信息流的分析、信息流的布局设计、信息表现方式的选择、信息载体的设计。

(1)现场信息流的分析。现场生产需要各种信息流来指导人们的生产活动,以保证现场始终处于有序的状态。这些信息流包括物流、人流、场所、设备、作业过程等方面的信息。组织活动信息流包括现场各种安全活动,如安全检查、隐蔽工程验收、安全分析会方面的信息。还有设备运行状态的信息流,在工作过程中对施工现场的信息问题进行全方位控制,从多个角度去研究和探讨。

(2)信息流的布局设计。由于现场管理存在很多信息流,而每一种信息流都是通过一定数量的信息载体表现出来的,要使信息发挥有效的管理功能,就必须精心设计各种信息流媒介的空间布置。信息流媒介布局应做到:布局合理,人们获取信息简便,信息流之间不发生干扰;信息符号要醒目,不得随意挪动,不能妨碍生产操作。

(3)现场安全信息表现方式的选择。根据传递信息方式的不同,施工现场的安全信息表现方式也不同,主要有以下几点:视觉表现,人们通过视觉获取安全信息,如安全信号灯、分类卡片、看板等;听觉表现,包括警铃、火警装置等。

(4)现场安全信息载体的设计。信息载体的设计,包括信息符号设计和看板图、标牌设计。在推行定置管理的过程中,工艺研究、各类物品停放布置、场所区域划分等都需要运用各种资讯符号表示,以便人们形象地、直观地分析和实现目视管理,各个企业应根据实际情况设计和应用有关资讯符号并纳入定置管理标准。

11.4.2.3　结果

针对目前建筑工程施工现场的特点,用定置管理原理的科学定置技术,以建筑工程施工现场安全信息的收集、加工、设计为基础,对施工现场进行安全管理。安全信息定置管理技术通过现场安全信息的确定,使管理者和操作者都可以有章可循,增强科学性、计划性,减少随意性,这也是实现精细化管理的重要内容。使混乱的施工现场有序化、条理化,采用颜色、图形、标识等手段,对生产系统各要素(人流、物流、信息流、场所)进行标识、整顿、定置,使现场生产各要素处于良好的有序状态。操作人员通过视觉信息能更方便、更快捷地识别和接触各生产要素,这样不但能提高效率,而且可避免因混乱引起误操作而引发的安全事故,值得在建筑施工现场推广应用。

11.4.3　实例三:青山船厂推行定置管理的实践与成效

11.4.3.1　背景

青山船厂是我国内陆地区较大的民用船厂,属国家大型骨干企业,拥有固定资产 1 亿多元,职工 4 800 多人,占地面积 99.3 万平方米。自改革开放以来,青山船厂在设计建造、修理各类内河及沿海船舶的同时,广泛开展机械制造、金属结构、化工、轻工设备制造、桥梁建筑、第三产业等生产经营活动。由于产品技术要求高,制造难度大,生产周期长,涉及面广,原材料、零部件众多,工艺复杂,交叉、立体作业环节多,生产过程中的现场管理给企业带来很大的困难。

近几年来,随着改革的深入、市场竞争的加剧,对降低产品成本、提高产品质量、缩短生产周期的要求越来越高。一些传统的生产管理方法已难以适应生产发展的需要。特别是生产现场管理,如果仍旧放任自由,人流、物流、产品流向处于无序状态,安全生产和产品质量就得不到根本保证,直接影响到企业的生存和发展。因此,积极推广和应用现代化管理方法,狠抓生产现场的管理势在必行。

11.4.3.2 实 施

青山船厂共有 13 个生产车间,经过三十多年的基本建设,生产布局基本达到合理标准,生产条件较为优越,其中轮机、造机、修船、铜工、机电等车间厂房设备布局较为合理,对推行定置管理具有较大可行性。但船体、船台、水上、铸造、锻压等车间,特别是船体车间作业面宽,工作场地分散,工作条件艰苦,原材料、板材、构件粗重,中转环节多,脏、乱源多,历史的原因使得清理、整顿的任务繁重,管理的难度也大。这些车间安全、质量问题较多,又是生产的主体车间,推行定置管理势在必行。基于以上分析结果,该厂制定并出台了文明生产定置管理办法,主要内容如下:

(1)明确定置管理和 5S 管理活动概念的内涵与外延。

(2)明确定置的主要内容。确定"物"所放置的场所及方式,确定定置物的标识。

(3)对定置的对象和分类做出规定。根据船厂的特点和生产现场的实际情况,对操作器具、作业加工对象和场地布局按以下四类定置:

一类为与加工工序处于紧密结合状态之物。如交验的产成品,正在加工、交检、装配的零部件预制件、构件、产成品,在用量检具、辅具、卡具等。

二类为待用和待加工类。如毛坯,待加工、待装配的零部件,外购配套件,重复上场的工装、辅具,周转零件用的运输工具等。

三类为代管物品类。如交检后待转的零部件、构件、产成品,待入库的产成品,封存的设备、工装和辅具等。

四类为待清除类物品。主要是废品、料头、切屑、垃圾等。

(4)对各类定置管理图的绘制做了指导性规定。如车闸、班组、库房等定置图均应明确存放定置物所处的区域,并用不同颜色标记四类物品存放的位置,制成板图,放置在生产现场醒目的位置。

(5)提出加强定置管理的要求。如定置物应放置在指定区域内,放置位置与标识牌相符,定置区域要用护栏或地线表示,零件摆放做到长的上挂、短的上架、成线成行,垃圾、铁屑、料头等倒入料斗,经常保持场地清洁等。

(6)确定定置管理应达到的目标。如生产现场的定置率必须达到 80% 以上,库房定置率必须达 85% 以上等。

(7)进行职能分配,明确按标准检查与考核的要求和实施单位。

全厂的定置管理工作始于船体车间。船体车间的定置管理主要采取以下步骤:

(1)进一步组织学习船厂"文明生产定置管理办法"。在理解必要性、迫切性的基础上,主要了解定置管理的办法和操作要求,同时组织 10 余名车间管理骨干到中船总江州船厂参观,学习先进的现场管理经验,为下一步的工作打好思想基础。

(2)以船体车间难度最大的 21 米和 27 米跨为重点。以抓好流动物品的定置管理为核心,进行现场总体规划,绘出车间、工段定置管理图。该图要求反映设备布置、安全通道和各类原材料构件、预制件、半成品、垃圾堆场的位置,及作业场所和生产流水线的走向,并按全厂统一的标准格式和颜色标志制作,实行规范化管理。在规划、设计期间,反复对现场进行勘察,经过不断的修改和完善,最终完成了定置管理图的规划和制作任务,为进行 5S 活动提供了施工蓝图。

(3) 认真进行生产现场的 5S 活动。5S 活动即现场的清理、清洗、整顿、定置和考核。这是定置管理中难度大、工作量大,又非常重要的环节。船体车间的 5S 活动,以定置管理图为指导,围绕优化人、物生产场地的组合条件,保证人流、物流、产品流畅通。首先进行生产现场的清理、清洗和整顿,将建车间以来从未清理过的死角清理干净,并将存放于生产现场与生产无关的学习、休息用的铁房子及杂物搬出生产现场,从而扩展了生产空间。其次按照定置图的要求,以流动物品为重点,整顿布置生产现场,设置各类定置区域。各区域都用护栏、天线或地线标志,在区域内设立标识牌,标明该区域的用途。在预制件、构件、半成品的管理上,理顺流程、整顿混乱局面,在 21 米和 27 米跨之间设立一个较大的构件、半成品堆场,采用棋盘式布置,划定区域。设立标识牌,标明类型和用途,从 21 米跨下料,拼框流水线下来的掏件,按单船构件类型进入构件、半成品堆场各区,再由堆场进入27 米跨装配流水线,做到物流有序。流动设备(如电焊机)也纳入定置范围,避免以往反复吊运造成的设备损坏,还减少了辅助生产时间。在生产现场设立边角余料回收斗,做到余料、垃圾入斗,不能随地乱扔。为了保证安全生产的需要,选择在不影响生产又方便通行的地段设立安全人行通道并用护栏设道,这样既增加了环境美感,又保证了安全。

(4) 搞好建章立制和考核工作,强化日常管理。为了巩固清理整顿定置的成果,把定置管理纳入日常管理的轨道,船体车间制定了《船体车间定置管理工作条例》,对责任区划分、责任人、日常管理要求和措施、与经济责任制挂钩考核的办法等都做了详细的规定,出台以后下发到每个生产班组,全面贯彻落实。从大半年的实施情况看,效果显著,脏、乱、差的局面已经不复存在,生产现场的管理进入良性循环。

(5) 改善对电焊条的管理。船体车间作为电焊条的主要消耗部门,长期以来电焊条随意丢弃,浪费的现象十分严重,并严重影响生产现场的卫生环境。针对此类情况,该厂在推行定置管理的同时,把好电焊条的定额发放和回收考核两道关,加强和改善对电焊条的管理。具体方法是,在定额上制定科学、准确的定额标准,并按定额发放。在发放电焊条时,采取回收电焊条头的办法,要求工人领用的电焊条必须交回 95% 的焊条头,焊条头的尺寸不得超过规定,否则减量配发并追究责任。对回收的电焊头给予 0.01 元/焊条头的奖励。大半年的实际运行证明,这样做的结果是调动了职工的积极性,基本上杜绝了电焊条任意丢弃的现象,并在减少浪费的同时搞好了环境卫生,配合了定置管理工作的顺利进行。

11.4.3.3　结果

通过狠抓生产现场管理,推动和落实定置管理工作,青山船厂的定置管理工作已在多方面产生了积极的效果,主要表现在:

1. 树立了良好的企业形象,赢得了市场

在未推行定置管理工作前,由于生产现场特别是船体车间生产现场比较混乱,直接影响了外商对船厂的印象,不利于贸易的开展。在推行定置管理工作后,生产现场管理的改善使得参观人员对船厂有了较大改观,促进了企业的发展。

2. 扩展了生产空间,提高了劳动生产效率

推行定置管理,清除了与生产没有直接关系的学习房、垃圾堆场和长期占道的废旧物资,在原厂房面积没有增加的情况下,用于生产的有效使用面积和空间比原来都增大了,据船体车间初步统计,仅21米、27米和1、2号高跨增加的生产面积就达到2856平方米,为原面积的21.6%。由于各类设备和流动物品(如电焊机、原材料、构件、半成品和工业垃圾)的合理定置和流动,减少了搬运和中转环节,精简了不必要的中间储存和运输,生产工人的操作环境得到改善,存取物品方便,工人操作得心应手,减少了不必要的动作和无效的劳动,使工作效率有了较大的提高,船舶的生产周期也得到了保证。

3. 生产现场得到改观,提高了产品质量

由于治理了生产现场的脏、乱、差现象,多年的垃圾得到清理,油污棉纱、油漆、杂物任意丢弃的现象大大减少,从而减小了火灾发生的可能性。由于放置物品的规范化和科学化,现场布置合理,主要生产车间还设立了安全通道,并确保通道畅通,天上掉物、地面绊手绊脚导致工伤的现象得到有效控制。由于作业流程顺畅,人流、物流、产品流程畅通,设备、工具、量具摆放到适宜的位置并得到良好的保养,产品和构件之间的碰、撞、挤、压、摩擦损坏得以减少。职工的精神面貌也调到最佳状态,从而使产品质量有了较大提高。

4. 创造了较好的经济效益

推行定置管理工作对经济效益的影响是巨大的。加强现场管理减少了跑、冒、滴、漏的现象,降低了消耗,扩展了生产空间,提高了生产效率,使同样的投入赢得了更高的产出。工作质量、产品质量的提高减少了废品损失,从总体上降低了产品成本。如果仅从定置管理所带动的电焊条管理的改善来看,同类船舶比以往节约焊条达5吨以上。例如在开展定置管理工作前,生产载重量为5500吨的250英尺驳船使用焊条25吨,在开展定置管理后,生产载重量为7500吨的300英尺驳船只使用20吨电焊条,推行定置管理使焊条使用率达到99%。

除创造的经济效益,定置管理工作对带动职工素质的提高、工作作风的转变和推动两个文明的建设都产生了巨大的影响,其经济效益和社会效益都是难以低估的。

11.4.4　实例四:定置管理在高校食堂的应用

11.4.4.1　背景

山西太原工业大学是一所包括理、工、管的综合性大学,共有在校生6000多人,有4个学生食堂,每个食堂要供应1500余名学生的就餐,然而平均每个食堂的实际操作人员只有20余人,而且工作时间较为集中,操作时有数百种(件)物品用具在较短的时间内同时运转并日复一日地重复,如果没有规范的标准化管理,采取相关管理措施,势必造成混乱。结合定置管理相关原理,该校认为有必要在食堂内实施定置管理,推行有效的管理手段,进一步规范食堂各项工作,促进食堂内部管理改革。

11.4.4.2　实施

1. 开展活动

消除生产现场的松、散、脏、乱、差现象,实现安全文明生产。

（1）清理。坚持清理食堂可移动物品，不能乱搬、乱放，按规定位置放置。

（2）清洗。对食堂使用的一切设备、用具、炊灶具随时或定期清洗、消毒、杀菌，保持干净。

（3）整顿。坚持不断整理食堂可移动物品，必须分类存放，并配备相应的工位器具。

（4）定置。把食堂内的物品按 A、B、C 分成三类，按指定区域进行定置。

（5）考核。定置管理活动制度化并纳入责任制、文明生产管理考核制度，进行考核。

2. A、B、C 分类表示

A 类用红色、白色、黑色表示，表示人、物、场地三者是紧密相关，直接影响饭菜质量和效率的物品。这一类基本上是固定放置的物品，如机器、锅、水池、案板等。B 类用蓝色表示，表示辅助生产的物品，如容器、台秤、筐子及各种小型炊具等。这一类基本上是可移动的物品。C 类用粉色表示，表示已经出库但尚未用完原料的存放地。

3. 所有人员定岗、定责

建立"工作时间人员、物品为定置"流程，使人们一目了然地就知道某个人此时正处于什么位置、在做何工作。对所有工作人员按工作的不同划分区域、岗位，明确责任权限范围。所有物品都分配到每个人头上，每种物品都有专人整理清洗。

4. 绘制定置管理平面图

把食堂内部结构、物品摆放及工作人员的岗位区域都按定置管理的要求绘制在平面图上，并挂在食堂里，便于员工进行自我约束和检查人员的监督。

11.4.4.3　结果

定置管理的实施给食堂带来了勃勃生机，从整体上看生产环境大为改观，消除了松、散、脏、乱、差现象；从本质上讲提高了效益，提高了饭菜质量，降低了成本损耗。

1. 定置管理的实施，提高了效益

定置管理的实施，有效地减少了不必要的人力消耗和时间消耗，提高了整体效益。例如，学生二食堂原先的菜案放置不合理，菜案距水池 11 米，经定置，放在距水池 5 米处，缩短了 6 米，根据炒菜规程：水池（洗菜）→ 案板（切菜）→ 水池（再洗菜）→ 炒菜，路程缩短了 12 米，再根据 $W = F \cdot S$，少做了 12F 焦尔的无用功，节省了人力消耗。

2. 定置管理的实施，提高了饭菜质量

实施定置管理后，从烹调的第一步工序到最后一道工序都是定员负责，层层把关，责任到人，做到了"不洗的菜不切、切了不洗的菜不炒和不符合质量的半成品不收"，大大提高了成品的质量。

3. 定置管理的实施，降低了成本损耗

由于实施了定置管理，降低了成本损耗。例如，学生一食堂的存菜区，原先无人负责，每次运来的菜不分品种乱扔、乱放，不仅影响整洁、美观，还造成蔬菜腐烂变质。现在运来的菜都由区域负责人进行第一道关的检验，捡出坏的、变质的，把好的菜按类型上架存放整齐，不仅给人以视觉上的舒适感，还避免了别人取菜时的乱拿乱翻，减少了人为损耗，更能给蔬菜预留充分的空间进行通风和有氧呼吸，降低了自然损耗。

4. 定置管理的实施，减少了设备的重复购置和资金的占用

实行定置管理后，食堂采取了集中加工、供应的办法，不但增强了设备利用率，提高了

半成品的加工质量,而且节约了大量的人、财、物。一年来,设备更新减少投资 2 万余元,人员开支减少了 0.3 万余元。

5. 定置管理实施后,改善了食堂的卫生环境

由于每个人都有了自己的分工,而且食堂内所有的设备、炊灶具都有了专人负责,并对所有的原料物品进行了定置。例如,原先的鸡蛋领取没有一个管理制度,食堂用完的鸡蛋箱则堆放在食堂里,到供应部该出外采购鸡蛋时才收鸡蛋箱,既占地方、阻碍行动,又影响环境。实行定置管理后,制定了"一箱一票,凭票领蛋,凭箱退票"的制度,改善了食堂的环境,也减少了不必要的资金消耗。

11.4.5 实例五:齐齐哈尔第一机床厂推行定置管理

11.4.5.1 背景

过去齐齐哈尔第一机床厂由于缺乏科学的现场管理方法,现场生产状态总是时好时坏,很不稳定。多年来现场管理只限于打扫卫生、零件码放等方面,没有充分注意人、物、场所三要素结合状态的研究。之后,在省机械厅和省机械质量协会的指导下,开始推行定置管理新方法,对生产现场进行了整理和整顿,使工厂现场生产面貌发生了显著的变化。

11.4.5.2 实施

该厂选择了轴、轮、工具等三个车间及立车、卧车两个分厂共五个单位进行了试点,试点取得成效后,在全厂推广定置管理。第一阶段的主要目标是对车间现场所有可移动物品进行清理、清洗、分类、定置、考核等,使生产现场规范化、标准化。具体实施分以下四个步骤:

1. 建立组织保证体系

为了保证有效地推行定置管理,首先建立了以厂长为组长,生产厂长、总工程师、总经济师为副组长,全质处、生产处、工艺处、锻冶处、设备处、工具处等处长为组员的定置管理领导小组。同时,还成立了以全质处处长为组长的各分厂、车间技术主任、全面质量管理(TQC)员参加的定置管理研究组,负责制订推行实施方案,设计车间定置图、区域定置图、工具箱定置图、库房定置图,拟定物品分类标准、信息标识,指导现场实物分类;成立以生产处处长为组长的有关处室参加的定置管理考核组,实行按月、季考核。全质处负责指导及监督抽查考核,并对推行定置管理成绩突出的先进单位和个人,代表厂长颁奖。推行定置管理是一项群众性很强的工作。为此,工厂以专兼职全面质量管理员为骨干,形成全厂性的定置管理工作网,还成立了以生产厂长为组长的定置管理攻关质量管理小组。

厂长每两周召开一次全面质量管理例会,检查部署定置管理工作,各单位主要行政领导干部都要参加。

2. 实施前的准备工作

除做好组织准备、培训骨干、提出方案外,还要做好实施前的准备。

(1) 对传统的生产现场进行因果分析。该厂运用定置管理的基本原理,对生产现场进行了全面因果分析。从场所布局、人和物结合状态、管理模式、生产秩序等 4 个方面进行分析,得出生产现场不科学的 12 个原因,其中 5 个是主要原因:① 生产过程人、物结合状态不科学;② 工艺过程物品流动分类无标准;③ 生产现场物流系统器具不完善;④ 作

业计划经常变动,生产秩序不稳定;⑤ 现场管理方法不科学。

（2）针对生产现场不科学的 12 个原因,运用定置管理的科学方法,结合工厂单件、小批、多品种、重复混流组织生产,管理复杂等特点,采取以下 10 项对策:① 将人与物结合状态分为 4 种类型,即人与物紧密结合为"A"状态、周期性结合为"B"状态、等待结合为"C"状态、失去结合为"D"状态;② 确定对象物的分类标准;③ 制定对象物分类信息标识牌标示;④ 设计定置图,确定区域及分类存放位置;⑤ 确定对象物分类标准;⑥ 补充设计制造工位器具;⑦ 制定考核标准;⑧ 开展教育培训工作,学习定置管理基本理论和方法;⑨ 优化作业环境;⑩ 开展清理、清洗、分类、定置、考核活动。

（3）确定定置原则。结合工厂的厂情、生产类型和生产特点,通过反复研究确定了如下定置原则:

① 对设备定置一定要符合生产工艺要求,尽量缩短工艺路线和工人行走距离,还要符合安全生产和节约生产面积的要求。例如,该厂小件车间通过推行定置管理,加工零件工序的周转距离由原来的 80—100 米,缩短到 15—30 米。

② 工作地上各种工位器具、工具、工装夹具、辅具、量具、设备辅件等的定置,要符合工人操作程序,便于工人使用和取放。

③ 毛坯、半成品、周转零部件和组装用配套件等的定置,要符合当班作业计划、操作程序,布置在工人正常工作区域之内,使工人以最短的距离、最少的时间、最小的体力消耗进行操作。

④ 各种物品摆放高度,工作台面、工作椅的高度,都要适合工人体形特点,使工人操作时尽量少弯腰、不踮脚、不歪身,减少疲劳,如蜡模铸造车间给修蜡型工人做了可调高度座椅等。

⑤ 必须满足生产工艺对工作环境的要求,如对电镀、喷漆、铸造等工作场地要根据工艺要求,特殊定置。

（4）研究工序操作状态,包括动作分析、作业分析、程序分析。

（5）制定分类标准。根据工厂生产特点,结合现场实际,将人与物之间的结合状态分为 A、B、C、D 四类。

A 类（A 状态）:人与物处于紧密结合状态为 A 状态,人和物经常发生联系的物品划为 A 类物品。直接影响产品质量和生产效率的结合状态,划为 A 状态。如在加工、在检验、在装配的产品,安排在当班作业计划内的毛坯和半成品,正在使用的设备、工装夹具（治具）、检具等划为 A 类,用红色做标记。

B 类（B 状态）:人与物处于周期性结合状态为 B 状态,人与物周期性发生联系的物品或按产品生产期量标准随时可以转化为 A 类的物品划为 B 类。如未安排当班作业计划的毛坯、半成品,待加工、待装配、待使用的辅具、工位器具、消防器材等划为 B 类,用蓝色做标记。

C 类（C 状态）:人与物处于等待结合状态为 C 状态,人与物处于等待联系的物品划分为 C 类。如产品在组装前不能入库,暂放车间现场代保管的零部件、外购配套件、外协件,等待装配投料的产品,等待使用的设备附件、工具、工装夹具等划为 C 类,用黄色做标记。

D 类（D 状态）:人与物失去结合状态为 D 状态,人与物失去联系的物品划为 D 类。

如物品在指定生产现场范围内已报废或失去使用价值待清除的物品。

D类还可细分为三类:① 回收后可降低标准使用的物品为D1类,如轴承、电机、试验用的电气元件等;② 回收后经改制可利用的物品为D2类,如料头废件、有色金属屑、拆下的包装材料等;③ 回收后无使用价值的物品为D3类,如无其他使用价值的废品和垃圾等,用黑色做标记。

3. 定置的实践

(1) 指导性技术文件准备,包括:① 推行定置管理实施方案;② 定置管理组织保证系统图及职能分配;③ 定置管理分类标准;④ 物品分类定置原则;⑤ 5S活动考核标准;⑥ 七种定置率考核计算方法;⑦ 车间定置图、区域定置图、库房定置图、工具箱定置图等;⑧ 各种信息媒介、信息标识、标牌设计等;⑨ 工位器具补充设计图纸及制造计划。以上文件、图纸、资料均为推行定置管理的指导性文件,必须齐全、正确、统一。

(2) 开展5S活动。总厂、分厂、车间、工段,班组可遵循55活动内容,每周末、每月末或每季末进行一次循环,开展一次清理、清洗、分类、定置、考核活动。

清理:清理厂区,车间、库房、工具室、工具箱、物料堆、垃圾堆等,做到不漏一个死角。

清洗:凡经过整理、准备留下使用的物品,要全面、彻底地清洗干净。

分类:把经过清理、清洗的物品按A、B、C、D进行分类。

定置:把经过清理、清洗、分类的物品,按已设计好的定置图进行定置存放。

考核:结合工厂的生产特点,制定定置管理考核标准,实行定期和不定期的抽查考核,巩固定置管理成果。按5S步骤,对车间、库房、工作地实行整理整顿,彻底清理、整顿多年积累存放的物品。

(3) 按图定位。

① 清理、清洗好的留用物品,按A、B、C、D划分标准进行分类,按图示区域进行定置,"对号入座"。

② 对工具箱内的物品,按工具箱定置图,做到图、号、位、物相符。工具箱内不准存放D类物品。

③ 摆放零件、工装夹具、备件、辅具时尽量利用空间,缩小占地面积,提高工作地利用率。

④ 对易燃、易爆、有毒、污染环境的物品要特别定置。

⑤ 对消防器材定置,要有分类标志、名称、数量、负责人、有效期等。

⑥ 对不安全因素在定置时要采取预防性控制措施。

在定置时为便于管理人员和工人记忆,该厂总结出32字口诀:物分四类,按图定位,A、B、C、D,常、转、代、废,颜色各异,红蓝黄黑,坚持定置,文明之最。

4. 考核

(1) 考核定置率。计有七种,即"七率":

一率:区域定置率 $= \dfrac{\text{合格数}}{\text{抽查区域数}} \times 100\%$;

二率:种类定置率 $= \dfrac{\text{按类存放数}}{\text{抽查种类数}} \times 100\%$;

三率:零件定置率 $=\dfrac{\text{已定置件数}}{\text{抽查零件个数}}\times 100\%$;

四率:库房账、物、卡、位"四一致"率 $=\dfrac{\text{达到"四一致"数}}{\text{抽查账、物、卡、位数}}\times 100\%$;

五率:工具箱号、位、物一致率 $=\dfrac{\text{达到号、位、物一致数}}{\text{抽查号、位、物数}}\times 100\%$;

六率:工具箱号、位、件一致率 $=\dfrac{\text{达到号、位、件一致数}}{\text{被抽查号、位、件数}}\times 100\%$;

七率:设备备件定置率 $=\dfrac{\text{定置备件数}}{\text{抽查备件数}}\times 100\%$。

以上"七率"可根据实际情况选择某一项或几项进行考核。

(2) 考核现场。分项计分,70 分为合格,80 分以上良好,90 分以上优秀。优秀单位和不合格单位按人数实行奖罚,即优秀单位每人加奖 1 元,反之罚 1 元。

11.4.5.3　结果

齐齐哈尔第一机床厂作为我国开展定置管理的先驱企业,在完善的组织领导和推行下取得了显著效果,为定置管理的推广应用起了良好开端。实践证明,定置管理是全面质量管理的重要组成部分,是企业提高产品质量、保证安全、搞好文明生产的科学管理方法。通过齐齐哈尔第一机床厂的实例,定置管理在推行过程中还应注意以下几点:

(1) 建立组织保证体系和职能分配是推行、深化定置管理的关键。定置管理必须由厂长或分管生产的副厂长亲自抓,成立由总工程师、总经济师参加的厂级领导小组或委员会,发挥决策层的领导作用。定置管理是一项长期、持久的工作,不能靠临时机构抓落实,必须由一个权威的部门归口负责。在职能分配上,由工艺部门提出定置管理推行方案,结合工厂实际设计定置管理图,指导现场定置管理;由生产部门本着使用现场、管好现场、保护现场等职能组织实施;由质量管理部门实行监督考核。这是一种切实可行的职能分配办法。

(2) 定置管理实际上是加强工艺管理、严格工艺纪律的突破点。定置管理要与工艺管理、生产管理等各项专业管理相结合,要与推广应用新技术相结合,要与技术改造相结合。

(3) 推广、深化定置管理要与工厂实际相结合,不能统一模式,不能照搬照抄,一个企业是这样,一个企业内部的车间也是这样,要本着"以我为主,博采众长,融合提炼,自成一家"的原则推行定置管理。应先搞好试点,摸索经验,然后以点带面,逐步推广。

(4) 要巩固推行定置管理的成果。防止"滑坡"现象,必须抓反复,反复抓,不断地进行整理、整顿、定置、考核。日常监督考核是非常重要的一个环节,要责成有权威的质量管理部门负责监督考核,要列入经济责任制考核之中,要有严格的考核标准。

(5) 在定置管理巩固、深化阶段,要进一步研究、改进生产管理和工艺管理,健全、整顿物流位置系统和物流信息系统,力求达到人、机、物、场所四要素的最佳结合,达到人员素质、工艺管理、生产管理、环境的最佳状态。向生产全过程规范化、科学化、标准化方向努力,使生产现场诸要素达到整体优化。

11.5　定置管理的应用新动向

尽管在现代制造服务业中,定置管理是一个众所周知的方法,但在企业实践中,目前的定置管理设计优化过程属于"黑匣子",具体的设计优化过程没有在可视状态下进行,极大程度地阻碍了人、物和场所三者之间最佳结合点的寻找。因此,对现代定置管理设计优化的可视化研究,对企业具有重要意义。其中,如何基于产品设计信息化与制造管理信息化的共性环节——产品设计、图形信息与定置管理服务中的定置图形信息,依托 Web 技术,从图形信息、工程数据和管理信息共享的角度,站在现代制造服务业的层面上,构建产品设计信息化与制造管理信息可视化服务集成架构,是定置管理设计可视化研究的重要问题。在服务集成框架下,通过现场的定置管理活动,使动态的现场生产系统更加有序化,由"动中求序"获得"序中求安"。

现代定置管理的可视化服务集成建模,可改变以往设计优化方法的"黑匣子"问题,使得设计优化在可视状态下进行,能够让使用人员更多地参与设计优化过程,提高效率,保障结果的有效适用,同时强化内部服务意识,为生产调度、工人工作提供便利,体现人性化管理的理念,充分调动管理人员的工作积极性,在可视化作业过程中提升整体业务水平。

现代定置管理可视化服务集成建模主要以地理信息系统、现代制造设计信息化服务和现代制造管理信息化服务为基础。定置可视化建模如图 11-5 所示,建模内容主要分为四个部分。

1. 服务集成建模

服务集成建模主要完成以下目标:根据人机工程要素,参照地理信息系统模型,建立企业制造环境、设备和物料等的地理信息系统信息库,采用 CAD 软件及数据库技术构造定置关系信息模型;抽象规范统一定置环境、物和人等为几何模型;获取设计产品的各组成部分特征及结构信息,利用辅助设计方法构建定置几何图形;获取作业计划中产品与设备的关系信息,设计图形信息归档结构,构建模型存储信息库。

2. 服务集成驱动

服务集成驱动主要完成以下目标:设计基于 Web 服务的动态显示驱动,封装图形可视化功能;设计基于 Web 服务的信息检索驱动,封装数据检索功能;应用辅助设计开发技术,支持图形显示开发方法;应用数据库管理、开发技术,支持信息检索开发方法。

3. 优化方法

优化方法主要完成以下目标:根据人机工程要素,利用产品设计信息构建物料图形信息库;通过规划算法推算物料移动轨迹,在信息库中检索相关物料的位置,动态显示轨迹,从而为调度、搬运等提供快速定位服务;在服务集成的基础上,构建设备空间、时间重合度网格,进而设计网格参数指标,设计物料轨迹节点设备搜索算法,统计网格节点指标值,并对物料轨迹及节点设备重合度建模;应用物料轨迹节点设备重合度统计方法,采用阈值法,设计优化路径求解算法。

4. 可视化集成开发平台

可视化集成开发平台主要完成以下目标:在前期开发的现代生产管理系统的基础上,

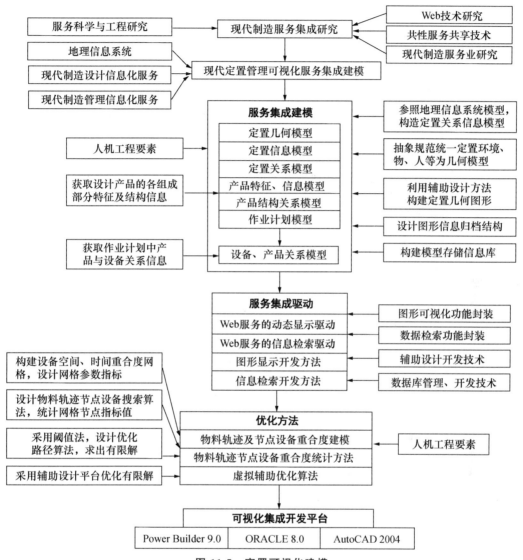

图 11-5 定置可视化建模

可视化集成前端开发平台选用 PowerBuilder 9.0 软件,后台数据库选用ORACLE 8.0作为数据库管理系统;比较多种可视化平台,考虑到平台选择的应用对象、经济性、可操作性和通用性,选用 AutoCAD 2004 软件作为可视化平台。

定置管理可视化服务是现代制造服务业和企业界所关注与迫切希望解决的问题。基于地理信息系统原理,在现代制造设计信息化、管理信息化服务的基础上,对定置管理信息可视化服务集成建模、服务集成驱动的实现、优化算法的研究和可视化集成开发平台进行了探讨,这些将有助于对现代制造定置信息化服务集成的量化分析,有利于信息化服务集成的优化。

系统可视化集成的实现,为进一步展开诸如资源可视优化、作业调度优化研究提供了一种新的实现环境和方法途径,改变了以往的优化方法,使得优化在可视状态下进行,让使用人员更多地参与优化过程,保障了优化结果的有效适用。

 习题

1. 结合实例一定置管理设计中车间定置的相关内容,设计一份详细的车间定置管理考察表,以便现场管理者进行车间定置定位的检查。

2. 实例二主要介绍了建筑施工现场安全信息的定置管理问题,结合该实例,谈谈你对开展信息流分析必要性的理解。

3. 在定置管理中,信息媒介物有哪几种? 它们各自表明什么? 结合实例三的定置内容,设计相关信息媒介物。

4. 定置图的种类有哪些? 有何具体要求? 参考实例四的定置图设计,针对所在学校某一食堂,试绘制该食堂定置图。

5. 实例五列出了较为详细的定置管理过程,对比本章列出的六大定置管理步骤,谈谈两者的异同,找出实例五定置管理的不足之处。

第 12 章　5S　管　理

12.1　5S 管理的定义

5S 管理也称"五常法"，是源自日本企业的一种全新管理模式，指在组织内部持续开展"整理（seiri）""整顿（seiton）""清扫（seiso）""清洁（seikets）""素养（shitsuke）"五项活动。因为日语中这五个单词的罗马拼音第一个字母都是"S"，所以日本和欧美企业管理界将这五项活动统称为 5S 管理。

整理是指将工作场所的所有物品区分为必要品和不必要品，去除不必要品，留下必要品。不必要品是指不能使用、不再使用、很少使用、过量存放的物品。必要品是指经常使用的物品，一个月至少有一次使用的频率。

整顿是指对整理之后留在工作场所的必要物品，根据使用状态分类，固定位置摆放并标识清楚。物品摆放要做到"容易取出、容易返还、出入有序、一目了然"。

清扫是指彻底清除工作场所的垃圾、污垢和尘埃，保持工作环境的干净整洁及机器、材料等的清新亮丽，制定清扫标准，彻底实施，保持现场干净状态。

清洁是指持续执行上述三个步骤，维持整理、整顿、清扫的结果，养成坚持的习惯，并辅以一定的监督检查措施。

素养是指教育员工提高文化和品德修养，养成遵守规则和自律的习惯。5S 的最终目的在于"素养"育"人"。整理、整顿、清扫、清洁的对象是"场地"和"物品"，素养的对象则是"人"。在 5S 管理中，应不厌其烦地教育员工做好整理、整顿、清扫工作，最主要的目的是在细琐单调的动作中潜移默化，改变他们的思想，使他们养成自主管理的习惯，进而能依照规定的要求行动，变成一个具高尚情操的优秀员工。

企业推行 5S 管理，是指从上述五个方面开展治理，训练员工，强化文明生产的观念，使得企业中每个场所的环境、每位员工的行为都符合 5S 精神的要求。

12.2　5S 管理的目的

整理的目的在于腾出空间，减少误用、误送，营造清爽的工作环境。整顿的目的在于减少寻找物品的时间。清扫的目的在于减少工作伤害，保障安全卫生，创造良好清新的工作环境。清洁的目的在于让 5S 的成果保持下去，树立坚持 5S 的信心。素养的目的在于提高人的素质，营造团队精神，创建优秀的企业文化。

实施 5S 管理能为企业带来巨大的效益。实施 5S 管理的目的如下：

（1）提高工作和生产效率。良好的工作环境和工作氛围及物品摆放有秩序，可以提高员工工作积极性,自然也会提高效率。

(2) 改善产品的品质。优良的产品品质来自良好的工作环境,不断净化工作环境,能保证设备的性能和效率,提高产品的品质。

(3) 保障企业生产安全。如果工作场所井然有序,生产事故的发生率就会降低。

(4) 降低生产成本,提高企业经济效益。实施5S管理能减少各类浪费,从而降低生产成本。

(5) 缩短生产周期,确保交货期。由于提高了工作和生产效率,改善了产品的品质,同时也缩短了生产周期,确保了交货期。

(6) 改善员工的面貌,提高企业的形象。

12.3　5S 管理的步骤

5S管理的步骤如图12-1所示。

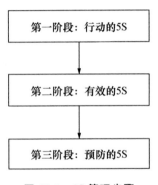

图 12-1　5S 管理步骤

12.3.1　第一阶段:行动的 5S

12.3.1.1　前期准备——对工厂现状拍照

1. 定点摄影

5S开始前首先对现状拍照并保存,改善后进行比较,从中可以看出5S的重要性。改善前后在同一地点拍照,拍摄日期在照片上标记,使用彩色照片进行对比效果更好。

2. 对比展示

将改善前后的照片在目视板上展示,让大家看到改善效果,鼓励积极改善,并且妥善保存资料,便于宣传。

12.3.1.2　步骤1:整理——丢弃不必要的物品

1. 整理的流程

存放无用的物品是一种浪费,存放过多的物品也是一种浪费;对现场每件物品的必要性进行评审,搬走所有不必要的物品。整理流程如图12-2所示。

首先制定要与不要的判别标准,然后按照标准将作业场所的所有物品区分为必要品和不必要品。对区分出的不必要品进行评审,将没有使用价值的报废处理,还有使用价值的转交其他作业使用或者修改后使用。再对区分出的必要品的必要量进行评审,将过量部分转移到暂放区保管,根据每日使用量确定时间期限,在限期内用完。上述工作全部完成,可进入步骤 2。

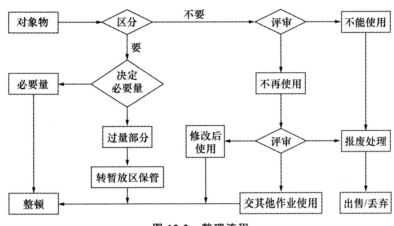

图 12-2　整理流程

2. 对所有工作场所进行全面检查(见表 12-1)

表 12-1　工作场所全面检查

序号	工作场所	检查内容
1	办公场所 (包括现场办公区域)	办公室抽屉、文件柜的文件、书籍、档案、图表,办公桌上的物品、测试品、样品,公告栏、看板、墙上的标语、日历等
2	生产现场 (特别注意内部和死角)	机器设备、大型工装、不良半成品、材料,置放于各个角落的良品、不良品、半成品、油桶、油漆、溶剂、垃圾桶、纸屑、竹签、小部件
3	仓库	原材料、零件、废料、储存架、柜、箱、标识牌、标签、垫板
4	工装架上	不用的模具、损坏的工具、其他物品(如棉纱、手套、酒精等消耗品)
5	天花板	导线及配件、蜘蛛网及尘网、照明器具
6	室外	堆在场外的生锈材料、料架、垫板上未处理品、废品、杂草、扫把、拖把、纸箱

下面是放置不必要品最多的场所,应重点检查。

◇通道　　　　　　　◇仓库　　　　　　　◇工具架上

◇橱柜和抽屉　　　　◇机器下面和旁边　　◇墙角和门后

◇楼梯下面　　　　　◇屋檐下面　　　　　◇布告牌上

3. 红牌作战——看得见的整理

红牌作战就是将不必要的物品贴上红色标签,无论谁都能一眼看出不必要的物品的区分整理方法。红牌作战是企业生存的基础,其顺序如图 12-3 所示。

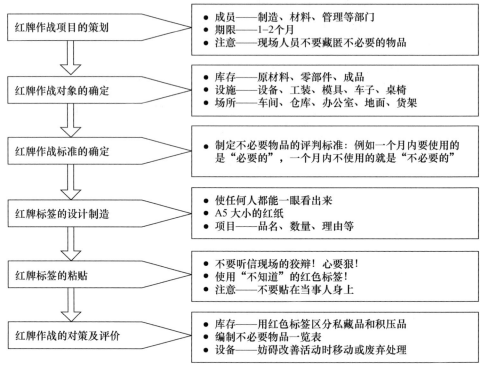

图 12-3 红牌作战顺序

12.3.1.3 步骤 2:整顿——确定物品的放置地点

作业流程中最大的时间浪费是"准备",而整顿就是消除工作前"选择"和"寻找"的浪费。整顿活动的基本流程如图 12-4 所示。

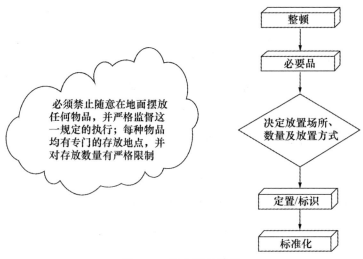

图 12-4 整顿活动流程

首先,根据每种物品的类别、形态(固体、液体、气体)、体积、重量等特性确定存放方式,包括对存放设施及其容量的规定,以及对堆放高度的限制;其次,依据每种物品的最大存量和存放方式,确定存放空间的大小;最后,按照每种物品的使用频率和所需存放空间的大小决定放置场所,特别注意的是有机物、溶剂等危险品应放在特定的地方。腾出放置物品的空间并清扫干净,将所有物品分类分区,定置存放。机械、工装、作业台、成品、半成品、原材料等所有物品,都要摆放整齐,要求横平、竖直,不能堵塞通道,限定堆物高度,隔离不合格品,撤离不明物品。

再次确认存放就位的物品,查看分类是否清楚,取放是否容易,先进先出是否方便;确认无误后确定下来,在地面画线,制作标识牌,做成物品放置定位图。位置确定后,不要随意改动,自然习惯后可节省很多找寻时间。

12.3.1.4 步骤 3:清扫——坚持日常清扫程序化

1. 清扫活动程序(见图 12-5)

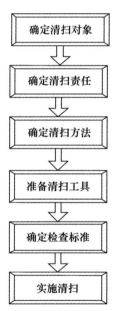

图 12-5 清扫活动程序

2. 确定清扫对象

清扫对象有"物品堆放场所""机械设备"和"场地"三大类,明确每个对象的清扫方法,确定每个对象的清扫负责人。物品堆放场所包括仓库、货架、在制搁板或容器、工具柜或工具搁板等。机械设备包括生产设备、搬运机械、工装模具、计量器具等。场地包括通道、作业区域、办公室、会议室、卫生间、门窗等。

3. 确定清扫责任

编制清扫布置图。划分车间卫生区,确定清扫责任人,车间大家一起清扫干净。画出车间平面图,制作卫生责任区划分平面图,确定责任者,在显眼的地方公布。

制订清扫进度计划表。清扫项目要求做成计划表,特别是共用场所要采用轮流值班制。

4. 确定清扫方法

每天早晨清扫习惯化。根据清扫顺序确定必要的清扫工具,明确使用方法,使用顺序,清扫工具的整顿也需注意。

5. 准备清扫工具

采购清扫作业必需的清扫工具,依必要的数量布置到固定的场所。清扫工具的放置应以容易取放并不造成污染为原则。

6. 实施清扫

拿起扫帚,拿起抹布,养成习惯,全员清扫。要清扫到很细微的地方,表面要达到原来状态,地面、墙壁、墙角、柱角、天花板及所有的死角,都要彻底清扫。机械设备的清扫由操作人员自觉进行,机械深处的积垢和尘屑都要清洗干净。擦拭日光灯的灯罩顶部和内壁。擦拭工作台、架子的上下各部位。擦拭门窗的栅板下面、桌子或设备的底部。清洗卫生间的地板、壁面和便池等。办公场所的桌、椅、沙发、书橱、茶几、门窗、玻璃等要求光洁明亮、无尘埃。彻底清除垃圾、灰尘、碎屑、油渍等污物,若简单方法不能清除时用洗涤剂。垃圾和废品的堆放处要干净整洁。

12.3.1.5 步骤4:清洁——保持整洁的现场

1. 每天都是整洁的工厂

全员保持干净的现场,"不要乱放、不要弄乱、不要弄脏"的"三不要"是关键。

2. 不必要物品的检查(整理)

红牌作战后,再一次检查周围是否有不必要的物品,睁大5S之法眼,搜寻"漏网之鱼",务必"除恶务尽"。

3. 物品放置方法检查(整顿)

物品放置方法检查使用现场整顿检查表(见表12-2)和现场整顿评价表(见表12-3)。

表 12-2　现场整顿检查

现场整顿检查表		部门	检查人	检查日期	
序号	检查点	检查结论	改善对策	完成期限	责任人(签字)
		OK	NO			
1	规划是否完成80%以上					
2	工具是否处在开放状态					
3	定置区域的产品堆放是否乱					
4	零部件及材料堆放是否符合"三定"					
5	模具存放场所能否一眼看出来					
6	……					

表 12-3　现场整顿评价

现场整顿评价表			部门	检查人	检查日期		
类别	序号	检查点	检查结论		改善对策	完成期限	责任人（签字）
			OK	NO			
库存品	1	堆放场所是否有"三定"标识牌					
	2	定量表能否一眼看到					
	3	物品的布置是否垂直、直角、平行					
	4	物品堆放场所是否一体化					
	5	是否做到"先进先出"					
	6	是否有防止物品磕碰的隔断或缓冲措施					
	7	是否有防尘措施					
	8	是否有直接放在地面的物品					
	9	是否明确规定了不合格品的放置场所					
	10	放不合格品的地方是否显眼并有标识					
工具器械	11	是否确定了工具的存放地方					
	12	工具的存放场所是否有"三定"标识牌					
	13	是否有工具的名称、规格和编号					
	14	常用工具是否放在作业台附近					
	15	能否采用产品识别卡片方法					
	16	是否依作业顺序放置					
	17	是否放在作业指导书规定的地方					
	18	能否随时发现并整理乱放的工具					
	19	能否采用通用化或代替手段予以取消					
	20	是否容易取出和返还					
	21	存放点能否离使用场所再近些					
	22	是否放的过低需弯腰					
	23	能否吊起来					
	24	返还时能否不用检查					
	25	使用中是否需要更换					
	26	是否已经进行形迹管理					
	27	是否已经进行色彩管理					
切削刀具	28	常用的刀具是否放在附近					
	29	不常用的刀具是否共同使用					
	30	能否依产品类别保管存放					
	31	是否有防止磕碰的措施					
	32	抽屉内是否铺设搁板并纵向稳定放置					
	33	磨石是否重叠放置					
	34	是否有防锈措施					

（续表）

类别	序号	检查点	部门	检查人		检查日期		

类别	序号	检查点	检查结论		改善对策	完成期限	责任人（签字）
			OK	NO			
计量器具	35	放置场所是否有防尘措施					
	36	放置场所是否有"三定"标牌					
	37	是否定期检查并标识有效使用期限					
	38	是否有防止磕碰的措施					
	39	精密器具是否有防震措施					
	40	易变性的检具或量具是否吊起来放置					
油品	41	存放场所是否有"三定"标牌					
	42	是否应用了油桶、注油口的色彩管理					
	43	是否进行油品种类识别及通用化整理					
安全	44	通道上是否放有物品					
	45	板材等长形物品是否倾斜放置					
	46	是否有防止物品倒塌的措施					
	47	物品堆积是否太高					
	48	机械的回转部位是否有防护装置					
	49	危险区域是否有围栏和明显的危险标识					
	50	消防器材的标识是否明显					
	51	消防设施配置及放置方法是否正确					
	52	道路交叉点等处是否有暂停和缓行标识					
合计							

整体评价：

注："OK"表示好；"NO"表示不好，需要采取改善措施。若"NO"项目超过25个，则从步骤1开始重新整顿。

4. 有无灰尘和垃圾的检查（清扫）

清扫检查使用现场清扫检查表（见表12-4）。

表12-4 现场清扫检查

序号	检查点	部门	检查人		检查日期		

序号	检查点	检查结论		改善对策	完成期限	责任人（签字）
		OK	NO			
1	货架及物品上是否灰尘很多					
2	机械设备及周围是否油渍灰尘很多					
3	通道和地面是否亮洁					
4	是否进行油漆作业					
5	车间内外有无废铁、废品和垃圾					
6	……					

对清扫进行评价使用现场清扫评价表(见表 12-5)。

表 12-5　现场清扫评价

现场清扫评价表			部门	检查人		检查日期
			2006.3.6	机械加工车间		张雨生
类别	No	检查点	检查结论		改善对策	完成期限	责任人(签字)

类别	No	检查点	OK	NO	改善对策	完成期限	责任人(签字)
库存品	1	产品、零部件及材料上有无灰尘		×	清除防尘	3.9	李成山
	2	打磨清洗后的零部件有无锈迹	√				
	3	仓库货架、垫板上的脏物是否清除	√				
	4	在制品堆放场地的脏物是否清除	√				
	5	容器及搬运设施上的脏物是否清除	√				
机器设备	6	机械设备上的灰尘、污油是否清除	√				
	7	机械设备底部的油、水、垃圾是否清除		×	立即清除	3.9	王志龙
	8	机械设备周围的油、水、灰尘是否清除	√				
	9	控制部位的油渍、水渍是否清除	√				
	10	显示仪表等玻璃部位的脏物是否清除	√				
	11	所有盖子拆下后内部的脏物是否清除		×	清除	3.9	王志龙
	12	电线、管线上的灰尘和脏物是否清除	√				
	13	遥控器等开关类的灰尘、脏物是否清除	√				
	14	灯管上的灰尘、污垢是否清除	√				
	15	各个缝隙里的灰尘、脏物是否清除		×	彻底清除	3.9	王志龙

12.3.1.6　步骤 5:创建看得见的作业场所

1. 5S 照片展示

在准备阶段我们已经拍过照,工厂的变化一定很大。准备 5S 前、后的照片,召开一次展示会。展示场所定在全员能够看到的工厂门口或食堂等场所。在"5S 实绩表"上贴上照片,最好附上恰当有趣的点评。

2. 5S 检查诊断(评比表彰)

根据 5S 检查表按部门/车间进行检查,展示检查结果,公开表彰优胜单位。

12.3.2　第二阶段:有效的 5S

经过第一阶段,工厂确实比以前干净了,但干净状态能维持多久呢?干净的工厂要习惯化,关键在于"教养育人",从第一阶段向第二阶段提高,持续改进。

12.3.2.1　前期准备

对干净的工厂再次拍照并保留。

12.3.2.2　步骤 1:整理——规定数量

1. 控制数量的红牌作战

若最大库存量、最小库存量(定量)已确定,则从现在开始控制库存,慢慢减少库存量。

2. 红牌巡查队的巡回检查

红牌巡查队每月至少巡查一次,巡查工厂内所有的部门/车间/场所,为各责任部门打分并公布。红牌巡查队的成员为各部门的代表。

3. 不必要的库存量或产品数量也是红牌作战的对象

不只是不使用的物品才贴红签。区分期限(例如一个月),在该期限内不使用的数量也要贴红签。

采购数量的控制:减少每次购入的数量;增加入库次数;最大量/最小量要一眼就能看清楚;超过最大量时应及时查明原因。

外协数量的控制:能一眼看清楚外协件堆放区的最大量(红线标识);能一眼判断有无异常入库;定期减少最大量;推动并指导工厂实施准时化(JIT)生产方式。

在制品周转数量的控制:最大量能一眼看清楚;定期减少数量;尽量减小包装形态(1箱或1个货位);对前道工序实施改善。

生产线上在制品数量的控制:调查当前生产线上在制品的持有量(多少分钟的使用量);以现在持有量的1/2确定定额。例如:4小时(半天)用量→2小时用量;应对最大量做出明确规定并明显标识;为使最大量减少1/2,应改变包装形态(包装缩小到原来的1/2);必须做到先进先出。

机械设备附近的在制品数量的控制:进行"三定"(定位——划线,定品——"待加工品、已加工品堆放区",定量——1箱或1个货架上的数量标识);包装形态(箱子/货架)的1/2化;最小化/流动化(取消固定存放架,用小车代替)。

12.3.2.3　步骤2:整顿——方便取用、方便返还

1. 目视化整顿

按文件整顿的顺序编号。应用色彩管理方法进行色别整顿,在整顿好的文件夹上画一条倾斜线。

2. 形迹整顿

工具的形迹整顿:在工具上贴上名称和编号;放置的地方也采用同样标识;画出轮廓线,留下工具的形迹;按类别进行色彩分离。

垃圾桶、灭火器等的形迹整顿:采用白色或黄色的点画线;画出与垃圾桶和灭火器的外形轮廓相同的形迹线;在轮廓形迹内写上名称,以便在没有摆放垃圾桶、灭火器等工具时也能知道所放工具是什么。

3. 色别整顿

材料堆放场所的色别整顿:材料按品种规格分类;按规定的色别油漆,在堆放区域或材料的断面涂上彩色油漆。

油品的色别整顿:首先落实油品的供给"三定";按油品类别确定色彩;放置场所、油料出口、油品容器做成同一颜色;各机械和设备的注油口也用同一颜色。

工具的色别整顿:区分不同机械设备使用的工具;按机械设备区分;不同机械设备使用相同的工具更要容易区分;将各种机械上使用的工具用不同颜色的油漆标识;形迹整顿同时进行。

模具的色别整顿:按照设备类别决定模具的颜色;按照设备类别将使用的模具分类;

同一类别的模具用同一种颜色;统一模具、堆放场所和机械设备的色别;更换工具放置场所应使用色别标签。

4. 流程化整顿

流程化最重要的是人的意识,特别是全员意识的流程化;根据意识的流程化实现作业的标准化和流程化;设备布置、备品堆放、工具摆放的流程化计划要符合作业的流程化要求。流程化整顿顺序图如图 12-6 所示。

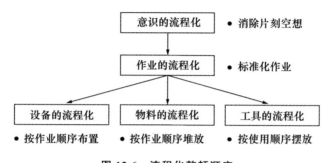

图 12-6 流程化整顿顺序

12.3.2.4 步骤 3:清扫——让清扫点检习惯化

(1)将设备点检工作包括在清扫工作中。

(2)清扫点检程序(见图 12-7)。

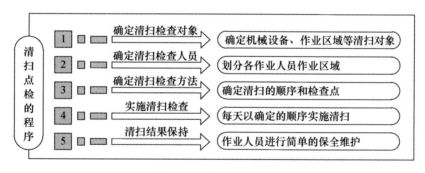

图 12-7 清扫点检程序

(3)确定清扫点检对象。清扫点检的对象包括地面墙壁、机械设备、工装模具、工位器具、计量器具、工具刃具、搬运工具、货架橱柜、桌椅板凳、作业台面、门窗玻璃、所有物品。

(4)确定清扫点检人员。确定科室或班组的清扫点检区域;给每一个作业人员确定清扫点检区域;在工厂平面图上标明区域与责任人并公布;在柱子和墙上贴上"清扫点检区域划分图"。

(5)确定清扫点检方法。依据现状或机构职能设置并确定清扫检查点(见表 12-6)。

表 12-6　清扫检查点

序号	检查点	现象	对策
1	垃圾污染	灰尘、垃圾、污物、锈、碎屑、粉尘、其他污物等	清扫
2	油	漏油、油脏、没有油、油量不足、油品差异、油路堵塞	加油、换油、清扫修理
3	温度、压力	温度超过、温度不足、压力超过、压力不足、冷却水温度异常、控制装置的基准变差等	复原修理
4	松动、脱落	螺栓松动、螺栓脱落、螺帽松动、螺帽脱落、皮带松动、电焊脱落	紧固、更换、复原修理
5	破损	玻璃破损、开关破损、接头折断、电线脱落、包皮破损、固定架破损、回转部位抖动等	更换、复原修理

编制每台机器的设备清扫点检表(见表 12-7)。

表 12-7　设备清扫点检

设备名称	注塑机	设备型号	HTF80×1	设备编号			操作者		
机构机能	序号	清扫检查点	检查周期	1	2	3	4	5	6	7	8
安全保护与检测系统	1	安全罩/安全门	每天								
	2	紧急停止开关	每天								
	3	行程阀	每天								
	4	限位开关	每天								
	5	光电检测装置	每天								
注射系统	6	加热圈接电连接	每天								
	7	温控器"0"位	每天								
	8	冷却水循环供应	每天								
	9	……	……								
……	…	……	……								

说明:"√"表示良好或符合要求;"×"表示故障;"△"表示有问题;"Z"操作者排除故障;"J"机修人员故障修理。

(6)实施清扫点检。根据不同设备建立"设备清扫点检表",直接悬挂于"责任者"旁边。为使检查点能够一眼看清楚,应贴上检查标识。若检查点太多,不能每天全部进行,则将检查项目按周划分。每天实施 5 分钟清扫点检,责任者必须认真执行,逐一点检,不随便,不做假。主管必须不定期复查签字,以示重视。

(7)调查污染源和危险源。一边清扫一边检查,机器擦拭干净,污染、异常易发现;追根溯源、除恶务尽,杜绝污染和危险的发生。

(8)检查后的改善。不断检查、不断督促改善才是关键。

12.3.2.5　步骤 4:清洁——清洁的习惯化

(1)有没有不必要物品的丢弃标准。

（2）物品使用后能否马上放回原位置。

（3）弄脏的地方是否已被及时打扫干净。

（4）对 3S 的习惯化程度进行检查（见表 12-8）。

表 12-8　3S 习惯化检查

3S	检查项目	是	否
整理	1. 是否已经设定"丢弃标准"和"红牌标准" 2. 是否依整理的标准行动		
整顿	3. 物品存放场所的整洁程度能否一眼看清楚 4. 弄乱的现场能否马上整顿		
清扫	5. 现场的清洁程度能否一眼看出来 6. 是否确定了弄脏后的清扫时限		

12.3.2.6　步骤 5：素养——促进素养习惯化

（1）有善于批评、善于接受批评的管理者。

（2）5S 习惯化检查表（见表 12-9）。

表 12-9　5S 习惯化检查

部门		检查人		检查日期			

5S		检查项目	记分					合计
整理	1	是否进行红牌作战	0	1	2	3	4	
	2	现场是否有不必要的物品	0	1	2	3	4	
	3	最大储存量能否一眼看清楚	0	1	2	3	4	
	4	堆放场所是否控制数量	0	1	2	3	4	
	5	多余的数量是否从现场拿走	0	1	2	3	4	
整顿	6	办公室是否整理、整顿	0	1	2	3	4	
	7	是否进行了工具的形迹整顿	0	1	2	3	4	
	8	是否进行了材料、油品、工具的色别整顿	0	1	2	3	4	
	9	大量生产的产品零部件是否按产品类别堆放	0	1	2	3	4	
	10	是否进行了工具的流程化整顿	0	1	2	3	4	
清扫	11	清扫是否习惯化	0	1	2	3	4	
	12	清扫后是否检查	0	1	2	3	4	
	13	是否按划分的区域指定清扫负责人	0	1	2	3	4	
	14	有没有清扫检查表	0	1	2	3	4	
	15	所有作业场所是否干净整洁	0	1	2	3	4	
清洁	16	是否有不必要物品丢弃标准	0	1	2	3	4	
	17	堆放场所弄乱后是否马上整理	0	1	2	3	4	
	18	弄脏后是否马上清扫	0	1	2	3	4	
	19	整个工厂的清洁度如何	0	1	2	3	4	
	20	3S 的习惯化如何	0	1	2	3	4	

（续表）

部门		检查人		检查日期				
5S	检查项目			记分				合计
素养	21	上级领导对5S是否积极		0	1	2	3	4
	22	全体员工对5S是否积极主动		0	1	2	3	4
	23	上级领导是否对弄乱的现场提出批评		0	1	2	3	4
	24	部下听到批评后是否马上回应		0	1	2	3	4
	25	所有员工是否以"三现、三即、三彻"为基本		0	1	2	3	4
	5S习惯化综合评分			/100				

（3）5S是否已经习惯化（见图12-8和表12-10）。

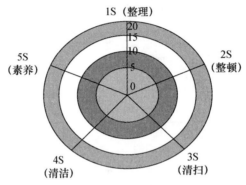

图12-8　5S是否习惯化雷达图

表12-10　5S习惯化雷达评分

统计	100												
	80												
	60												
	40												
	20												
综合分数													
月份		1	2	3	4	5	6	7	8	9	10	11	12
部门				日期				检查人					

根据上面的评价结果确定对策（见表12-11）。

表12-11　确定对策

序号	综合分数	评价	对策
1	0—30分	不及格	返回到第一阶段，重新开始
2	31—50分	再考试	对分数低的项目重点补习
3	51—70分	刚及格	平均5S，强化弱项
4	71—90分	合格（一）	向更高一级努力
5	91—100分	合格	努力争取优秀

第二阶段后的努力方向如表 12-12 所示。

表 12-12　第二阶段后的努力方向

序号	有效的 5S	预防的 5S
1	不必要的东西出现后整理	不必要的东西不出现的整理
2	弄乱以后进行的整顿	不弄乱的整顿
3	弄脏以后清扫	不弄脏的清扫
4	不断清洁	不中断的清洁
5	他人指使后的 5S	主动的 5S

12.3.3　第三阶段：预防的 5S

12.3.3.1　前期准备——为已成为 5S 习惯化的工厂评分

第二阶段习惯化雷达图如图 12-9 所示。

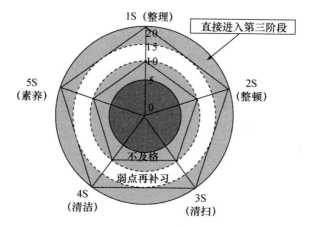

图 12-9　第二阶段习惯化雷达图

若综合分数不足 50，不能进入第三阶段。

若综合分数为 51—90，则针对不足地方再补习。

若综合分数为 90 以上时，直接进入第三阶段。

12.3.3.2　步骤 1：预防整理——进行不必要物品不再出现的整理

从不必要物品出现后整理，转换到不必要物品不出现的整理。

问 5 个"为什么（why）"（见图 12-10）后，想想"如何做（how）"。

转变生产方式，创建不必要物品不出现的机制；从"大批量生产"到"均衡化生产"；从"预测采购"到看板采购；从集中在一起的"统一入库"转变为"多次入库"；从同类设备的"集群式布置到流程化生产；从依据不透明计划的"糊涂作业"转变为依据"生产指令看板"生产；推行生产一个、传递一个的精益生产方式；从每月一次的"放任自流计划"转变成"小周转计划"。

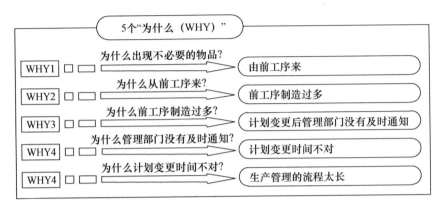

图 12-10 5 个"为什么"

12.3.3.3 步骤 2:预防整顿——进行不会弄乱的整顿

1. 库存场所的预防整顿

按照 5W1H 分析法反复提问,以掌握弄乱的真正原因,并采取预防措施(见表 12-13)。

表 12-13 主要原因及预防措施

主要原因	预防措施
堆放场所没有确定,物品不能放到固定位置	确实落实 5S,特别是其中的"三定"是基础
不遵守规章制度	全厂习惯化,先从"标准化"到"制度化"
不符合"三定"规定的物品入库	建立超过必要量的物品不能入库的制度

2. 工具的预防整顿

造成工具乱放的主要原因是"返还"。建立方便的返还制度:依工具的"形态"返还——形迹整顿;依工具的"颜色"返还——色彩整顿;不必要物品退还到集中存放场所——同一设备使用的工具放在一起,并依作业顺序保管。

"零返还"的意识。使用后"放手即可"——挂起来,挂起来的位置应在伸手能拿到的范围内。电动螺丝刀等挂起来的工具因晃动而妨碍使用,可采用"磁铁"或"导管"固定方式。

改变使用工具的意识,即工具的通用化、工具的替代化、工艺的替代化。

12.3.3.4 步骤 3:预防清扫——进行不会弄脏的清扫

弄脏后的清扫当然好,但研究怎样不弄脏更重要;只有清除弄脏的根源,才是一劳永逸的良策。要有能够看见灰尘、垃圾、碎屑、油渍的眼睛;若发现污物,要考虑污物是从哪里来的。知道了污物的污染路径,首先用应急方法从最容易的地方切断,然后找出根源并马上堵住,再进一步考虑"不产生污物的方法"。

12.3.3.5 步骤 4:预防清洁——建设不反弹的清洁体制

1. 是否有不出现必要物品的体制

使用"预防整理检查表"对现场进行检查(见表 12-14)。倘若得分在 7 分以下,则回到第三阶段的起点重新开始。

表 12-14　预防整理检查

预防整理检查			分数	满分 10 分	
序号	检查项目	内容	记分		
			0	1	2
1	意识	对不必要的物品如何考虑	没有办法	想如何做	努力消除
2	均衡生产	生产计划的编制方法	每月一次	每月四次	每日一次
3	看板	采购看板、生产看板	两者皆无	有一部分	几乎都有
4	流程	建立了流程化生产线	几乎没有	相当程度	近乎完善
5	入库	外购/外协件的入库	每月一次	每周一次	每天一次

2. 是否有物品不被弄乱的体制

使用"预防整顿检查表"(见表 12-15)对工厂进行巡查,倘若得分在 7 分以下,则回到第三阶段的起点重新开始。

表 12-15　预防整顿检查

预防整顿检查			分数	满分 10 分	
序号	检查项目	内容	记分		
			0	1	2
1	意识	对物品的"乱"如何考虑	没有办法	想如何做	努力消除
2	5S 三定	物品保管的基本方法,地面的三定,作业面的三定	几乎没有	正在进行	相当程度
3	零库存	入库/出库、同时同量	几乎没有	大致遵守	相当程度
4	物流管理	先入先出、标识清楚	几乎没有	相当程度	几乎完善
5	工具管理	有多少不返还、不使用的措施	几乎没有	做了一些	相当程度

3. 是否有不弄脏的体制

根据"预防清扫检查表"(见表 12-16)对工厂大概检查一遍,倘若得分在 7 分以下,则回到第三阶段的起点重新开始。

表 12-16　预防清扫检查

预防清扫检查			分数	满分 10 分	
序号	检查项目	内容	记分		
			0	1	2
1	意识	对现场脏乱如何考虑	没有办法	想如何做	努力消除
2	地面	地面是否亮洁	很脏很乱	比较干净	干净亮洁
3	墙壁、门窗、卫生间	是否有灰尘和垃圾堆积	到处堆积	每天清扫	不会出现
4	机器设备	油腻、脏污	油腻/脏污	日常清扫	清扫检查
5	预防机制	有多少不会被弄脏的措施	几乎没有	相当程度	都很理想

4. 不反弹的清洁检查

依据预防 3S 检查表和预防 3S 雷达图(见图 12-11)打分评估,了解工厂的弱项,对弱项投入更大的精力,向强项发展。

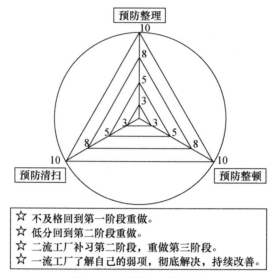

图 12-11　预防 3S 雷达图

12.3.3.6　步骤 5——建立批评纳入体制

(1) 批评不如制度化,制度化不如体制化;

(2) 像傻瓜一样的失误→批评→失误防范;

(3) 安全事故→批评→制度化→安全失误防范;

(4) 全厂习惯化的稳定化。

5S 实践月。开展 5S 实践月活动,设置 5S 标语及标牌,开展 5S 竞赛、文化、体育、娱乐活动,举办 5S 讨论会,统计当月的事件。

5S 竞赛。定期进行 5S 巡查,对各部门分别进行评分。组织以现场人员为主的 5S 评比,每月一次或一年数次。向优秀部门颁发 5S 奖杯和锦旗,也可以向最优秀部门发奖品。

5S 新闻。5S 推行委员会负责采编 5S 新闻,每月发布一次或二次,在发行日发至各个部门/车间,并在布告栏张贴或抄在板报上。早会、午休时学习 5 分钟的 5S 新闻,内容是关于 5S 的基本理念、思维方式、实施方法、现场实例、作业人员的呼声、活动总结、表彰奖励等。

12.4　5S 管理的实例

12.4.1　实例一:家具企业 5S 基础改造

12.4.1.1　背景

A 公司是一家拥有 200 多名员工的中小型家具企业,生产设备虽然比较先进,但在生

产现场没有引入 5S 管理,仍然存在一系列不良现象:

(1) 现场杂乱无章,工装、工具、成品、半成品胡乱放置,其中不乏多余的库存品和已经坏损的工具等。

(2) 通道不畅且没有通道标志。通道不畅是许多工厂的通病,会使生产作业发生停滞现象,降低生产效率。

(3) 边角余料处理不及时,木屑刨花堆积。在生产过程中,没有对边角料进行筛选以待利用。

(4) 对工具的管理比较粗放,随用随拿,没有养成用完放回的习惯。

(5) 木材仓库管理不完善。对木材仓库的管理很不完善,比较粗放。特别对原木材疏于管理,随用随拿,木材余料堆积混乱,数量不清。

公司聘请的改善团队判定此工厂属于没有 5S 基础的工厂,应从 5S 管理第一阶段进行改造,奠定 5S 基础。A 家具工厂完成了第一阶段的改善,现场确实比以前干净了,但是紧接着又出现了以下问题:

(1) 生产线周围原料、零件等堆积过多,阻碍通道。

(2) 工具虽有统一管理,但工人抱怨存放点较远,放置也没有规律,不方便取用和归还,浪费时间。

(3) 工人的清扫区域没有严格的划分,存在无人负责地带。清扫没有固定时间,不统一。清扫不自觉,弄乱的现场没有马上进行整顿,工人使用物品后不放回。

A 家具工厂完成了第二阶段改造后,基于一些制度已成为 5S 习惯化的工厂,期间由于规模扩大又招募了 100 名员工,出现了一些新的问题:

(1) 因生产规模扩大,现场地方变得拥挤。家具厂生产原料用木材虽经过第二阶段的整顿,堆放减少,但因本身体积大仍占用太多的空间。

(2) 工具已进行了行迹整顿和色别整顿,现在取用和归还非常方便了,但有些工人忘性大或者工具太多,经常不能做到及时返还。

(3) 因家具生产中木屑刨花不可避免,现场地板很难保持干净状态。

(4) 新工人加工技术不纯熟,加工失误经常导致家具钻孔不良。在用钻床钻孔时,若钻头在没有完全钻透就返钻,会对装配产生影响。虽然想完全钻透,但是没钻透之前返钻会产生不良钻孔,钻孔的好坏完全凭作业人员的感觉,所以钻孔不合格只有到装配工序才能发现。

12.4.1.2　实施

1. 阶段一:行动的 5S

(1) 第一步整理。首先根据企业情况区分必需品和非必需品,然后采用红牌战术(见图 12-12)。红牌战术就是将不必要的物品贴上红色标签,并悬挂或张贴在醒目的位置,使无论谁都能一眼看出不必要物品的区分整理方法。红牌上标有对策方法和改善期限,这样做的目的是要引起责任部门的注意,及时整理。

红牌		
类别	1. 原材料　　　5. 机械设备 2. 在制品　　　6. 工装模具 3. 半成品　　　7. 工具刀具 4. 成品　　　　8. 其他	
品名		数量
理由	1. 不必要　　　3. 不明 2. 不合格　　　4. 其他	
处理部门		
处理	1. 丢弃 2. 返还 3. 转移 4. 其他	处理结果
日期	粘贴人_____ 　年　　月　　日	处理人_____ 　年　　月　　日
编号		

图 12-12　红牌战术

（2）第二步整顿。整顿是决定生产现场的必需品的放置场所、数量、存放方法。首先确定物品的放置场所。其基础是对现场进行区位划分，划出作业区域、通道、物料堆放区等，采用划线作业和油漆作业。

油漆作业方面，一是地面油漆。作业区域用安全色，休息室使用安静色；考虑整体布置，决定地面油漆位置。根据用途区分地面颜色，利用这个机会修补不平整的地面。通道设计根据作业区域的位置决定，但应尽量减少弯道。地面油漆颜色参考如表 12-17 所示。

二是地面画线。地面油漆后再画规划线，通道及线条的宽度以实用美观和整体协调为原则。一般使用油漆，也可使用彩色胶带或树脂板，从通道和作业区域的规划线开始（先画通道）。通道应尽可能与交通规则一样靠右侧通行，出入口用虚线，需要引起注意的地方用警戒线。

表 12-17　地面油漆颜色参考表

场所	地面颜色
作业区域	绿色
通道	橙色或荧光色
休息室	蓝色
仓库	白色或灰色

画线作业从规划线开始，通道和作业区域的分界线即规划线，一般为黄色、白色。要点是"画直线，要明显，减少拐弯，碰到直角时做倒角处理"。

规划线是黄色实线，出入口线是黄色虚线。出入口线的位置应在安全的地方，应能引起作业人员在通行出入口时的注意。

在通道行走时,因门突然开启而被碰撞的事情时有发生。画上门开启线更安全,门开启线一般是虚线(见图 12-13)。从便于行走的立场考虑,同时要重视安全性。在开门的方向贴上"不要急开门"。设置门开启线对防止危险发生很重要。工厂的门最好改成推拉门。如果开关门很频繁,干脆把门拆掉。

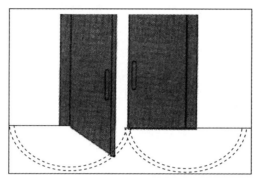

图 12-13　门开启线

通行线应首先规定靠右侧行,这可以防止偶然的碰撞事故。以一定的间隔在拐角部位画出黄色或白色箭头。

警戒线要明显。地面和台阶等可用荧光漆涂成虎斑线或斑马线,或贴印有斑纹的胶带,柱子和栏杆一般用油漆涂成红白相间的水火线。

放置物料的地方叫物料堆放区,这些地方的划线叫物料堆放区域线,特别是在制品周转区和检验(作业)区也应画出区域线,一般采用白色或黄色线条。不合格品堆放区采用红线或其他醒目的颜色。

确定每种物品的存放方法,包括对存放设施及其容量的规定;选择合理的存放方法,能有效地利用空间,并减少寻找物品的时间。根据物品的特性确定不同的存放方法,准备存放设施。物品的存放设施有栈板、托盘、货架、支架、容器、存放格或存放架等。将现场的工具全部集中存放,确定工具的放置场所和器材,按工具的功能分类集中放置,做到能够容易拿取和放回,尽可能节省空间。

(3)第三步清扫。一是物品的存放地点确定后,清除所有不必要的物品,然后彻底清扫物品存放地点。二是清扫空余场地及看到的脏污地方,清扫作业现场的边角余料、木屑等。三是清扫设备设施。

(4)第四步清洁。对物品放置方法的检查,使用现场整顿检查表;对整顿的检查评价,使用现场整顿评价表;对清扫的检查,使用现场清扫检查表。务必保持干净的现场。

(5)第五步素养。为了培养员工养成 5S 的习惯,可在全厂进行 5S 标语征集活动,推广 5S 的经验和成效,并张贴在全厂显眼位置。

2. 阶段二:习惯的 5S

第一步整理。控制现场必需品的数量。如调查生产线上的原料和零件数量,减少原料和零件的领用量,如原本领用一天的量改为领用半天的量,以减少空间占用和原料零件堆积现象。

第二步整顿。对工具实行色别整顿、行迹整顿和流程化整顿。将物料存放区安排在生产线附近。按照机械设备的类别将使用的工具分类。同一台机械设备使用的工具用同种颜色的油漆标识，方便区分使用。在工具上贴上名称和编号；放置的地方也采用同样的标识；画出轮廓线，留下工具的形迹；按类别进行色彩分离。

第三步清扫。给每一个作业人员确定清扫区域，给每一个清扫区域确定责任人，杜绝出现无人管理区域，做到清扫区域与作业人员对应。制定统一的清扫时间和时限。

第四步清洁。制定不必要物品的丢弃标准。不必要的物品必须贴上红牌，使不在现场堆放物品制度化。部门主管必须建立定期巡查制度，看到脏乱现场立即提出批评，责令整改。

第五步素养。在企业竞争日趋激烈的时代，硬件固然很重要，比如要有先进的设备、技术等，但这绝不是决定因素，起决定作用的是"软件"，是企业的员工及其素质，这也是企业的素质。但是如果开会、贴条还不足以解决问题，作为管理者就应该意识到，必须采取教育、纠正等手段。素养的提升主要通过平时的训练和教育来实现，只有员工认同企业并参与企业管理，才能收到良好的效果。在推进5S的过程中，班组长应时刻关注组员观念的变革和素养的提升。素养活动是使员工时刻牢记规范，自觉地整理、整顿、清扫和清洁，使5S活动更重于实质，而不是流于形式。素养使员工在言行举止上都养成良好的习惯，自觉遵守和执行企业的规章制度。员工通过5S活动，不仅可以使自己成为一个有修养的人，还会改变班组的环境面貌。上例中的员工缺失清扫自觉、归还物品自觉，班组长应引起重视，多加关注和批评，或者以身作则带头清扫和归还物品，相信一定会培养出员工的清扫自觉性和归还物品自觉性。

3. 阶段三：预防的5S

第一步整理。工具、材料的搬运架、搬运箱、搁架等存储设备均更换成易于移动的，进一步降低材料领用数或者建立物料配送中心，不再由工人领用而是由物料中心直接配送至生产线。

从不做计划的生产转变为看板生产或精益生产。看板生产是按工序分别计划的作业方式。按标准工作指示图表计划装配作业，按装配所需的零部件数量制订零部件生产计划。依照后工序"生产指令看板"要求的产品和数量进行生产。

精益生产是生产计划标准化，计划外的绝对不生产。设备布置流程化。特别重要的是：加工部门应做好时刻更换产品的准备，生产一个、传递一个，每个都"三彻"。

第二步整顿。工人忘性大，容易忘记返还工具和物品，应转换思维建立零返还制度。将工具放置在生产线上方工人够得到的位置，用弹簧吊起来，工人使用完毕放手，工具便自动回到原处。电动螺丝刀等吊起来的工具因晃动而妨碍使用，可采用"磁铁"或"导管"固定方式。工具太多，则可以考虑工具和零件的通用化以减少工具数量。

第三步清扫。木屑刨花对于家具生产不可避免，生产现场不好清扫，可转变思维，从根源进行预防。针对生产线上的机器设备制作防木屑罩和排木屑装置，生产线下方铺设吸收木屑的地毯和收集木屑刨花的塑料箱等。

第四步清洁。建立全面制度，保持整理、整顿、清扫的成果。建立均衡化生产和看板生产，整理生产线上的物料堆积；建立零返还和工具通用化措施，整顿工具管理；建立现场污染源预防制度,保持清扫的成果。

第五步素养。工人常常因经验不纯熟而出现错误,可开发和运用防错技术。防错技术是指:即使工人不够专心也不会产生错误——不需要注意力;即使外行人来做也不会做错——不需要经验与直觉;不管是谁或在何时工作也能不出差错——不需要专门知识与熟练技能。例如钻孔不良可改进机器,安装两个限位开关(L/S),在 L/S2 接触之前,若 L/S1 断开时产生不良品,则报警器响起,以通知操作者。

12.4.1.3　结果

整理、整顿、清扫做到了储存明确,东西都摆在定位上,工作场所内保持宽敞、明亮,通道畅通,改善了工厂的工作环境,使工厂有条不紊,营造了良好的工作氛围。员工也可以集中精神,认认真真完成本职工作,这样也有助于提高生产效率。需要时能立即取出有用的物品,供需间物流通畅,可以极大地减少寻找所需物品而滞留的时间,由此大大改善了零件在库房中的周转率。通过经常性的清扫、点检和检查,不断地净化工作环境,有效地避免污损物品或损坏机械,维持设备的高效率,从而提高生产品质。

12.4.2　实例二:家电企业 5S 基础上的改造

12.4.2.1　背景

某著名家电集团(以下简称"A 集团")为了进一步夯实内部管理基础、提升人员素养、塑造卓越企业形象,希望借助专业顾问公司全面提升现场管理水平。集团领导审时度势,认识到要让企业走向卓越,必须先从简单的 ABC 开始,从 5S 这种基础管理抓起。

顾问公司通过现场诊断发现,A 集团经过多年的现场管理提升,管理基础扎实,某些项目(如质量方面)处于国内领先地位。现场问题主要体现为以下三方面:

(1) 工艺技术较为薄弱。现场是传统的流水线大批量生产,工序之间存在严重的不平衡,现场堆积了大量半成品,生产效率与国际一流企业相比存在较大差距。

(2) 细节的忽略。在现场随处可以见到物料、工具、车辆搁置,手套、零件在地面随处可见,员工熟视无睹。

(3) 团队精神和跨部门协作的缺失。部门之间存在大量的互相推诿、扯皮现象,员工缺乏工作主动性,而是被动地等、靠、要。

12.4.2.2　实施

根据现场诊断,A 集团已有多年的现场管理,具有 5S 管理基础,问题主要集中在整理、整顿和素养三方面。现提出改善思路如下:

1. 成立跨部门的专案小组

专案小组的职能包含:小组人员简介及人员分工;对现存的跨部门问题进行记录和专项解决;在解决的过程中梳理矛盾关系,确定新的流程,防止问题重复发生。

2. 整理

该企业现场是传统的流水线大批量生产,工序之间存在严重不平衡,现场堆积大量半成品,现场随处可以见到物料、工具、车辆搁置,手套、零件等。

第一阶段可将现场物品区分为必要品和不必要品。然后进行红牌作战,对现场不必要的半成品贴上红牌,做到半成品及时转移。

第二阶段可控制现场必要半成品的数量。定期减少数量;改良包装形态,减少半制品的占用空间;对前道工序进行改善,减少半成品的等待时间。

第三阶段可改革生产方式。从大批量生产转变为均衡化生产。在大批量生产方式下,从产品的加工现场、装配现场到产品仓库,到处都堆积着过量的原材料、半成品和成品。要想改变这种情况,就必须改变大批量的生产方式,而推行均衡化生产是最好的办法。

计算每个产品的生产时间:月生产数/月工作日=日生产数;单件工时=日生产时间/日生产数。按测算的定额工时制订相应的生产计划。改用混流生产方式。在混流生产中,最重要的问题是零部件的供应和生产线的平衡。推行消除效率浪费活动和建立自动供料系统,跟上生产节拍,彻底解决生产现场拥挤混乱和效率低的问题。

3. 整顿

第一阶段可对现场物料、工具、车辆、手套、零件中的必需品进行三定(定位、定物、定量),即决定放置场所、数量、存放方法。

第二阶段可对必需品的放置场所、数量、存放方法进行改善,目的是方便取用和归还。方法目视化整顿、形迹整顿、色别整顿、流程化整顿等。

零部件与材料放置的流程化整顿。一种是按品种类别堆放,即将同类零部件放在一起,是主要考虑投入方便的一种布置方法,发包和入库可以集中管理,是一种次优化的思维方式。另一种是按产品类别堆放,即同一产品的零部件放在一起,是主要考虑拿出来(后工序)方便的一种布置方法,材料和零部件集中方便,可以消除移动中的浪费。

生产线上的流程优化整顿:将物品堆放区布置在生产线附近;堆放区的零部件按产品类别编组排列;零部件供应从大量供给转变为编组排列供给。

序列供应:是混流生产的决定性手段。确定流动产品的组装序列,根据组装顺序决定零部件的供应序列,必须按先进先出的原则供应。

按照使用频率放置工具:把工具和零件按照使用频率排序,然后分配相应的摆放位置;经常使用的应该放在工作台前方 15—40 厘米的距离,或者悬挂起来;使用频率不太高的工具或材料可以放在靠近工作台的格子或搁架上;一天只使用一两次的工具可以放在中心存放处。

按照机械设备的类别放置工具:摒弃将同类工具放在一起集中保管的方法;按照机械设备的类别将使用的工具分类;确认作业必需的工具;把不足的工具补充齐全;工具的保管以"三容易"(容易知道、容易拿起、容易返还)为要点。

工具的流程化整顿:从集中放置到按机械类别放置;表明作业顺序;表明作业所需的工具;依作业顺序布置工具;工具的保管以方便使用、方便返还为要点。

显示和控制装置的流程化整顿:显示板和控制装置要依照容易识别的顺序安排,以减少失误;将频繁使用的显示板与控制开关安排在最好的位置;显示板与眼睛距离(能看清楚的显示板距离为 50—70 厘米)要合适,并且要在自然视角(从视平面向下 10°—30°)之内。

第三阶段对必需品的放置场所、数量、存放方法中可能存在的问题进行思索,从事后整顿转变为事前整顿,务必做到预防不合理情况出现。

4. 素养

第一阶段要培养员工的 5S 的自觉性,在企业内普及 5S 知识,宣传 5S 优点,展示改进前后的 5S 照片,征集 5S 标语等,培养员工开展 5S 工作的主动性。

第二阶段要使员工养成 5S 习惯。首先是领导形成定期检查制度,定期批评、及时批评,强化 5S 意识,结合现场指导和督察考核,从根本上杜绝随手、随心、随意的不良习惯。其次是使员工遵从第二阶段形成的各项制度,如清扫区域划分制度,这样员工有了责任就不会对脏乱差现象视而不见了。

第三阶段将 5S 体制化。首先建立健全批评制度和批评标准。其次建立失误防范和安全防范措施,使员工在任何情况下都可以无失误、无安全隐患地完成工序。这要求对现场工作中容易失误或者发生安全事故的工序、机器等进行改善。最后建立 5S 的员工激励机制,定期举办大型的 5S 活动。

12.4.2.3　结果

通过红牌作战、均衡化生产,企业有效地减少了现场物料堆积和浪费现象。流程化整顿大大地减少了人员、设备、场所、时间等几个方面的浪费,从而降低了生产成本。培养员工的工作习惯和工作素养,使员工的精神面貌得到极大改善,养成了自主管理的习惯,进而能依照规定行动,转变为有着高尚情操的优秀员工。员工都怀着尊严和成就感,工作尽心尽力,使组织焕发强大的活力。

12.5　5S 管理的应用新动向

西班牙学者 Alberto Bayo-Moriones 的研究,表明 5S 管理的实施情况与其背景因素相关,不同背景因素下实施 5S 管理的效果不同。他的研究得出以下结论:

(1) 大型制造工厂比起小型制造工厂来说,更有可能实施 5S;

(2) 跨国公司下属工厂更有可能实施 5S;

(3) 生产最终产品的制造工厂比起生产中间产品的制造工厂,更不可能实施 5S;

(4) 制造工厂安排员工进入持续改进小组的更有可能实施 5S;

(5) 采用先进制造技术的工厂更有可能实施 5S;

(6) 运用质量控制计划(如 ISO 9000)的工厂更有可能实施 5S;

(7) 实施 5S 与制造工厂是否以质量为主要战略重点没有明显的关联;

(8) 实施 5S 与制造工厂是否有工会没有明显的关联。

大陆学者在研究服装厂 5S 实施背景因素中发现,企业实施 TQM、TPM、IE、JIT 的,更容易保持 5S 的实施效果。企业实施 ISO 9000 的,更容易实施 5S 管理。

台湾学者在研究台北区工业类科职业学校汽车科实习工厂导入 5S 管理可行性时,得出如下结论:

(1) 工厂中教师工作年限越长,越容易实施 5S;

(2) 工厂中教师任职前业界经历越丰富越容易实施 5S;

(3) 高年级学生比起低年级学生,对 5S 的认同度更高;

（4）学生家长对学生期望越高，对 5S 的认同度越高；

（5）5S 实施与学生家长对学生的管教方式没有明显关联；

（6）5S 实施与工厂内教师最高学历没有明显关联。

习题

1. 实例一提到 A 家具公司对木材仓库的管理很不完善，比较粗放，特别是对原木材疏于管理，随用随拿，木材余料堆积混乱，数量不清。试用 5S 管理第一阶段行动的 5S 方法对木材仓库进行改善。

2. 实例二中 A 集团试图培养员工素养时遭到部分员工抵制，他们认为每天那么多工作还忙不过来，哪有工夫去做那些不值一提的简单事情。既然是整理、整顿、清扫之类的简单工作，又有什么必要让公司上上下下都参加？为此兴师动众、大张旗鼓，是不是太过分了？除了实例二所举的例子，还有哪些方法可以解除他们的误解并促使他们积极参与？

教辅申请说明

　　北京大学出版社本着"教材优先、学术为本"的出版宗旨，竭诚为广大高等院校师生服务。为更有针对性地提供服务，请您按照以下步骤在微信后台提交教辅申请，我们会在 1~2 个工作日内将配套教辅资料，发送到您的邮箱。

◎手机扫描下方二维码，或直接微信搜索公众号"北京大学经管书苑"，进行关注；

◎点击菜单栏"在线申请"—"教辅申请"，出现如右下界面：

◎将表格上的信息填写准确、完整后，点击提交；

◎信息核对无误后，教辅资源会及时发送给您；
如果填写有问题，工作人员会同您联系。

温馨提示：如果您不使用微信，您可以通过下方的联系方式（任选其一），将您的姓名、院校、邮箱及教材使用信息反馈给我们，工作人员会同您进一步联系。

我们的联系方式：

北京大学出版社经济与管理图书事业部
北京市海淀区成府路 205 号，100871
联 系 人：　周莹
电　　话：　010-62767312 /62757146
电子邮件：　em@pup.cn
Q Q：5520 63295（推荐使用）
微信：北京大学经管书苑（pupembook）
网址：**www.pup.cn**

教辅申请表

1. 您的姓名：*

2. 学校名称*

3. 院系名称*

· · ·　· · ·

感谢您的关注，我们会在核对信息后在1~2个工作日内将教辅资源发送给您。

提交